区域教研创新丛书

课程整合：
让学校奔跑起来

张义宝　杨碧君　主编

教育科学出版社
·北　京·

出版人　李　东
责任编辑　杨建伟
版式设计　孙欢欢
责任校对　张晓雯
责任印制　叶小峰

图书在版编目（CIP）数据

课程整合：让学校奔跑起来 / 张义宝，杨碧君主编
. —北京：教育科学出版社，2019.4（2024.8重印）
（区域教研创新丛书）
ISBN 978-7-5191-1808-2

Ⅰ.①课…　Ⅱ.①张…　②杨…　Ⅲ.①课程改革—教
学研究—中小学　Ⅳ.①G632.3

中国版本图书馆CIP数据核字（2019）第063740号

区域教研创新丛书
课程整合：让学校奔跑起来
KECHENG ZHENGHE：RANG XUEXIAO BENPAO QILAI

出 版 发 行	教育科学出版社				
社　　　址	北京·朝阳区安慧北里安园甲9号		邮　　　编	100101	
总编室电话	010-64981290		编辑部电话	010-64981151	
出版部电话	010-64989487		市场部电话	010-64989009	
传　　　真	010-64891796		网　　　址	http://www.esph.com.cn	
经　　　销	各地新华书店				
制　　　作	北京金奥都图文制作中心				
印　　　刷	唐山玺诚印务有限公司				
开　　　本	720毫米×1020毫米　1/16		版　　　次	2019年4月第1版	
印　　　张	17		印　　　次	2024年8月第3次印刷	
字　　　数	234千		定　　　价	49.80元	

如有印装质量问题，请到所购图书销售部门联系调换。

本书系北京市教育科学"十三五"规划2018年度一般课题"基于核心素养的义务教育阶段课程整合的实践研究"（课题编号：CDDB18216）的研究成果。

本书系北京市朝阳区教育科学规划"十三五"立项课题"基于核心素养的课程整合实践研究"（课题编号：ZD1351017）的研究成果。

本书编委会

主　编：张义宝　杨碧君

编　委：杨碧君　张义宝　钱守旺　王玲玲　王　迪　杨　帆

　　　　曾庆玉　孟　青　舒　芳　陈　磊

序 言
Preface

伴随21世纪的到来，人类正在步入一个崭新的时代，即知识经济时代。在知识经济时代，科学技术日新月异，国际竞争日趋激烈，社会信息化、经济全球化发展迅速，这一切对我国的教育改革和人才培养特别是基础教育改革提出了前所未有的要求。

基础教育是教育体制中非常关键的一个阶段，也是我国在国际教育竞争中处于优势的部分。目前，我国基础教育阶段存在学科过度分化的问题，分化有利于知识的系统化、科学化，但同时也导致了学科壁垒森严，阻碍了学生的全面发展。综合教育成为世界教育改革的重要方向之一。当代课程发展的逻辑起点已从学科内容教学走向发展学生核心素养，相应的课程开发和实施也需要在一定程度上强化课程整合的模式，让教育回归整体、回归真实、回归生活，实现立德树人的育人使命。

核心素养反映的是个人对于21世纪社会生活的基本"胜任力"，它植根于基本知识与技能，体现为综合运用相关知识与技能灵活且恰当地解决现实问题的通用能力。从教育目标的价值取向来看，发展核心素养的关注点从传统教育目标的掌握知识与技能转移到了人的毕生发展上，强调追求个人幸福生活目标与追求社会经济发展目标的兼顾与协调。从思维方式的角度来看，发展核心素养改变了传统教育目标指向的单一的分析式思维方式，有助于建立更具系统性和综合性的能力培养体系。

基于核心素养的课程整合顺应了基础教育课程改革的潮流，推动了中小学课程的综合化发展，指向了学生的全面发展。它的价值和意义得到了理论研究者和实践研究者的广泛认可，也得到了社会的普遍关注。作为一种新型的课程形态，亟需系统和深入的理论和实践研究，为广大的中小学开展教学实践提供可操作的策略、途径和范例。针对课程整合这一主题，北京市朝阳区教育研究中心带领区域内的学校开展了深入的理论与实践研究，采用行动研究的范式，建立区域研究共同体，形成了一系列中小学课程整合的优秀成果。本书将给基础教育课程改革领域带来更多有益的启发和实践上的引领。

这是一本能够全面指导学校开展课程整合的实用手册，包含了常见的五种课程整合方式——学科内课程整合、学科间课程整合、跨学科课程整合、跨学段课程整合、课内外课程整合。在理论上，本书充分阐明了课程整合的现实、理论和政策基础以及课程整合的意义、内涵和具体方式，明确了课程整合的价值和定位；在课程整合的流程上，本书提出了课程整合要遵循的原则和具体策略，结合朝阳区中小学的课程开发经验，对学校整合课程的开发技术进行了阐释；在五种整合方式上，本书给出了各学段各学科完整的课程整合案例，每个案例都进行了全流程的描述，包括课程缘起、课程开发、课程框架、课程实施、课堂写真、课程评价、自我反思和专家点评等。本书最后对课程整合进行了辩证的思考，对广大教师比较容易产生困惑和出现理解偏差的问题进行了启发式的回答和澄清，也将课程整合引入了更深层次的探讨。

社会对人才的需求正在从专精型转向复合型，发展核心素养成为课程改革的统领性理念，课程整合的价值指向之一便是有效落实核心素养，它的内在特性与发展核心素养有着相当的契合性。本书为中小学提供了从理念到实践的全方位的指导性意见，提供了丰富的课程整合形态和案例。本书的背后凝聚了大量一线教育教学研究人员和教师的心血和智慧，体现了朝阳教育的创新性探索，体现了朝阳教育者的改革精神和信念。

随着课程改革的不断深入，发展学生核心素养的课程将会不断壮大，课程整合研究也将会持续深入。本书为一线教师提供了全景式的描述和说明，力图让教育回归整体、回归育人。朝阳教育人不忘初心、砥砺前行，为早日实现教育强区、实现教育现代化努力做出自己应有的历史贡献。

导 言

Introduction

立德树人是教育的根本任务，课程承载着国家的教育意志、教育目标和教育内容，培育着学生的社会主义核心价值观，直接影响人才培养的质量。伴随着《中国学生发展核心素养》总体框架的发布，"核心素养"已成为当下我国教育界的热门词语。"核心素养"旨在勾勒新时代新型人才的形象，规约学校教育的方向、内容与方法。我国界定的"核心素养"是指学生在接受相应学段的教育过程中逐步形成起来的适应个人终身发展与社会发展的人格品质与关键能力。这是符合世界潮流的，也是我国课程发展的必然诉求。"核心素养"的界定是学校教育从"知识传递"转向"知识建构"的信号，标志着我国学校的课程发展进入了新的阶段。从根本上讲，学生发展核心素养是教育方针的具体化和细化，是对培养目标的整体描述，是课程教材建设、教学改革的依据。

当前，课程改革已经进入内涵发展的攻坚阶段。将来的学校靠什么吸引学生？靠的是丰富多彩的课程。课程建设问题是深化教育改革的一个核心问题，是中小学内涵发展的根本问题，也是基础教育阶段学校办出特色的实质问题。课程的设置与实施，成为影响师生发展的核心要素。

严格的分科课程过于强调系统知识的掌握，课程的呈现方式、教学方式、评价方式不利于具有差异性的学生个体的学习，不利于发挥学习者的主体性和主动性。

传统分科课程的弱点：

第一，分科课程过于强调"本学科"的知识，这种"学科本位"切割了知识之间的联系，让各种知识彼此孤立，有价值的知识容易被"屏蔽"；

第二，分科课程过于强调知识的获取，围绕"知识点"的教学，对真实的生活情境和生活问题漠然置之，学生容易产生学习的"无意义感"，失去探索的兴趣，也难以形成解决问题的能力；

第三，分科课程本身是知识权威和学科专家构建的结果，一线教师只能以讲授为中心实施教学，学习的主体——学生则处于最底层，难以主导自己的学习过程，失去过程的学习让"人"的品格成长处于虚空状态。

从学生核心素养出发，衡量学校课程建设成功与否有三个标准：

第一，课程是否围绕学生的核心素养展开；

第二，能否在学生的核心素养和学校课程框架之间建立实质性的连接；

第三，能否保证每一门课程为学生的核心素养服务。

在深化课程改革中，"增强整体性，强化各学段、相关学科纵向有效衔接和横向协调配合""开展跨学科主题教育教学活动，将相关学科的教育内容有机整合"成为课程改革的方向，"课程整合"正在成为核心素养培育非常重要的路径。从国内外课程整合的经验来看，课程整合不仅让学生在传统学业方面取得不亚于其在分科课程学习中的成就，还让学生达到了更高的成就。通过学科课程整合，学校可以解决过去单科教学内容过深、过窄的问题。课程整合有助于关注学生终身发展，提高学生综合问题解决能力，满足未来人才需求；课程整合有助于教师夯实专业素养，提升课程领导力，突破业务发展瓶颈；课程整合有助于实现学校质量飞跃，形成学校育人特色，提高学校核心竞争力。

课程整合作为一种课程设计的方式，它不是固定的，而是多样化的。本书将课程整合的具体方式分为以下五类：学科内课程整合、学科间课程整合、跨学科课程整合、跨学段课程整合、课内外课程整合。本书第三章至第八章所收录的课程整合案例均经过了实践检验，很多学校都召开过市、区课程改革现场会。这些案例是集体智慧的结晶，非常具有指导意义，也非常具有可操作性。

清华大学附属小学商务中心区实验小学的"亲近鲁迅"主题课程群，很好地展示了"1+X课程"的生长样态。让学生亲近经典、阅读经典，让语文教学有情感温度、思维深度、思想广度。大小课时的结合，可以让学生的学习与思考更充分。采用多种学习形式保证了学习效果。

北京市第八十中学的"刺客"文学专题课程，通过对从古至今刺客文学作品的比较阅读，使学生在综合对比中全面地认识和评价荆轲及"刺客"这一群体的行为，进而形成自己言之有据的独到见解。

芳草地国际学校甘露园分校的"邮票"主题课程，通过组织学生了解邮票、绘制邮票，提升学生观察和解决问题的能力以及交流表达的能力，激发学生创作美、表现美的热情，培养学生的人文情怀、审美情趣。换购方案和评价方案设计得非常好。

花家地实验小学结合六年级数学圆的内容以及综合实践内容，设计了"手表制作工坊"这一课程。课程旨在提高学生创造性解决问题和自主学习的能力，培养学生的创新意识，以科技项目体验与实践为主线，以多学科融合为辅线，通过让学生获得愉悦的体验，丰富学生的认知。学生在完成任务的过程中，将数学知识和科学知识相结合，实现了跨学科知识的运用与迁移，增强了数学学习的兴趣和学好数学的信心。

芳草地国际学校"一带一路"系列课程与学校的整个课程架构相呼应，把国家课程的学科教学整合到道德、科学、语言、艺术、数学、健康六大领域，开发了科技之路、文化之路、强国之路、友谊之路、追梦之路、经济之路、艺术之路七大模块的课程内容。在"一带一路"课程中，学生真正感受到了"中国立场，国际视野"。

垂杨柳中心小学馨园分校基于STEAM理念的中小学生核心素养课程，关注学生的核心素养，整合语文、数学、科学、美术、品德与社会、音乐、劳动技术、综合实践活动等多学科内容，以研究性学习为实施途径，开发出一套以航空为主题的校本课程。"吉祥腾飞梦"一课，教学理念先进、研究主题聚焦、课前准备充分、课堂空间开放、主体地位突出、合作学习到位、学生思维活跃、整合味道浓厚。

陈经纶中学嘉铭分校在"九年四段"办学模式研究中，注重践行"让学生体会学习、参与学习、自我学习，让学生在体验和参与中获得喜悦"

的学习理念，优化学生在学习活动中的心理素质，使其在自主中自立、自强，逐步形成自主学习能力和自我教育能力。阅读课程从文化素养培养的角度出发，进行多学科整合，并纵向贯穿义务教育阶段，形成以"儒雅"为核心的课程体系。该课程解决了小学和初中两个学段脱节的问题，并且促进了学生的可持续发展，提升了学生的阅读兴趣。

櫻花园实验学校职业体验课程，重在拓展学生的职业认知，增加学生的生活体验，促进学生综合素养的发展。课程遵循认知—体验—实践—交流的实施过程，使学生获得丰富的职业认知、体验和精神成长。

北京中学的阅历课程，让学生真正踏上中华文化寻根之路，带领学生在探寻中用身体与心灵去感受悠久的中华文化，实现传统文化精神和现代科学精神的融会贯通。

北京市朝阳区教育研究中心附属学校的"印象江南"综合实践课程，以南京、苏州、杭州、乌镇和绍兴为主要课程资源，全学科参与，将课堂教学与生活实际结合起来。课程起于"游"而忠实于"学"，"游"是体验，"学"是思考和探究，课程将二者融为一体。学生在"印象江南"综合实践课程学习中会有更生动鲜活的课程体验和不同以往的收获。

芳草地国际学校双花园校区"走向国旗升起的地方——红领巾的红军行"学科综合实践活动课程体现了课程和课堂文化的再造。课程整合了语文、数学、科学、美术、品德与社会、音乐、劳动技术、综合实践活动等多学科内容，以研究性学习为实施途径，开发六个模块课程内容，有效地落实了"10%学科实践活动"的要求。

陈经纶中学分校的"访文化源，探博物馆"综合社会实践活动课程，引领学生从校园走出来，以社会和自然作为学习课堂，打破学科边界，创新学习方式，从学校、学科和学生层面，围绕"32个点"和学生需求及学科特色设计课程，逐步形成融"研究性、实践性和创新性"于一体的综合实践活动课程及推进策略。课程带给学生全新的体验，帮助学生形成喜爱质疑、乐于探究、努力求知的心理倾向。

北京市第八十中学的开放性科学实践活动，以多种方式对学生进行科学探究的训练，使学生在发现问题、提出假设、设计实验方案、获取事实证据、做出解释和评价、讨论交流的各种过程中，逐步发展科学探究能力，形成科学态度、情感与价值观。对教学中所涉及的基本的科学过程与方法，应结合实例形象生动地加以说明，并注意横向联系，从而不断增进学生对科学探究的理解。课内外整合课程更强调课程的实践性和经验性，强调课程内容与社会和科技发展以及学生生活的适应性，强调参与的学生要走出课堂、进入社会。

从上面各学校展现的课程整合案例可以看出，课程整合是一项复杂且系统的课程变革活动，需要多方力量共同参与才能取得成功。课程整合最重要的一个成果，就是营造出一种协作文化，建立一种协作的机制，可以快速提升教师的课程领导力。"整合"的思维可以体现在学校工作的方方面面。课程整合不仅是一种组织课程内容的方法，还是一种学校教育与管理的理念。

当然，有效推进课程整合，单纯依靠校长的决策及其协作团队是无法完成的，还必须依靠专家、教师和家长等方面的力量。教师在实施课程的过程中要予以必要的调整、创生和发展，不断完善课程。教育是一个传递智慧的过程，智慧的传递需要教育工作者的智慧，作为教育工作者我们要系统地思考"为什么教"以及"教什么"。"为什么教"涉及课程整合的目标问题，"教什么"事关课程内容的安排和课程设置等问题。课程整合是一个由低度整合到高度整合再到完全整合的逐渐过渡的过程。

目 录
Contents

第三章　学科内课程整合案例

第四章　学科间课程整合案例

第五章　跨学科课程整合案例

第九章 挑战与反思

附 录

后 记

第一章 关于课程整合

当我们在谈论课程整合的相关问题时，有两个相对的概念是无法回避的——分科课程和整合课程。相对于分科课程着力于学生学科素养的发展而言，整合课程是学校教育在面对时代诉求和社会挑战时关注学生综合素养发展的有益探索。基于此，我们有必要充分了解课程整合的现实、理论和政策基础，课程整合的意义、内涵和具体方式，这是我们在开展实践探索之前需要做好的理论准备，也是本章前半部分探讨的主要内容。

那么，除了我们目前所处的课程改革情境，世界各国在课程整合方面的理论和实践探索有哪些呢?在本章的后半部分，我们分别梳理了美国、芬兰和日本这三个国家在该领域的研究和实践。其中，美国自20世纪20年代兴起基础教育课程整合的理论和实践后，围绕着"儿童与社会中心取向""学科中心取向"两种路径发展和演变，形成了各具特色的理论和实践样态；芬兰自2012年起开展"新核心课程改革"，在以往课程改革的基础上弱化了学科内容的界限，着重通过跨学科的现象教学培养学生的横贯能力；日本自1996年提出"综合学习时间"课程后，积累了丰富的课程整合案例。希望其他国家多元的实践探索，能够为我们开展课程整合带来一些启发。

1 课程整合的理念是怎么来的 ?

当我们谈论课程整合[①]的相关问题时，有两个相对的概念是无法回避的——分科课程和整合课程。尤其是，我们会特别关注到——为什么要在已有的分科课程之外再进行课程整合，分科课程和整合课程孰优孰劣，它们是在什么样的历史背景下建构起来的，哪个会更好地促进学生的发展，它们应该以怎样的组合出现在课程实践中，等等。带着这些问题，我们一起来了解一下分科课程与整合课程的来龙去脉，或许就能解答以上的疑问了。

一、早期课程的基础是综合

早期的课程是以整体、综合为特征的，这并不是因为那时候人们已经有了分科课程和综合课程之分，而是因为当时人们对世界只有模糊、笼统的认识，综合课程是人类认识初级阶段不得已的一种选择。譬如，中国的礼、乐、射、御、书、数，古希腊的算术、几何、天文、音乐、文法、修辞、辩证法，都是建立在对世界直观的认识基础之上的。虽然看起来是分门别类地开设，实际上分化程度很低、来源很直接：有的科目来自人们的生活和生产活动，有的科目是为了满足贸易或战争的需要。一句话，在古代社会，没有真正科学意义上的分科课程。（丛立新，2000）[179]

二、近代课程的特征是分科

近代自然科学的发展是人类历史最伟大的进步之一，其标志就是人类

---

① 为了方便理解，我们暂且将"课程综合""课程整合""课程统整"这三个概念视为同一概念，在本章问题"4"中会做具体解释。

对自然、社会及自身的认识，尤其是对自然的认识从整体、笼统到分化，且分化的程度达到了前所未有的深度和高度，反映在教育上就是分科课程的出现。近代教育史上在课程研究方面取得卓越成就的著名教育家，他们的主要贡献也在分科课程领域——夸美纽斯提出"百科全书式"的课程，赫尔巴特从培养兴趣出发论证分科课程的合理性等。尽管有流派之分，但总体而言，课程的理论和实践在分科课程发展的基础上都实现了空前的繁荣，达到了相当高的科学化和规范化水平。实际上，促进世界范围内基础教育发展的，也正是分科课程体系。

真正的分科课程的出现是历史进步的结果，自然科学发展使得过去简单、低水平的综合课程不再可行，原始状态的综合课程被各学科自身的深入、完善所突破。

三、现代课程的趋势是综合

在学科不断精细、深化的过程中，人们对分科课程合理性的怀疑以及综合课程必要性的思考开始出现了，甚至分科课程发展初期的代表人物赫尔巴特就已经想到，在校外生活中，这些学科内容几乎看不到它们是各自割裂的，那么为什么在学校里就不能把它们联络起来呢？学生怎么能每天在毫无联系的每门学科上花费掉一些时间，却没有造成混乱？德国教育家、赫尔巴特的追随者齐勒将这种思想进一步发展，他认为，不但要把一些适当的学科联络起来，而且有可能用某一门学科来作为联络所有其他学科的核心。齐勒理论的鲜明特点是，课程综合的依据在于学科的性质——哪些可以综合。同样强调课程联系的福禄贝尔和杜威则将联系的基础放在儿童的身上，主张从儿童生活本身出发，通过某种活动达到某种目的，倡导以儿童为中心的统整的、经验的、活动的、单元的、设计的课程。

综合课程的研究和尝试在"二战"之后达到高潮，根本原因是人们认识到了分科课程的局限性，尤其是分科课程发展和相对成熟后显示出来的弊端——过分强调分科，分科过细、过繁导致学科之间相互隔膜、相互封闭并由此带来学科之间内容的重复。

应该说，分科是综合的基础，只有在深入分化的基础上，才能有较高水平的综合。（丛立新，2000）[183]

2 课程整合的基础是什么？

一、课程整合的现实基础

分科还是综合？从我国基础教育的现状来看，这一关系的主要问题是什么？在这一关系上，中国现存的状况与世界基本趋势是一致的，即分科绝对化，如果说有什么是不同于别人的，那就是我们在分科的绝对化上更为严重（丛立新，2000）[198]、教师对分科教学更为依赖、学生在分科教学的影响下负担更为沉重。在相当一部分学校里，不同学科各自为战甚至画地为牢，综合课程基本没有开展。这也是2001年国家出台《基础教育课程改革纲要（试行）》的现实原因之一。

如今课程改革走过17年，进入课程改革深水区，我们的综合课程实施状况有没有得到改善？一份针对综合科学课程适应性的研究表明：目前分科教师还不是很了解综合科学课程，对初中综合科学课程持否定态度；教师大多不具备符合综合科学课程要求的学科知识结构和技能。（王秀红 等，2007）另一份从课程整合视角探究学校课程发展现状的研究表明：多数学校有明确的整体课程规划，但教师知晓情况一般；学校课程整合的层次不一，整体水平有待提高。（林静，2014）

不可否认的是，课程改革在发达地区积淀深厚的名校取得了很瞩目的成就和突破，譬如北京十一学校、清华大学附属小学、北京中学等名校建设了独具特色的校本课程，形成了相对完善的课程体系，但是众多的一般学校和薄弱学校依然在课程整合和课程建设中摸黑前行，尚未寻得一条明路。他们迫切地需要了解和掌握具体的、多样的、不同层次的、活生生的课程整合案例以及整合课程的开发策略和实施路径。

二、课程整合的理论基础

（一）心理学基础

发展心理学的研究表明，当知识相互联结时，个体的学习效果最好，即只有当知识存在于情境中、知识与实际应用相联系、多层次呈现知识、在学习过程中运用类比与隐喻、知识与个体的问题产生相关性时，才会出现最好的学习效果。儿童是基于他们的背景和经验以整体的、连续的方式来构建知识的。因此，许多发展心理学者倡导小学和初中的课程应该围绕科际主题来组织。（韩雪，2002）发展心理学主张的儿童中心观与原有的学科中心观形成某种程度上的对立，这使得研究者们意识到，严格的分科课程过于强调系统知识的掌握，课程的呈现方式、教学方式、评价方式，不利于具有差异性的学生个体的学习，不利于发挥学习者的主体性和主动性。当然，人们并非赞同取消分科课程，而是希望在分科课程的基础之上关照到科际整合对于促进学生认知发展的必要性和无可取代性。

（二）社会学基础

20世纪六七十年代以来出现的由分科课程向整合课程的运动与社会生活的变化息息相关。与人类社会的问题变得比任何时候都更为复杂同时发生的，是人与人之间的联系变得越来越紧密，合作与理解的重要性越来越凸显。倡导建立课程社会学的英国学者伯恩斯坦认为，课程类型向整合课程转变与社会不断民主化的进程密切相关。外部教育环境的变化对课程发展造成了不同程度的影响：课程要关注学生的原有经验；课程要培养学生的合作能力；课程要呈现未来生活的可能；课程要关注学生将所学应用到实际生活的能力；课程要呈现多元性以满足学生多方面发展的需求。很明显，传统分科课程在面对社会的挑战时显示出了其先天的缺陷，整合课程在自主、合作、探究的学习方式和教师教学方式转变方面，更能适应新形势下的时代要求。

（三）知识论基础

当代知识的发展从19世纪、20世纪的分化走向综合，跨学科知识已经成为重要的知识分支领域。在知识的获取上，主动探究成为重要的方式。被动接受的学习方式已与知识的发展、社会的发展不相契合。跨学科研究从它被提出后就受到人们的重视。这是因为：它融合了不同学科的范式，推动了以往被专业学科所忽视的领域的研究，打破了专业化的垄断现象；增加了学科之间的交流，形成了许多新的学科；创造了以"问题解决"研究为中心的研究模式，推动了许多重要实践问题的解决。（熊梅，2001）分科课程提供的知识过分关注知识的体系，使其陷入不能穷尽的逻辑窠臼里，整合课程提供的与社会实际相联系的、生成的、经验的、多元的、综合的知识是分科知识的有益补充。

三、课程整合的政策基础

2001年6月，教育部颁布《基础教育课程改革纲要（试行）》（简称《纲要》），标志着新一轮基础教育课程改革正式启动。同年11月，发布《义务教育课程设置实验方案》对其进行具体的补充。《纲要》中提到"小学阶段以综合课程为主，初中阶段设置分科与综合相结合的课程，高中以分科课程为主"，将综合化作为课程改革中的一个主要任务。两份文件在课程整合方面的要求包括：第一，学科课程目标上的整合，即强调学生的整体发展，为中小学生的终身发展奠定坚实的基础，为不同学科的课程目标确立了共同的三个基本维度：知识与技能、过程与方法、情感态度与价值观；第二，设置综合课程：品德与生活（1—2年级）、品德与社会（3—6年级）、历史与社会（7—9年级）、科学（3—9年级）、体育与健康（7—9年级）、艺术（1—9年级）；第三，强调跨学科的学习方式，如探究学习、体验学习、合作学习等（李玉珠，2007）；第四，从小学至高中设置综合实践活动并作为必修课程，其内容主要包括信息技术教育、研究性学习、社区服务与社会实践以及劳动与技术教育，强调学生通过实践增强探究和创新意识，学习科学研究的方法，发展综合运用知识的能力。

2014年3月，教育部又颁发了《关于全面深化课程改革 落实立德树人根本任务的意见》，该文件的正式颁布标志着新一轮的课程改革已经进入到全面深化的阶段。自文件颁布之日起，课程改革进入了全面推进、全面实施、全面实现的第二阶段，在巩固第一阶段成果的基础之上，这一阶段要重点落实好立德树人的根本任务。立德树人，就是要充分发挥各学科独特的育人优势，加强学科之间的相互配合，形成综合的学科育人功能，同时统筹课堂、校园、社团、家庭、社会等阵地，发挥学校的主渠道作用，促进各方面力量进一步合作，合理安排校内外、课内外相关的活动，营造一个协调一致的良好育人大环境。同时要加快对学生核心素养体系的研究，改变过去在知识选择、学科内容构建过程中过分依赖学科自身的逻辑性、结构性、完整性的状况，更好地从学生发展的角度研究学科核心素养。

在全面深化改革需要关注的七个重点问题中，紧跟把握育人方向、完善课程教材制度建设的就是聚焦课程的深度整合问题。教育部基础教育课程教材发展中心主任田慧生指出，课程的整合有两个维度：第一个维度是横向整合，是指不同类型课程之间的整合，不同学科之间的跨学科的整合，即关于国家、地方、学校等课程之间、不同学科之间、学科类课程和活动类课程之间如何整合的整体设计；第二个维度是学科内部的纵向整合，对学校和教师来说，当前最关键的就是要站在学科的立场上来研究某一学段内的核心目标是什么，其中哪些知识是交叉重复可以合并删减的、哪些知识是同类别的可以在一定学段内加以归类的、哪些知识是必须深入讲解的、哪些知识是可以让学生自主学习的。他特别强调，课程改革的下一步重点就是抓住课程整合，否则学校特色这条路走不出来。教师经过各种培训后，在专业水平方面似乎也已经进入高原期，要想有更大的突破，就要从学科纵向整合入手，深入研究学科内部问题。

2014年10月，《北京市教育委员会关于印发北京市基础教育部分学科教学改进意见的通知》发布。北京市教育委员会（简称北京市教委）在学科教学改进意见中强调了要在初一、初二年级开设系列科学活动，选择综合性主题，整合物理、化学、生物、地理等学科知识内容和能力培养，采用观察、实验、制作、参观、调查等活动方式，引导学生体验科学与生活的联系，体验科学方法的应用。物理、化学学科，在初一年级整合校本课程，开展每周1课时的比较系统的科学活动，渗透物理、化学、生物、地理等学科知识和能力培养；在初二年级开展每月1—2课时的开放实验指导课，指导学生开展小实验、小制作等科学活动，重点提高学生的实验探究能力。学科教学改进意见充分关注了在培养学生科学素养上，借助课程整合的模式来实现教师多样化的教学方式和学生开放性的学习方式的转变。

3 课程整合的意义是什么？

面对时代的诉求和社会的挑战，开展课程整合的实践探索对于学生个人发展、教师专业发展、学校特色建设的积极意义是有目共睹的。

第一，课程整合有助于学生终身发展，提高学生的综合问题解决能力，满足未来人才需求。21世纪以来，诸如全球变暖、能源危机、外太空探索开发、基因疗法、人工智能等人类需要解决和开拓的综合问题的涌现，使得科学的发展趋势演变为与技术的融合以及科学、技术与社会的相互渗透，未来社会需求的变革亟需复合型人才。当前，与知识获得相比，关注能力发展的21世纪核心素养成为世界各国的研究热点，整合课程为学生提供了以自主、合作、探究为主的学习方式来提升解决综合问题能力的机会，提供了全面的、个性的提升学生核心素养的机会，也提供了获得面向未来的终身学习能力的机会。

第二，课程整合有助于教师夯实专业素养，提升课程领导力，突破业务发展瓶颈。教师的课程领导力是指教师从"教书匠"的单一身份变成参与课程开发、课程实施、课程评价的课程领导者，具备课程领导力的教师需要有较强的课程理解力、一定的课程设计力和扎实的课程实施力。教师通过横向课程整合，根据学生的认知规律，优化课程结构、调整课程门类、更新课程内容，将国家、地方、校本的三级课程内容贯通起来，学习把握教育的本质；通过纵向课程整合，整合学科内部知识和结构，关注学科核心素养，学习把握学科的本质，减轻学生负担。参与了课程整合的教师，其专业素养将有大的提升，甚至质的飞跃，从而突破业务发展的瓶颈。

第三，课程整合有助于学校实现教学质量的飞跃，形成学校育人特色，提高学校核心竞争力。全面深化课程改革时期，学校做什么？现在看起来关键的工作是要加强学校对课程的整体规划与设计。突出学校的办学理念、办学特色，推动学校课程的个性化、特色化建设，这是一个总的方向性的要求。要实现这样的目标，有效的手段是课程整合。（田慧生，2015）从北京十一学校、清华大学附属小学等名校的发展路径可以看出，要想在学校品牌竞争中有所成就，必须关注学校课程建设体系的构建以及课程的横向和纵向整合，充分提升学校的核心竞争力。

4　课程整合的内涵是什么？

这里，有三个很相近的词会引起我们的疑问：课程整合、课程统整、课程综合。追溯一下，这三个词都指代英文中的课程专业术语curriculum integration。一般来说，它们可以互换。具体区分起来，我国港台地区的文献更多地使用"课程统整"，内地（大陆）更多地使用"课程整合"或"课程综合"。课程学者黄甫全认为，"整合"的含义是综合、融合、集成、成为整体，而"综合"只是相对于"单一"来讲的，指的是复杂事物的多样性组合，不具备一体化的概念。因此，"课程综合"不能准确地概括和表达我国课程改革实践中正在着力建设的把学生在校内的学习同校外生活及其需要和兴趣紧密结合的整体化课程的内涵和理念。（黄甫全，1996）在本书里，我们也主张更多地使用"课程整合"这一概念来指代当前课程改革中持续开展的将分科课程进行融合、设计使其成为一门新的一体化课程的实践探索，但有时为了照应上下文或引用时忠实于原文也会使用"课程综合"或"课程统整"。

那么，课程整合的内涵是什么呢？

课程整合是一个包含着多种含义、多种实践而且存在分歧的概念。总的来说，课程整合有广义和狭义之分。

从广义上讲，课程整合不仅是一种组织课程内容的方法，还是一种课程设计的理论以及与其相关的学校教育理念。广义的课程整合包括四个层面，即经验的整合、知识的整合、社会的整合和课程的整合，其最终目的在于学校教育与民主、社会的统整。这是整合的、进步主义教育思想的一部分。（韩雪，2002）

狭义的课程整合，指的是一种特定的课程设计方法，尤其在本书里，是指教育行政单位以学科课程为基础，以减少知识内容重复、减轻学生学业负担、改善传统教与学的方式、提升学生核心素养为课程价值，通过对课程目标的重新设置、对课程内容的重组和拓展以及课程实施方式的多样化、课程评价的多元化、课程资源的丰富和信息化等途径，来建构的一体化或综合化的本土课程（区域课程或校本课程）。本书所选案例对课程整合内涵的认识多出于此。

5 课程整合的具体方式有哪些？

面对已有的学科课程和丰富的课程资源，课程整合要从何下手？课程整合不同方式之间的区别是什么？它们的适用范围是什么？怎样才能很快理解这些方式方法并掌握其要领参与课程整合实践？

当我们开始参与到课程整合的实践中去时，或多或少会遇到以上的这些问题。这里，我们主要通过介绍学者们在课程整合方式划分上的不同主张，结合真实的课程实践，理出一个较为清晰的、来源于理论和实践的课程整合方式的分类，并对每种方式分别进行介绍。

首先，我们需要了解几种认可度比较高的分类依据和具体内容。

　　加拿大研究者德雷克（Drake）从课程计划的层次和统整程度来界定课程的类型。他主张六分法，按照顺序呈逐渐上升的连续体。第一，传统分科课程：从单一学科的视野教授课程内容，例如数学或英语。第二，融合课程：将某一议题融入许多科目的教学，例如将环境议题、社会责任议题等融入地理或英语课程。第三，复科课程：将下位概念的学科知识统整成上位概念的课程，例如将物理、化学和生物统整成科学。第四，多元学科课程：在特定的时段内，各科的教学以一个主题或问题为核心，但是采取分别授课的形式，例如在一段时间内以端午节为主题，分别从语文、历史、数学、美术等科目去教学与端午节有关的内容。多元学科课程使学生能够将所学内容加以连接和贯通。第五，学科互动课程：学科互动课程有许多变化形式，通过共同的主题、引导学习或思考的问题及有共通意义的概念，以跨学科形态呈现在学生面前。第六，超学科课程：课程设计超越学科边界，从生活脉络出发，将学科知识放置在学习过程中，关注学生经验的获得，强调学生的个别成长、社会责任与德行培养等。

　　美国学者福格蒂（Fogarty）从连续统整观出发，提出了十种课程整合模式，这十种模式又大致可以分为单一学科内的整合和跨学科的整合。

　　①单一学科内的整合。分立式：学校课程的分科组织形态，科目间是独立且分离的，分别有各自的课程内容标准。联结式：在这一设计方式下，各学科之间虽然是相互独立的，但强调每个学科之间要有明确的结合、主题之间的关联或者概念之间的联结。巢穴式：在每个学科范围内，教师以培养学生多元技能为教学目标，如社会技能、思考能力等，形成一个单一学科内多层面自然连接的巢穴。

　　②跨学科的整合。并列式：在广泛却相关的主题架构下，有着各自不同的内在教学内容。依然是采用分科教学，但是教师需要重新安排主题的顺序，以使得多个领域的学科内容平行教学。共享式：分科进行教学，多个学科之间按概念、技能、观点形成统整的主题或单元，形成共有的教学计划。张网式：各学科以一个主题为核心，将这个主题组织到各科目，从这个主题的角度来架构和关照各科的内容，当学生从事各科内容的学习时，可以意

识到这个共同主题。张网式设计是一种主体取向的课程整合模式，它以一个涵盖面较广、跨学科的、具有普遍意义的概念、论题等作为主题，围绕同一主题将不同的学科连接成一个网状的结构。线串式：这是一种元课程的课程整合方式，它以思维技能、社会技能、学习技能、图形组织者、技术、多元技能等为线索，将不同的课程内容进行整合。例如，以预测技能为线索，可以整合数学中的估算、语文中的故事情节的推测、自然科学中的实验假设和社会中的事件发展等内容。其课程超越或是取代了原有的教材，以培养学生的技能为线串，设计出标准涵盖下的课程内容。整合式：将概念和知识从学科内容中过滤出来，形成跨学科的主题，通过寻找多个学科中共有的技能、概念和态度将不同的学科混合起来。整合式课程需要不同的学科教师合作进行教学设计，与张网式课程的演绎法不同，它是一种归纳式的课程整合。沉浸式：在各领域的教学和互动中，学生以自己的兴趣来筛选主题，收集并整合学习材料，形成个体学习经验。网络式：这一模式表现为学习资源的不断投入，教师向学生提供新奇、广泛和精练的材料，学生来主导课程，透过自己的专长和兴趣来筛选课程内容。

美国课程论专家雅各布斯（Jacobs）根据课程综合的程度，提出了课程整合的六种方式。

①学科本位课程：在单一的学科框架之内实现课程内容的整合。

②平行学科课程：将两门相关学科的某些主题安排在同一时间教学，而把建立两门平行学科之间的关联的责任交给学生。比如，同时在物理学科和化学学科教授"氧气"，教师的教学设计并没有发生太多变化，但是学生会同时从物理、化学两个不同学科认识氧气，把原来分开学习的有关氧气的零散知识统整起来，获得更为全面深刻的认识。

③多元学科课程：围绕同一个主题将多个相关学科整合在一个正式单元或学程里，这样的教学单元是建立在两种或更多传统学科探讨的主题的基础之上的。在这种课程中，教师将不同学科中的探究工具或关键概念用来瞄准某一观点或问题。比如，中学生可以从政治的、经济的、地理的和历史的角度探讨世界饥饿问题的成因。（张华，2001）简单来说，在这种方

式里，学科的界限是可以识别的。

④科际整合单元：打破甚至消除学科边界，将学校课程中的一些学科整合成一个单元。学生运用艺术、科学、人文等课程中的概念、方法和价值取向去探讨一个观点或问题。比如，小学生可以把音乐、公民、地球科学、视觉艺术、体育等分散的学科整合起来去研究环境问题。（张华，2001）

⑤统整日和完成项目：以学生的兴趣、需要和生活经验为出发点来制订课程项目。

⑥现场教学：以学生所在的学校环境及日常的生活为内容展开教学。

总结以上研究者的观点发现，他们对课程整合方式的划分基本围绕着四个核心：一是整合的对象是一门课程还是几门课程；二是整合效果是可以识别学科边界还是消除学科边界；三是整合内容仅限于学科课程还是可以超出学科范围；四是整合目标是围绕学科知识的获得和能力的提升，还是将学科知识置于项目中，关注基于经验的综合问题解决能力的获得和提升。

基于以上学者对课程整合的具体方式进行划分时的考量，再结合当前课程改革实践（北京市朝阳区）中的课程整合实践需求和已有成果，在此，我们提出本书在这一观点上的主张，即我们将课程整合的具体方式分为以下五类：

①学科内课程整合；

②学科间课程整合；

③跨学科课程整合；

④跨学段课程整合；

⑤课内外课程整合。

需要说明的是，这样的分类从字面上看是不太严谨的，尤其是学科间课程整合与跨学科课程整合这两种说法会引起误解，我们会在接下来的论述中具体展开和说明。

一、学科内课程整合

尽管课程内容是经过课程专家反复论证、推敲和设计过的，但是一些颇有经验的教师在常年的教学实践中会发现，某个知识点在螺旋上升、反复出现的过程中，还有待优化；在某种学科能力和素养的培养上，现有的课程内容是可以调整、丰富甚至替换的。毕竟，每个地区、每个学校、每个班级、每个孩子都有其认知的独特性，而教学的科学性和艺术性在每一位教师身上又有不同的展现。譬如，北京十一学校依照课程标准重新编排了语文教材，他们根据作者、文体性质及文章特点选用了大量相关的阅读材料，采取了横向拓展、纵向加深、多向链接的形式充实教材内容。（李云霞，2006）又如，特级教师马芯兰将小学数学教材的知识结构进行重新调整，形成独特的"马芯兰教学法"，提升了小学生学习数学的兴趣，减轻了他们的学业负担。

简单来说，所谓学科内课程整合，是指在某一学科内，为了使知识的呈现、技能和能力的培养更加科学，依据课程标准，基于或者超越现有教材，对学科内容进行重组、编排、精简或拓展。关注学科知识内部的纵横交错及与其他学科和社会生活的联系、关注教学与学习的科学性是学科内课程整合的重点和难点。

二、学科间课程整合

学科间课程整合的提出，主要是参考了雅各布斯提出的多元学科课程整合的概念。其主要目的在于使学生能够从多重视角整合地处理相关信息，以便更全面、客观地理解知识和解决问题。它不要求一定得打破学科知识的疆域合成新的学科形式。它可以是各学科保持独立地位，课程内容分属于不同科目领域，也可以是以组织中心如主题、问题、概念等或课程标准的要求来联结不同学科，还可以是学科融入单元或主题中。（陈妙娥，2003）

从宏观视角来看，物理与化学综合而成物理化学，数学与生物综合而成生物数学，政治学与经济学综合而成政治经济学等，都属于这一范畴。目前国内外中小学进行的综合理科和综合文科以及自然常识、社会课的课程改革就是基于这种生成模式的结果。在进行这种综合课程内容的选择上，主要是选择学科间共同的具有迁移性的概念、原理和方法。（熊梅，

2001）

从微观视角来看，学校在课程实践中围绕一个主题，通过活动的、项目的形式，把不同学科课程知识的学习、能力的提升以类似"拼盘"的方式组合在一起实施序列课程即是学科间课程整合。简单来说，学科间课程整合是可以看到学科界限的。譬如，问题的设置可能是这样的："请你用地理（历史、政治……）的知识来解释这种现象""请你用所学的物理（化学、生物……）知识试着解决这个问题"等，教师会提及学科名称，学生会使用单一学科知识来解决问题。这样的课程在整合程度上并不算高，学生是通过一个主题将所学知识联系起来的。

三、跨学科课程整合

跨学科课程整合的提出是基于这样考量的——学校教育培养的学生不只需要具备严谨的知识结构来应付升学考试，还需要具备综合的问题解决能力为未来社会生活做准备。因此，跨学科研究从被提出后就一直受到人们的重视。这是因为：它融合了不同学科的范式，推动了以往被专业学科所忽视的领域的研究，打破了专业垄断现象；它增加了学科之间的交流，形成了许多新的学科；它创造了以"问题解决"为中心的研究模式，推动了许多重要实践问题的解决。（熊梅，2001）

所谓跨学科课程整合，是指基于学科知识但是打破学科边界，将学科知识融入单元或主题之中，重视课程与真实情境和世界的联系，重视学生的经验获得，学生作为实践者和研究者参与学习，教师则作为课程框架的组织者、课程实施的支持者、课程资源或资源渠道的提供者来进行教学。跨学科课程的基本特征就是它的学科交叉性，与学科间课程整合的区别是，学科边界被消除了。举个例子，现在较为火热的STEM[①]课程或STEAM[②]课程就属于跨学科课程整合。

[①] STEM 是 Science（科学）、Technology（技术）、Engineering（工程）、Mathematics（数学）的简称。

[②] STEAM 是 Science（科学）、Technology（技术）、Engineering（工程）、Arts（艺术）、Mathematics（数学）的简称。

四、跨学段课程整合

跨学段课程整合有两方面含义：一是指为了改善幼小衔接、小初衔接、初高衔接中课程内容脱节、课程坡度较大等问题而设计的学段衔接课程；二是指在"九年一贯制""十二年一贯制"的学校里，由于升学通道的特殊性，学校根据本校传统、育人目标、生源情况等对不同学段的课程进行整合而形成的与学科课程互相补充或替代的校本课程。

五、课内外课程整合

学科知识和社会生活、学生的课内学习与课外活动是紧密相连的，学校在课程设置上要把这几方面充分整合来培养学生理解、综合运用知识解决实际问题的能力。（窦桂梅 等，2014）与跨学科课程整合相比，课内外课程整合更强调课程的实践性和活动性，强调课程内容与社会和科技发展以及学生生活的适应性，强调参与的学生要走出课堂、进入社会。

所谓课内外课程整合，也可以称为学科知识与生活的整合，是把人与自然、人与社会、人与文化、人与自我等作为选择和组织课程内容的主题，引导学生对自然、社会、自我进行深层次的反思，并以活动课程的方式来呈现。从北京市的地方课程来看，学科实践活动课程、综合社会实践活动课程、开放性科学实践活动课程都属于这一范畴。另外，现在很多学校在实践的游学体验课程、阅历课程也是课内外课程整合的很好范例。

6 美国基础教育界在课程整合方面有怎样的理论主张和实践探索？

20世纪20年代，美国兴起了基础教育课程整合的理论和实践，之后，围绕着"儿童与社会中心取向""学科中心取向"两种路径发展和演变，形成了各具特色的理论和实践样态。

一、美国基础教育课程整合的理论

儿童与社会中心取向强调课程整合的出发点不是学科内容，而是儿童的兴趣和社会议题。这一取向有三位代表人物：一是杜威，他的"有机教育"在微观层面主张"做中学"，在宏观层面主张"学校即社会"，他是该取向的奠基人；二是霍普金斯，著有《整合：含义及应用》，从理论和实践维度都提出了将课程整合作为学校课程设计、组织、实施、评价的原则，他是最能代表这一取向的人物；三是比恩，他在继承前二人的课程整合思想的基础上，结合"八年研究"①实验学校课程改革的失败教训，提出了课程整合的模型，即通过社会关注事项，个人关注事项，民族、尊严和多元概念，以及个人的、社会的、说明的和技术的知识的考查来选择能够联结个人与社会的整合主题。（王飞 等，2016）儿童与社会中心取向囿于课程组织和实施的难度、实验校出现的学生成绩下滑情况以及20世纪90年代统一课程标准和考试标准的施行，限制了其实践的发展。

学科中心取向强调依据学科的相关性来整合课程，注重根据实际教学的要求，先从学科内整合开始，逐渐过渡到学科间的整合，整合的深度与广度须根据具体教学内容和现实教学情境而定。该取向是从赫尔巴特的相关理论演绎而来的，其代表人物有三位：一是卡斯维尔，著有《课程开发》一书，强调从学科间内容的相关性出发选择主题，设计跨学科整合单元，在主题的教学过程中兼顾儿童兴趣和社会需求；二是希尔斯，他倡导课程内容以分科方式选编核心知识，课程实施则采用主题教学或跨学科教学；三是雅各布斯，著有的《科际整合课程：设计与实施》成为20世纪80年代后学科中心取向课程整合的最重要著作，他为学科间课程整合提供了比较具有指导性和操作性的模式，是学科中心取向的重要代表人物。

二、美国基础教育课程整合的实践

20世纪90年代后，美国联邦政府加强了对教育的干预，出台了一系列

---

① 美国进步教育协会 1933—1940 年在中等教育方面开展的一项调查研究活动。

教育标准来应对人的全面发展和综合素养提升的时代诉求。在教育实践领域，一方面开设综合课程，增进知识之间的融通，同时制订综合课程标准，对课程的制订和实施提供指导；另一方面增进学科内容与生活和社会的相关性，提升学生运用知识解决实际问题的能力。

（一）社会科课程标准的修订与发展趋势

美国是世界上最早在中小学设置社会科课程的国家，至今已有百余年历史。1994年秋季，美国社会科协会（NCSS）出版了《社会科课程标准：卓越的期望》。为了培养公民素质，该标准以"主题轴"为基本架构，整合了人类学、考古学、经济学、地理学、历史学、法学、哲学、政治学、心理学、宗教和社会学等学科的内容，以及人文学科和自然科学中适当的内容。从学生的社会性发展需求出发，打破传统的历史科、地理科等课程体系，构建起新的、跨学科的课程体系，即"十大主题轴"。（李稚勇 等，2009）该标准被美国的30多个州采用，得到了社会的认可，但在10多年的教育教学实践后，也暴露出了不足和缺陷，加上美国社会转向对知识和技能的关注进而压缩了社会科的课时和投入，使得协会不得不对其进行修订。

2008年，协会公布了新的修订草案。该草案打破传统学科体系，建立起自身的逻辑，即以学生的社会性发展为主线，选择学生在社会化过程中不可逾越的个人的、群体的、社会性的主题，形成"十大主题轴"，其中每个主题由多学科的知识糅合而成，成为具有整体性的学习领域。这些主题轴内容如下：文化；人、地域与环境；个体、群体与机构；生产、分配与消费；全球关联；时间、连续与变化；个体发展与自我认同；权力、权威与管理；科学、技术与社会；公民理想与实践。以"文化"这一主题轴为例，课程标准将其学习期望（学习目标）分为探究主题、知识、过程和形成、成果四个部分，并针对低、中、高年级提出了具体的学习要求。

从美国社会科课程标准修订过程来看，有三种发展趋势：强调全球化和数字化时代的公民素质教育；注重美国主流意识的培育，尤为关注民主观念与批判性思维的培养；强化跨学科课程与教学，提升学生的学习成绩。

（二）《科学教育框架》的发布与启示

1995年，美国国家研究理事会颁布了《科学教育标准》，实施10多年后，在全球竞争压力不断加大的背景下，理事会又于2011年形成并发布了《K—12科学教育框架：实践、交叉概念和核心概念》（简称《框架》）。该《框架》以"生命科学""地球与空间科学""物质科学"三大学科领域为基石，分为"核心学科理念""跨学科要素""科学与工程实践"三个维度，具体包括标准、课程、教学和评价。

与《科学教育标准》相比，新的《框架》有这样三个特点：一是在更加整合和广泛的意义上，以核心学科理念而非专业知识和概念来组织科学教育的内容。核心学科理念的理论是基于心理学"专家"和"新手"的知识差异来提出的，即他们组织知识的方式不同，专家的知识是围绕核心概念或"大观点"组织的，而新手的知识则更多根据表面特征来组织。《框架》采用专家的学习方式来指导科学学习，以少而精的具有代表性的核心学科理念作为学习内容，为学生腾出更多的探索与辩论的时间，从而使学生建立起坚实的科学概念体系。二是将工程技术教育与科学教育同步进行，帮助学生理解这个主要由人工设计而成的21世纪的世界。《框架》将原有的"技术"改为"工程与技术"，强调工程与技术领域在科学教育中的重要性，引导学生关注科学学习与工程学习的联系，让学生重视综合性的实际问题，使学生在真实世界里能够有效应用所学的科学知识和方法解决困难。三是工程、技术、数学和科学的融合将更有利于教与学。《框架》提出了科学学习的发展性学习模型，这个模型注重学生头脑中的前概念，以"核心学科理念"的概念为单位，通过图表的形式来展示学科理念、跨学科、工程实践三个维度的发展性学习内容和活动建议，引导学生在学习科学时向整合的方向发展，引导教师根据模型思考具体的教学策略。

《框架》的发布对我国的科学教育有着深刻的启示意义。一是要夯实科学教育的基础理论研究。《框架》的维度选择是以"专家"和"新手"知识差异的研究为基础的，提出的学习模型是以学习科学对于"前概念"的研究为基础的，这充分体现了美国制订课程标准对基础理论研究的重视。二是要充分认识中西文化差异，注重先进经验的本土化。我们的文化对科学精神和科学素养的重视可能不够，实用主义倾向较为严重，与西方崇尚自由探究、对规律的追求和批判精神有所差异，同时，我国的科学教育起步较晚，基于这两点，我们要充分关注教师素养的提升和课程实施的科学性。

7 芬兰的新核心课程改革在课程整合上有哪些主张 ？

一、芬兰新核心课程改革的背景和主要内容

（一）芬兰新核心课程改革的背景

2000年以来，在经济合作与发展组织每三年举行的"国际学生评估项目"（Program for International Student Assessment，简称PISA）中，芬兰学生在全球数十个国家的15岁中学生的学科能力测试中，数学、科学、阅读的能力连续三届位居榜首，这使其成为全球教育的焦点和榜样。经济合作与发展组织的调查显示，芬兰教育不以分数来衡量学生的考评体系使得最弱学生和最强学生之间的差距是世界上最小的。

与此同时，芬兰学生在TIMSS（侧重课内知识考查的国际调查）的得分却直线下降，在近期的PISA测试中，芬兰的名次也呈下降趋势。专家们指出，芬兰教育体系并非如人们想象的那么好，其核心课程可能忽略了一些PISA不考的知识。

为了增强教育的竞争力，教会年轻人未来生活所需要的技能，关照芬兰现有课程改革中的优势和劣势，芬兰教育部门在2012提出《2016年课程改革方案》，2014年12月公布了针对1—9年级的《国家核心课程大纲》（简称《大纲》），同期也分别发布了针对学前教育和高中教育的课程改革方案。由此新一轮课程改革正式拉开序幕，新课程于2016年8月正式在全国范围内实施。

（二）芬兰新核心课程改革的主要内容

与以往的课程体系相比，新核心课程主要在以下三个方面进行了改革。一是弱化了学科内容的界限。虽然仍以分科教学为主，但着重通过跨学科的现象教学培养学生的横贯能力。二是强调了学习环境与策略、指导、个性化的重要性。创建和优化学校学习环境，鼓励学生走出教室学习以及利用新技术开发虚拟的学习环境。三是强调了评价作为学习辅助手段的重要性。新的课程体系强调学习评价方法的多样性，通过评价来引导和促进学习。每一个学生的学习进展信息必须经常反馈给学生和他们的监护人，并且要多样化和多维度地反馈信息。

二、新核心课程改革中课程整合的相关主张

（一）横贯能力

横贯能力又被称为跨学科能力，指的是知识、技能、价值观、态度、能力和意志的总和。《大纲》认为，能力可以帮助学生形成正确的价值观，帮助学生实现可持续发展。学生能力的发展需要跨学科合作，通过发现和解决有意义的问题逐步实现。新核心课程描述了7种横贯能力，分别为：①思考与学习的能力；②文化识读、互动与表达能力；③自我照顾、日常生活技能与保护自身安全的能力；④多元识读能力；⑤数字化能力；⑥工作生活能力与创业精神；⑦参与、影响并为可持续性未来负责的能力。（谢银迪，2015）

（二）跨学科的现象教学和多学科学习模式

为了提高学生的横贯能力，《大纲》明确提出"现象教学"这一核心概念，要求每一所学校在每学年至少要组织一次跨学科的学习模块，包括主题活动、现象学习和实践项目等，需要学生综合不同课程的知识和从不同科目的视角来分析问题。学生也要参与到多学科学习模块的计划中，每年必须参加一次跨学科学习单元（基于现象的项目），并能从不同学科角度研究同一主题。

关于是否要废除分科教学，芬兰国家教育委员会认为，他们只是要求所有学校必须开设为期数周的主题学习，数学、历史和其他传统学科都将继续存在，不过它们与科学、艺术、语言等学科之间的边界将大大模糊，这将是结合能力教学与学科教育的新模式。

（三）跨学科主题课程

芬兰国家教育委员会罗列了跨学科主题课程的内容，具体包括7个主题：作为人的成长，文化认同与国际主义，媒体技能与交流，公民参与意识与创业精神，对环境、健康和持续发展的未来的责任，安全与交通，科技与个人。（张晓露，2015）

三、新核心课程改革对课程整合的启示

本次课程改革强调以学生主体参与的方式，通过主题课程安排，使学生在快乐学习中具备面对未来社会挑战的综合能力。人们担心此次课程改革后芬兰在PISA排行榜上数一数二的排名将成为历史，芬兰教育部门有关负责人表示，在芬兰人的考量中，PISA排行榜的重要性是可以忽略不计的。他们认为，PISA就好比量血压，有时用来检查一下自己的走向，但不是永久的关注焦点。教育决策不是以PISA排行榜为依据的，而是依据青少年未来需要的信息。

与芬兰独树一帜的教育体制不同，我们的课程设置很难照搬其优秀经验，分科课程是我们基础教育必须坚守的阵地，为了应对未来瞬息万变的挑战，关注学生综合应用能力培养的整合课程是其不可或缺的有益补充。从芬兰新核心课程改革的举措来看，为了更好地实施课程整合，我们需要在课程整合的素养框架的架构、教师合作的教和学生合作的学、多元评价等方面进行持续、专业的探索和实践。

8 日本对课程整合有怎样的要求和实践？

倘若离开了儿童的生活和经验，那么，儿童就难以发现学校教育中的学习的意义。由于这个缘故，如今几乎所有发达国家都在摸索课程的统合（钟启泉，2006），日本也不例外，集中表现为综合学习课程的设置和综合学习时间的安排。

一、日本课程整合的实践

1996年，日本第15届中央教育审议会提出了要在中小学设置"综合学习时间"课程。1998年7月的咨询报告中明确了在小学、初中、高中开设综合学习课，12月，文部科学省公布了《学习指导要领》，规定从2002年起，小学三年级以上正式开设综合学习课程。

综合学习指的是指导学生进行跨越各个学科内容的横向与综合的学习。设置综合学习课程的目的是培养学生的"生存能力"，根据报告所提出的，其主要培养以下五种能力：①培养学生自己发现课题、自己学习、自己思考、自主判断、更好地解决问题的素质与能力；②使学生掌握信息收集方法、调查方法、归纳方法、报告和发表、讨论的方法等学习方法和思考方法；③培养学生自主地、创造性地从事解决问题与探究活动的态度；④加深学生对生活方式的感悟；⑤使学生将各门学科中所掌握的知识和技能相互关联起来并加以深化，以发挥综合的作用。（钟启泉，2001）

对于综合学习课程的内容，国家不做统一要求，由学校自行决定，表现为以单元为形式和系列活动为组成的各种学习课题。国家对学习课题的确定有一定的要求：一是要具有跨学科的横向性和综合性；二是儿童要有兴趣；三是要与社区和学校的特色相关联。国际理解、环境、信息技术、福利和健康这些都可以成为综合学习的课题，课程实施过程中要注重引导学生综合运用各种知识、技能和方法去解决问题。综合学习课程的评价不同于学科课程，有以下几个特点：①重视学习过程中的学习活动与体验而不是学习的结果，因而要即时地评价每个学生的行为、兴趣和态度；②采用绝对评价而不是相对评价的方式，注重每个学生的发展、进步与独特性，重视对学生的肯定性评价；③不以考试记分的形式来评价，而是根据学习的过程，通过报告、作品、讨论中的发言以及观察、问卷等方式获得的记录来描述学生的活动与进步；④将学生的自我评价、学生间的相互评价、教师评价与校外合作者的评价结合在一起，注重学生自身在学习中感受的发展变化与自我评价。（周国韬，2002）

二、日本课程整合的案例

在综合学习课程中开展环境教育，重点是唤起学生对身边环境的关注，加深学生对环境的理解，提高学生参与环境活动的积极性，使他们通过亲身的体验能够感受和理解人类活动与环境的关系。日本爱知县绪川小学的环境教育主题"大家守卫一个地球"，体现了日本综合学习课程重视体验，重视过程，突显主体性、实践性、地区性、综合性的课程特点，很具有代表性。整个活动持续了四年，是典型的"长周期、大主题"类型的活动。"大家守卫一个地球"的综合学习课程具体包含了以下三个环节。

（一）实地考察，创建问题情境

绪川小学教师根据当地地域特色，带领学生对周边生活环境深入考察：观察地区地形、人民的生活以及城镇海滩和候鸟；学习地区历史；考察人们的生活用水、排水及垃圾处理状况；观赏迁徙来的鸟，想象小鸟的长途迁徙，感受它们顽强拼搏、互相帮助的精神，唤起学生保护家乡和爱护小鸟的意识等。考察活动让儿童在与周围环境的互动中获得了多维感受，形成了个人独特的情感体验，促使其思考自己的生活与环境之间的关系，激发其进一步研究环境问题的意愿。

（二）联系实际生活，形成探究题目

　　与自然的交互体验唤起了儿童保护环境的意识和决心。儿童会在教师的组织下，自发开展研讨会，希望为地球的健康运转贡献自己的力量。比如，日本学校每天中午会发放一盒牛奶给学生，学生喝完牛奶后洗净牛奶盒并放进回收箱已经成为一种习惯，这一小小的日常举动引发了学生的丰富思考，并产生了一系列的疑问：为什么午饭时的牛奶盒要回收？怎样通过回收来保护环境？这些疑问成了讨论的重点。最终，学生决定把学习回收垃圾知识、调查牛奶盒回收去向作为课题的主要内容，用实际行动来保护环境。此处，上一环节的实地考察，为之后的思考与行动做了良好的铺垫，儿童可以基于自己的感知体验，在现实中发现有价值的研究点，继而确定实践主题。这一过程体现了儿童高度的主体性，"儿童立场"鲜明无比，这也让研究主题与儿童的生活、感受和态度建立了实质性的联结。

（三）参与担当行动，成就生命价值

　　在日本的综合学习课程教学中，教师的角色常常"隐退"，儿童承担起了"主人翁"的角色。"担当行动"是儿童在综合学习时间中身体力行、解决问题的环节。进行环境教育的初衷不仅在于学习环境知识，而且要让儿童在实践中感知自然，切身体验人类与地球的共生关系，并且在参与改善环境的活动中不断加强这一意识，在"担当行动"中获得感悟，养成爱护环境的良好习惯。

参考文献

陈妙娥，2003．课程整合的基本理念和策略 [J]．北京教育（11）：8．

丛立新，2000．课程论问题 [M]．北京：教育科学出版社．

窦桂梅，柳海民，2014．从主题教学到课程整合：清华附小"HX课程"体系的建构与实施 [J]．东北师大学报（哲学社会科学版）（4）：163-167．

韩雪，2002．课程整合的理论基础与模式述评 [J]．比较教育研究，23（4）：

33-37.

黄甫全，1996.整合课程与课程整合论［J］.课程·教材·教法（10）：6-11.

李玉珠，2007.学科课程整合的实践探索、问题及思考［D］.北京：首都师范大学教育学院：10.

李云霞，2006.学科内课程整合的尝试［J］.中小学管理（2）：18-20.

李稚勇，任京民，2009.论美国社会科课程标准之修订：兼论美国社会科发展趋势［J］.全球教育展望，38（1）：66-74.

林静，2014.学校课程发展现状调研：基于课程整合的视角：以江苏南京市为例［J］.教育科学论坛（3）：70-72.

田慧生，2015.深化我国课程整合与课堂教学改革［J］.教育科学论坛（2）：4-21.

王飞，亓玉慧，王晓诚，2016.美国基础教育课程整合的百年变迁与启示［J］.福建师范大学学报（哲学社会科学版）（5）：62.

王秀红，马云鹏，范雪媛，2007.实施综合科学课程理科教师们准备好了吗：分科理科教师对综合科学课程适应性的调查与分析［J］.教育理论与实践（5）：45-48.

谢银迪，2015-12-16.芬兰"最激进的教育改革"来袭？［N］.中国教师报（3）.

熊梅，2001.当代综合实践活动课程开发的理论基础［J］.教育研究（3）：40-46.

张华，2001.关于综合课程的若干理论问题［J］.教育理论与实践（6）：37.

张晓露，2015.芬兰基础教育阶段的跨学科主题课程［J］.基础教育论坛（26）：55-56.

钟启泉，2001.日本综合课程的实验案例及其启示［J］.上海教育（1）：46-48.

钟启泉，2006.综合学习时代的课程论：日本教育学者木下百合子教授访谈［J］.教育科学论坛（7）：10-13.

周国韬，2002.论综合学习课程的设置：日本中小学课程改革的新发展［J］.外国教育研究（1）：13-15.

第二章
学校整合课程的开发流程

  课程开发是指课程产生的过程，即将课程各要素（如课程目标、课程内容、学习活动、课程评价等）进行合理安排和设计。从某种意义上讲，课程开发是一种技术，是一种方法与程序。从广义上讲，课程开发主要有两种形式：一种是自上而下的课程开发，即课程开发的主体是国家层面，由国家组织课程专家、学科专家等开发相应的国家课程或地方课程；一种是自下而上的课程开发，即课程开发的主体是学校层面，由学校或学校教师基于教育教学需求所进行的校本课程的开发。随着2001年基础教育新课程改革的推进，特别是三级课程的提出与新课程管理体制的运行，中小学校自主开发课程已经成为教育实践的新要求，学校整合课程的开发便是中小学校课程开发的主要存在形态。本章将结合国内外，尤其是北京市朝阳区中小学校整合课程开发的经验，对学校整合课程的开发技术进行阐释。

1 整合课程要遵循哪些开发原则？

不管是哪种形式的课程开发，开发何种课程，都应该遵循一定的原则。纵观课程理论自身的发展以及学校整合课程的开发实践，我们认为学校整合课程开发必须遵循以下原则。

● 原则 1：学校整合课程开发必须以国家教育目标为依据。

国家教育目标是教育目的的体现，是对培养人的方向和规格的把握。国家教育目标是通过学校课程来实现的，而学校教育则是以课程为媒介的，也就是说，国家的教育方针政策只有通过合理安排的学校课程才能实现。一般来说，校本课程开发基于每一所学校，强调学校间的特殊性和差异性，但是，这种个性化课程的设置必须服从国家教育目标，以实现国家教育目标为最根本的依据。2014年《教育部关于全面深化课程改革 落实立德树人根本任务的意见》要求，要根据学生的成长规律和社会对人才的需求，把对学生德智体美全面发展总体要求和社会主义核心价值观的有关内容具体化、细化，深入回答"培养什么人、怎样培养人"的问题，并依据学生发展核心素养体系，进一步明确各学段、各学科具体的育人目标和任务，完善高校和中小学课程教学有关标准。学校整合课程的开发要依据学校的特点，凸显校本特色，将课程的目标建立在国家教育目标之上，一方面有助于校本课程和国家课程的密切配合，另一方面有助于教师树立共同的教育目标来规范和引导整合课程的开发活动，减少课程开发的随意性，增加其科学性。

● 原则 2：学校整合课程开发要适合学习者身心发展要求。

学校整合课程开发是对课程内容进行重新选择、组织和实施的过程。整合课程的开发以促进学生学习为目的，课程内容的选择要充分考虑课程内容和水平是否符合学习者的身心发展要求，要根据学生的能力、经验和现实生活需要来开发整合课程。例如，清华大学附属小学商务中心区实验小学设计开发的"亲近鲁迅"的主题阅读课程，选取了《少年闰土》《阿长与〈山海经〉》《朝花夕拾》《风筝》以及"别人眼中的鲁迅"等内容，同时开发了"策划鲁迅童年纪念馆""鲁迅童年那些人、那些事儿"等实践活动课程，这些课程是符合儿童喜欢游戏和动手操作的年龄发展特点的。学校在整合课程开发的过程中，一定要认真研究哪些课程适合什么年龄段学生的学习，这些课程适合学生学习到什么程度。实践中，我们既不能低估也不能高估学生的学习能力，要通过实践、搜集事实材料等方法来确定课程内容的广度和深度。

●原则 3：学校整合课程开发要处理好各种课程要素之间的关系。

校本课程的开发会涉及学校组织机构以及原有教育教学经验的变革，因此，学校整合课程开发必须要协调好各种课程要素之间的关系。一是处理好三级课程间的关系。学校整合课程并不是与国家课程和地方课程割裂的，而是对国家课程和地方课程的补充和具体化。因此，整合课程必须要在国家课程计划框架内，立足于弥补国家课程之缺失，与国家课程和地方课程保持一致、均衡发展。二是要处理好整体因素的诸多协调。如整合课程开发的主体应该包括整合学科的教师、学科专家、校长、学生、家长及社区人士等，这样能够避免将课程变成孤立的课程，处理好学校与社会和家庭的整体关系，提高整合课程的科学性。

2 整合课程如何开发？

为有效进行课程开发，人们往往要遵循一定的程序或模式。课程理论与实践发展史上，研究者提出了一些比较著名的课程开发模式，主要包括"目标模式""过程模式"和"情境模式"等。我们在对这些典型课程开发模式进行研究后，通过对整合课程开发案例的梳理、总结和提升，修正提出了整合课程开发的基本流程，包括组建整合课程研究团队、了解与分析学校整合课程开发的现状和需求、制订课程整合框架、确立整合课程目标、课程内容的选择与组织、确定课程方案、课程的实施与调整等环节。（见图2-2-1）

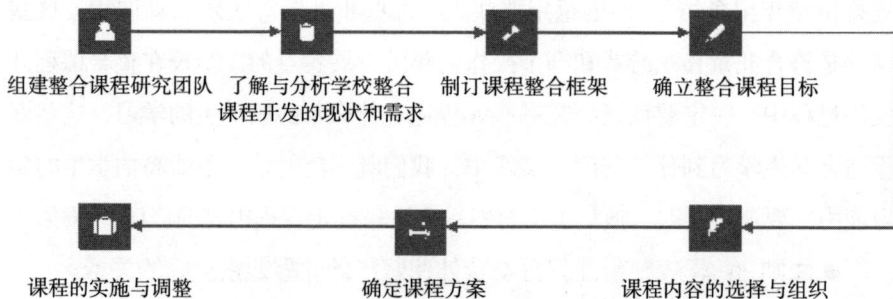

图2-2-1　整合课程开发的基本流程

● 如何组建整合课程研究团队?

课程整合是一项复杂而系统的课程变革活动，需要多方力量共同参与才能成功。因此，学校课程整合的第一步就是要组建整合课程研究团队，动员和鼓励教师积极参与课程整合。一般来说，整合课程研究团队包括整合课程的领导者、整合课程的协作团队以及由专家、教师和家长等形成的整合课程研究团队等。

第一，建立以校长为核心的整合课程工作团队。校长是学校的最高领导者，往往是课程整合的决策者，在课程整合中起着引领、发动、推动和组织的作用。

第二，建立整合课程的协作团队。整合课程的协作团队主要由学校科研部门或教学管理部门相关人员构成，如教学副校长、科研副校长、教学主任、科研主任等。协作团队主要负责协助校长进行学校层面的课程规划和设计工作，同时领导部署学校课程方案，协助校长完成整合课程的研究、规划、组织、指导和实施等工作。事实上，随着北京市朝阳区近几年基础教育课程改革的深入推进，有部分学校专门设置了课程副校长及科研主任，以此来推动学校课程建设与发展。

第三，建立整合课程研究团队。课程整合单纯依靠校长的决策及其协作团队是无法完成的，还必须要依靠专家、教师和家长等资源的力量，这是课程整合的核心力量。其中，专家具有较深厚的课程专业知识和较高的理论水平，积累了较多的前沿课程实践经验，能够帮助学校从较高层面规划学校课程，一线教师则对课程教学和学生学习等拥有最为丰富的经验，而且是课程实践的最直接的组织者。此外，有的学校还会根据整合课程目标及内容的需要吸纳社区人员、家长等进入整合课程研究团队。

在北京市朝阳区中小学校课程整合实践过程中，上述几支力量同步存在，相互作用、相互支持，共同推进整合课程的建设。如半壁店小学在开发书法整合课程的过程中，就组建了一支包括课程理论和实践专家、企业专家以及学校校长、中层领导和一线教师的整合课程研究团队。该团队的互动模式见图2-2-2，其中，校长负责制定决策，课程专家和企业专家为一线教师提供咨询和技术指导，课程管理人员除了完成组织协调工作外，还要向专家提供学校的相关信息，以便专家更好地指导学校的整合课程建设。

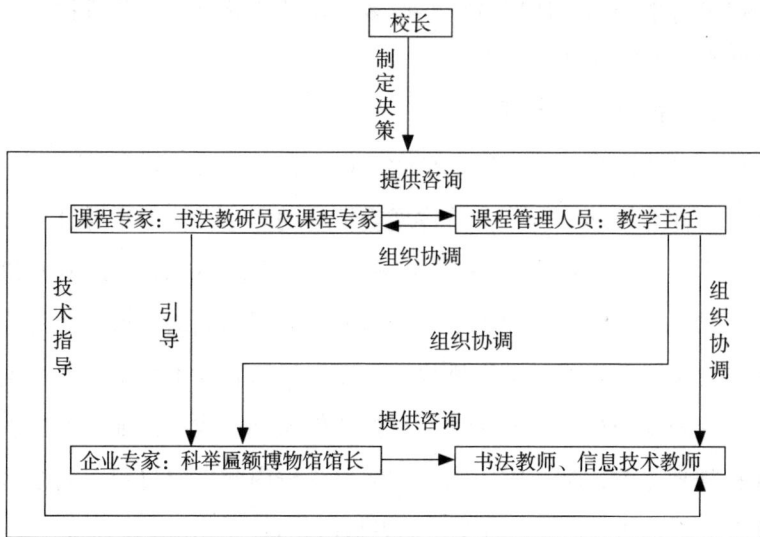

图2-2-2 半壁店小学整合课程研究团队的互动模式

● 学校整合课程开发的现状和需求分析包括哪些内容？

整合课程开发很重要的一个环节就是进行学校情境分析以确定学校整

合课程开发的现状和需求。学校情境分析的核心内容是需求评估，是指在校本课程开发之前由学校课程开发委员会负责对学校所拥有的自然、社会、人文、经济、教育基础、教育资源等各方面的条件做出客观的分析，以确定符合学校实际的培养目标和相应的开发内容。学校情境分析是学校课程设计和实施的首要前提，分析要素通常分为学校外部情境分析和学校内部情境分析两大类。

学校外部情境分析要素主要包括家长对子女的期望，价值观念，社会需求，教育改革的基本要求，教学内容的变化和可供学校利用的资源等；学校内部情境分析要素主要包括学生群体及个体状况，教师课程整合能力，家长、社会对课程开发的态度，校长的观念及参与或支持的程度，教学设施的支持程度等。其中，要重点分析学校培养的目标、学生的发展需求、学校和社区发展的需要、学校与社区的课程资源以及教师的课程整合能力，这些要素对于学校课程整合的方向、范围及质量等起着至关重要的作用。

● 了解与分析学校整合课程开发现状和需求的技术有哪些?

如何进行学校内外情境分析？很多学校都缺乏有效的分析技术，本文结合实践操作，提供以下几种技术。

1. 学校情境分析的技术

学校情境分析常采用的技术是SWOT分析。SWOT分析是一种基于内外部环境来全面客观地分析一个单位现实情境的方法。该方法通过对被分析对象的优势（Strength）、劣势（Weakness）、机遇（Opportunities）和挑战（Threats）等加以综合评估和分析，清晰地确定被分析对象的资源优势和缺陷，了解对象所面临的机会和挑战，从而在战略和战术两个层面调整方法和资源以保障被分析对象要实现的目标能够顺利达成。当前，不少学校在进行课程规划之前，都会应用该种方法对学校内涵发展过程中的众多问题进行综合分析，从而形成适合学校的发展战略。

在利用SWOT分析的时候，可以采用SWOT分析单（见表2-2-1），其中，优势和劣势分析应该侧重于学校当前的发展水平、师资力量和存在的问题；机遇和挑战分析则针对学校的外在因素，如经济、社会、文化、环境、资源等会影响学校未来发展的要素和事件，应该侧重对生源、人才资源（含学校自身人才资源和专家资源）、政府支持等方面进行分析。分析时也可以借助一些问题，如分析教师资源的优势和劣势时，可提出如下问题："我们学校的师资结构如何？教师队伍的课程开发与设计能力如何？哪些学科教师的课程开发设计能力较强，这些教师是否分布在课程内容交叉重合度高的学科？"分析教师资源的机遇和挑战时，可提出如下问题："学校是否有望引进部分课程开发和设计能力较强的教师？学校是否能够组建一支课程专家队伍？"

表2-2-1　学校情境的SWOT分析单

分析要素	优势	劣势	机遇	挑战
地理环境				
学校规模				
教学设施				
教师资源				
行政人员				
学生状况				
家长资源				
社区资源				
……				

2. 学生、家长和教师的主观需求及态度评估技术

学生、家长和教师的主观需求及态度对学校课程开发有着重要影响。一般来说，学生的需求是学校课程规划和设计的前提，如果整合后的课程内容、实施方式等不能满足学生的需求，那么，课程实施效果将大打折扣。学生、家长和教师的主观需求及态度评估可以采用以下几种技术。

问卷调查法。问卷调查法是一种比较便捷的调查学生的课程需求以及家长和教师对课程建设态度、建议和资源优势等的方法。调查问卷可以采用开放性题目，也可以采用封闭性题目。以开设主题整合课程为例，如果对学校课程现状分析后发现可以整合多个学科形成若干个主题整合课程，那么就可以针对下面这几个问题开展问卷调查——这些主题整合课程是否是学生喜欢的？学生喜欢什么样的主题整合课程实施方式？家长和教师在这些主题整合课程方面是否具有一定的资源？如白家庄小学在开设"大家帮助大家"主题整合课程时，就对望京新城校区三年级的111名学生进行了问卷调查，以了解学生对该主题的需求程度。

访谈法。访谈法是一种了解学生、家长和教师的主观需求及态度的方法。与问卷调查法相比，访谈法比较费时费力，且只能选择一定数量的人员进行访谈，代表性较差，但是有助于获得深度信息。访谈时，要提前做好准备，列出访谈提纲。如当我们希望了解教师的主题整合课程设计和实施能力以及学校该提供何种支持的时候，就可以问教师："你认为××主题整合课程的开发和设计该如何进行？你需要哪些帮助？"

● 制订整合课程框架的步骤有哪些？

整合课程并不是一个从无到有的产物，它是在学校现有课程的基础之上对课程的整合。这一特殊性决定了整合课程需要以学校现有的课程为基础，要弄清楚学校有哪些课程，存在的问题是什么，进而形成整合课程框架。制订整合课程框架的基本步骤包括对学校现有课程的梳理、对学校课程的分析和诊断、学校整合课程框架的制订。

● 如何梳理学校现有课程？

学校现有课程梳理是课程整合的关键一步，只有将学校现有课程的开设情况及实施过程中存在的问题梳理清楚，才能寻找到课程整合的可能性和课程整合的切入点。随着三级课程管理机制的推行，除国家课程外，当前中小学校课程门类繁多，大多属于碎片化状态，学校缺乏对课程的系统设计和整理，很多课程之间存在着交叉、重复等现象。如综合实践活动课程与传统德育活动、社团活动等有交叉、重复的地方。有效地整合各种课程，形成清晰、稳定的课程框架，对于明确学校教育方向，形成学生教育合力，促进学校的可持续发展具有重要的意义。因此，学校现有课程梳理的第一步是将学校现有的课程列举出来，看是否存在重合或相近的情况。

课程依据不同的标准存在多种分类形式，如学科课程和经验课程、显性课程和隐性课程，分科课程和综合课程，国家课程、地方课程和校本课程等，为清晰地梳理学校现有课程，可以以国家课程为主线，梳理与之对应或相近的地方课程和校本课程及活动。（见表2-2-2）

表2-2-2　XX小学课程清单

国家课程	地方课程	校本课程
语文	国学经典 三礼 中华传统优秀文化读本	阅读与思维 多彩写作
英语		课本剧 演讲与配音 儿歌与歌谣
品德与生活（社会）		德育实践活动（爱国爱校爱家乡教育、消防安全教育、革命传统教育、自律自理教育）、班队会活动等
……	……	……

表2-2-2是某小学对课程的梳理，从表中可以看出，以语文为例，该小学在国家课程、地方课程与校本课程之间存在交叉和融合的现象。三礼、中华传统优秀文化读本及国学经典等可以整合为"中华优秀传统文化"。因此，对现有的课程门类进行梳理，有助于帮助学校厘清课程结构，明确办学方向，形成教育合力。

● 如何对学校课程进行分析和诊断?

课程整合是针对当前课程中存在的重复、交叉、顺序不合理等突出现象来开展的，它需要模糊三级课程间的界限，使课程形成内部相互联系的有机整体，但是课程整合的落脚点是内容的整合。学校课程分析与诊断主要是指通过调查、文本分析等多种方法对学校当前教材存在的问题进行分析和诊断，为课程整合提供依据。

如何对学校课程内容进行分析和诊断? 可以基于学生核心素养或培养目标对课程标准和教材内容进行分析，分析的时候可以采用表2-2-3的分析框架。通过这个分析框架，我们能够把学科的教学整体、课程标准及核心素养建立起一一对应的关系，这样便于以核心素养或课程目标为主线，对不同学科间存在重复或交叉的单元教学内容进行分析。如白家庄小学通过对各学科课程标准以及教材内容的分析发现——品德与社会、科学两门学科课程中都有关于人与自然的目标，语文、英语、品德、美术等学科都存在关于人与文化、人与环境的目标，有些课程目标是高度相关甚至是重合的。另外，"环境与可持续发展教育""安全教育"等地方课程的课程目标与上述课程目标存在广泛的相容性。课程内容的重复和交叉导致同一主题知识分散于各门课程中，不同学科教师在不同教学时间教授同一内容，这不仅造成大量教学时间的浪费，而且不利于学生建立起知识间的整体联系，不利于学生能力的发展。

表2-2-3　基于学生核心素养或培养目标的学校课程内容分析框架

学生核心素养/培养目标	××学科课程标准	××学科单元教学主题

除了基于学生核心素养或培养目标进行教材分析外，还可以基于单元教学主题的对应知识点进行教材分析。表2-2-4是北京市新教育实验学校对初一科学课程和初二物理课程所进行的教材分析，通过该表我们可以发现，这两门课程在教学目标和设计理念上有许多相似点，同时，这两门学科的教材中所涉及的知识点也有重合，这就为课程整合提供了依据。

表2-2-4　基于单元教学主题的对应知识点的学校课程内容分析框架

初一科学课程	初二物理课程	对应知识点
"听话"的笑脸	摩擦力	影响摩擦力大小的因素
不需要轮子的小车	力	力的作用是相互的
从海水中生产饮用水	汽化与液化	汽化与液化
空气压力，一种无形的力量	大气压强	大气压的大小与应用
流动的空气	流体压强与流速的关系	流体压强与流速的关系

● 如何确定学校整合课程框架？

在学校课程现状分析的基础上，对现有课程中交叉、重复的内容进行汇总，确定整合课程框架。整合课程框架应该给出学校整合课程的方向及

内容等，举例如下。（见表2-2-5）

表2-2-5　学校整合课程框架示例

整合主题	涉及学科	具体内容
"飞机"相关知识	品德与社会	四年级下册 　日行千里不是梦（单元） 1交通发达方便我 2交通运输方式多 3交通工具话今昔
	中小学专题综合教材 （北京市地方课程）	二年级第三编 17兵器知识我知晓 关心国防我骄傲
	科学	六年级下册 　飞行与空间技术（单元） 10飞机
	数学	四年级上册 　5平行四边形和梯形 四年级下册 　2观察物体（二） 　5三角形 五年级下册 　1观察物体（三） 六年级下册 　3圆柱和圆锥
	美术	三年级下册 　17巧用对称形 五年级下册 　7和8色彩明度练习 　10生活中的标志 六年级上册 　3装饰色彩的魅力 　5色彩纯度练习 　10美的比例 六年级下册 　1色彩的联想
	劳动技术	三年级 　1材料与工具 　2工具的使用技法 　3对称图形 四年级 　1立体造型

● 确定整合课程目标要考虑哪些因素?

确定课程目标是课程开发和设计的关键步骤，它是学生学习结果的体现，它的形成和建构为整合课程设计和实践提供了行为导向。没有目标的开发是一种盲目的开发。课程目标是课程设计和开发过程中课程本身要实现的具体要求，意味着一定阶段学生在品德、智力、体质和素养等方面所要提高的程度，是确定课程内容、教学目标、教学方法的基础和依据。

整合课程目标的制订要充分考虑以下因素：一是要依据教育目标、课程目标以及学校的教育目标来确定；二是要建立在对学校课程分析诊断和学校情境的分析基础之上；三是要结合相关课程自身的特性。如中国传媒大学附属中学在综合考虑课程标准、学校办学理念以及学校生源、教师队伍和英语教学现状的基础上，确定了学校英语整合课程的目标。该校英语整合课程目标如下。

依据《义务教育英语课程标准（2011年版）》和《英语学科建设指导意见》及我校办学理念，我校的英语课程目标为：3+2基础课设置旨在夯实基础兼顾听、说、读、写四项基本技能，培养学生良好的语音、语调及语感。英语课程将通过玩、演、视、听等多种形式的学习活动，激发学生学习英语的兴趣，提高学生综合语言应用能力；通过英语综合实践活动及游学活动促进学生英语语言的学以致用，提高英语综合素质。本门课程以打牢基础和纵深发展为内涵，在习得过程中，能够让学生把所学到的知识转换成能力，并使这种能力生发成创意、凸显个性，自如地运用到生活中。此外，通过加强学习策略的培养和学科德育渗透，能够提高学生自主学习的能力，培养学生良好的思维品质与包容和谐的文化意识，塑造学生良好的文化品格。

● 确定整合课程目标的技术有哪些?

1. 撰写"目标概述"

要明确地陈述课程目标，首先要对所涉及的课程形成总体的理解和认识，这可以通过"目标概述"来实现。所谓"目标概述"是指从宏观角度对课程的价值和教育意义进行描述。"目标概述"是为了对课程的功能进行论证，进一步明确课程开发的价值，并从这一价值出发阐述具体的课程目标。上述中国传媒大学附属中学英语整合课程目标，就阐释了该整合课程的价值和教育意义，如激发学生学习兴趣，提高学生综合语言应用能力、英语综合素质、学习能力和塑造学生良好的文化品格等。

2. 课程目标的表述要明确、具体、可操作

课程目标一定要具体、明确，如此才能发挥导向作用。此外，课程目标越具体就越便于操作。为明确、具体地描述课程目标，新课程改革提供了一些可以借鉴的行为动词，它们可以更好地说明学生的学习结果并用以描述课程目标。如对于知识目标而言，可以用"了解、知道、描述、说出、列举、举例说明"等行为动词来表述"了解"水平的目标，用"评估、使用、验证、运用"等行为动词来表述"应用"水平的目标。（杨明全，2016）

● 如何选择并组织课程内容？

课程内容是构成课程的基本要素。整合课程内容的选择与组织需要经历以下步骤。

1. 确定整合课程的水平

确定整合课程的水平意味着课程设计者首先要明确要设计的课程在多大程度上需要整合。它要回答以下问题：这门课程跨了哪些学科？涉及学生的哪些经验？有关学科的关联程度有多大？

一般来说，整合课程的水平由低到高依次是学科内整合课程、学科间整合课程、跨学科整合课程、校内外整合课程等。不同类型的整合课程体现了不同的学科性和整合水平。明确这几种整合课程的学科性和整合水平有助于课程设计者分析要设计的整合课程的内容结构并合理组织其内容。

确定整合课程的水平应在整合课程框架的基础上进行深入分析。如白家庄小学在设置基于品德与社会、语文和美术三个学科的主题课程"大家帮助大家"的时候，就是通过集体备课、学生需求调研、学生分析等程序来确定的。

2. 分析课程内容的结构，形成课程单元

课程内容的结构是指建立一个课程内容分析框架，通过这个框架将所有的课程内容体系化和规范化。如中国音乐学院附属北京实验学校开发的

"认识飞机"这一整合课程，是对教材中所有关于飞机的内容进行梳理，按照一般认知过程将课程分为"飞机的发明历史""飞机的用途""飞机的结构与功能""制作飞机模型"等课程单元并加以组织实施。（见表2-2-6）

表2-2-6 "认识飞机"课程内容分析框架

整合课程	整合课程单元	涉及学科	具体内容
认识飞机	飞机的发明历史	品德与社会	四年级下册 日行千里不是梦（单元） 1交通发达方便我 2交通运输方式多 3交通工具话今昔
	飞机的用途	中小学专题综合教材（北京市地方课程）	二年级第三编 17兵器知识我知晓 关心国防我骄傲
	飞机的结构与功能	科学	六年级下册 飞行与空间技术（单元） 10飞机
	制作飞机模型	数学	四年级上册 5平行四边形和梯形 四年级下册 2观察物体（二） 5三角形 五年级下册 1观察物体（三） 六年级下册 3圆柱和圆锥
		美术	三年级下册 17巧用对称形 五年级下册 7和8色彩明度练习 10生活中的标志 六年级上册 3装饰色彩的魅力 5色彩纯度练习 10美的比例 六年级下册 1色彩的联想
		劳动技术	三年级 1材料与工具 2工具的使用技法 3对称图形 四年级 1立体造型

3. 课程单元内容的精细化组织

对于整合课程而言，形成了课程内容结构及其课程单元并不意味着形成了课程，还需要设计者对课程单元的内容进行精细化组织。如"飞机的发明历史"这一课程单元，将包括"交通发达方便我、交通运输方式多、交通工具话今昔"等主题。

● 如何对课程方案进行审议?

课程方案是有关课程目标、理念、内容和结构等的综合规定，是学校整合课程的整体规划和设计。课程方案一般包括学校课程整合背景分析（现状及需求）、课程目标、课程结构、课程设置、课程实施建议和课程评价等内容。（杨四耕 等，2009）这里，课程设置是指学校对整合课程的教学进度安排和课时分配等内容，它规定了整合课程的运作方法和程度；课程实施建议是对课程目标确定方式、教学内容的选择与组织、教学活动安排、教学方法、教学场地和设备的选择、学生学习指导等方面给出的针对性建议；课程评价是指对课程的评价要求、评价标准、评价内容、评价方式、评价主体和反馈方式等方面做出的具体规定。

课程整合方案审议的目的在于确定方案的可行性和有效性。教育活动不同于物质产品，它对学生的影响具有不可逆性。这种特殊性就要求课程整合方案必须接受审议和评价，以确保其科学性和可行性。课程整合方案审议工作可以由学校单独组织，也可以由区一级课程主管业务部门组织，审议的主要内容包括整合课程目标、整合课程内容、整合课程的实施与评价等，发现并修正其中的问题，为后续的实施和教学做准备。表2-2-7呈现了一个课程方案审议问题菜单（摘要）。

表2-2-7 课程方案审议问题菜单（摘要）（万伟，2017）

	审议内容	审议主体
课程开发背景	学校的发展历史、办学规模、硬件设施等	
	学校的传统优势、主要问题	
	学生的整体情况和需求评估	
	学生家长的基本情况和意见、建议	
	教师队伍的基本情况和意见、建议	

续表

	审议内容	审议主体
课程目标	课程目标与国家课程政策、教育总目标的关系	
	课程目标与学生已有认知水平和未来发展可能性间的适应性	
	课程目标与学生、家长、教师、社会各界教育期待间的适应性	
	课程目标与学校课程内容间的适应性	
课程内容与结构	课程内容是否能够实现课程目标	
	……	
课程实施	课程实施有无明确分工	
	有无体现学生学习方式转变	
课程评价	有无学生课程满意度评价的机制	
	有无教师课程实施过程及效果评价	
	……	

● 如何进行整合课程实验与调整?

整合课程实验是指在小范围内将课程内容付诸实施以确定整合课程适切性的过程，整合课程调整则是依据课程实施效果对课程内容等进行调整的过程。

1. 整合课程实验

整合课程实验考查的主要内容包括：一是教师对课程内容的把握情况；二是学生对整合课程的适应程度和参与度；三是整合课程实施的初步效果。上述几项内容可以通过课程观察、教师和学生访谈、教师和学生反思以及问卷调查等方式来进行评估。如，马芯兰老师在以"和"的概念为主线整合540多个小学数学核心概念的时候，就通过大量实验考查了其整合课程的有效性。她用《小学数学思维品质量表》对学生学习能力培养进行评估发现，使用整合课程的实验班学生，无论是在思维品质还是学习能力上，都比参照班有明显的提高；她用质性分析法对五年级实验班与六年级普通班的一节课堂实录进行对比发现（见表2-2-8），五年级实验班虽然还没有学习"比"的知识，但他们的学习积极性、主动性以及在认识问题时所表现出来的创造性思维能力，都明显比六年级的普通班要好一些。

表2-2-8　学生创造性学习能力课堂实录对比

教学内容	班级	人数	教师	学生
"比"的意义	实验班	25	像这样，编一道题说一说	7人抢答（1人讲了连比）
			上完课，你还想说点什么？	8人联想到分数、除法和比的关系 3人提出独特问题和自己的见解
	参照班	26	像这样，编一道题说一说	2人回答
			上完课，你还想说点什么？	3人联想到分数、除法和比的关系 无人提出问题

2. 整合课程调整

整合课程开发自身就是一个行动研究的过程。在这个过程中，学校、教师都会随着实践的发展而加深对课程整合的认识，进而引发学校和教师反思先前课程整合方案中的问题与不足，并进行调整。

3 整合课程开发的保障机制是什么？

1. 获取政府支持

政府在整合课程开发过程中起着非常重要的作用，学校课程整合需要依靠政府的政策支持和教育投入。一方面，学校课程整合会对原有的课程结构体系进行一定程度的变革，因此，需要政府在行政管理和业务管理上为学校提供更多个性化发展的空间，使课程整合得以实现，如取消统一的教学进度和区域统测等要求。另一方面，课程整合过程中，需要借助专家力量、社会力量等，这些都需要一定的财政支持。政府应在学校课程改革方面给予充足的教育资源。

2. 培养教师的课程设计与开发能力

教师是整合课程设计与开发的主体，他们在课程设计与开发方面的能力直接决定着整合课程的效果。因此，在整合课程设计与开发的过程中，学校要充分利用校本培训和校本教研平台，通过专家讲座、课程设计与开发工作坊等多种渠道，提高教师的理论素养和实践能力，增强教师的课程整合能力。此外，学校领导层在课程开发过程中肩负着领导、组织和协调的责任，他们的课程领导能力的高低对整合课程设计与开发也具有非常直接的影响，因此，还应重视学校领导层课程领导力的提升培训。近年来，北京市朝阳区教育研究中心与北京师范大学合作，举办"课程领导力"工作坊，在学校校长和中层干部课程领导力提升方面做了很多工作。

3. 构建教师参与课程整合激励机制

学校课程整合是一项复杂且技术含量很高的工作，它往往需要参与的教师付出很多额外的时间和精力，而且需要教师间的持续合作。课程整合工作要想持续开展下去，学校必须构建激励教师参与课程整合的工作机制。为有效激励教师参与课程整合研究工作，学校要从教师课程整合的参与度、课程整合能力、合作协调、课程研究、整合课程实施等方面建立整套的保障机制。

参考文献

万伟，2017. 课程的力量：学校课程规划、设计与实施 [M]. 上海：华东师范大学出版社：90-91.

杨明全，2016. 课程论 [M]. 北京：中国人民大学出版社：238-239.

杨四耕，钟智，2009-09-27. 学校课程方案的制定 [EB/OL]. [2017-10-02]. http://www.bjdcfy.com/fangan/xxxbkckffa107529/2016-1/574315.html.

第三章 学科内课程整合案例

　　学科内课程整合，是指在某一学科内，为了使知识的呈现、技能和能力的培养更加科学，依据课程标准，基于或者超越现有教材，对学科内容进行重组、编排、精简或拓展。这是学校最常见的一种课程整合，本章主要介绍两个学科内课程整合的典型案例。

　　清华大学附属小学商务中心区实验小学基于学生发展的核心素养，形成了以"主题"为核心，包括单篇经典教学、群文阅读教学、整本书阅读教学、语文实践活动四种典型实践样态的"主题教学"课程群。以"亲近鲁迅"主题课程群为例，学校探索了如何通过学科内整合，构建动态的、立体的教与学纵横关系系统，实现整体"立人"的路径。

　　北京市第八十中学从语文专题课程入手，对语文学科内整合问题进行了深入的研究。以"刺客"文学专题阅读为例，在语文专题课程目标的设定、课程内容和学习材料的整合、课程实施的基本流程等方面提供了可供借鉴的基本策略，这些策略很好地解决了语文教学内容碎片化等问题。

1 工具撬动，整体"立人"
——"亲近鲁迅"主题课程群探究

> 我在课下不但查阅了关于鲁迅的很多资料，走访了位于北京的鲁迅博物馆，而且在课上认识了鲁迅笔下一个个鲜活的人物。
>
> ——朱国英（清华大学附属小学商务中心区实验小学学生）
>
> 我不但读了鲁迅的作品，还了解了别人眼中的鲁迅形象。
>
> ——王海宇（清华大学附属小学商务中心区实验小学学生）

> 我还要再多读一些鲁迅先生的作品，深入地研究鲁迅这位"大先生"。
>
> ——戴子渊（清华大学附属小学商务中心区实验小学学生）
>
> 学习的形式只要是丰富多彩的，学生自然会在这个课程里乐此不疲。他们心中肯定存在一个人物，那就是鲁迅，而且我想，鲁迅的形象会越来越丰满，因为鲁迅是他们众多学习形式的魂。
>
> ——韩笑（清华大学附属小学商务中心区实验小学教师）

清华大学附属小学（简称清华附小）的"小学语文主题教学实践研究"获得过首届基础教育国家级教学成果奖一等奖。清华附小语文课程团队为发展学生的核心素养，形成了以"主题"为核心，包括单篇经典教学、群文阅读教学、整本书阅读教学、语文实践活动四种典型实践样态的"主题教学"课程群，既有语言的听、说、读、写的基底，又有高位的精神价值引领，形成了动态的、立体的教与学纵横关系系统，实现了整体"立人"的教育目标。

2016年，纪念鲁迅先生135周年诞辰，阅读鲁迅作品是最朴素的纪念方式。"亲近鲁迅"主题课程群让学生亲近经典、阅读经典。通过教学单篇经典《少年闰土》《阿长与〈山海经〉》和群文《别人眼中的鲁迅》以及整本书《朝花夕拾》《风筝》，开展实践活动"策划鲁迅童年纪念馆""鲁迅童年那些人，那些事儿"等，从儿童视角出发，以工具进行撬动，把鲁迅从神坛上请下来，让学生感受温暖、有趣、善良的鲁迅，进而再从"立人"思想出发，通过整体的、联动的课程群让学生走进丰满立体又不失伟大的鲁迅。通过鲁迅主题课程群的学习，带领学生阅读经典、探究释疑。在主题教学的过程中，学生自主梳理问题，掌握学习方法，并且在思考中成长，在成长中发展自己的阅读能力。学习方式从教的设计到学的设计，使学生真实地学习，并且在学习过程中有自己的深度思考。

一、课程缘起

清华附小"1+X课程"在优化整合国家课程"1"的基础上补充课程"X"，"X"和"1"合在一起构成大写完整的"1"。尤其是课程"X"，我们在课程"X"里设有学校个性课程、年段个性课程、儿童个性课程。"亲近鲁迅"主题课程群是主题教学理念下清华附小语文学科"1+X"课程的一种课堂样态，借助看得见的"工具"变革学习方式，让课堂说话，让儿童站在学校正中央，使学习真实地发生。

"以人来'立人'"是语文整合课程设计的出发点。开发"亲近鲁迅"主题课程群，是因为语文教学必须实现三个最基本的功能：第一，它必须促使学生认同自身的文化；第二，要培养学生用我们自身的语言文字表达思想和感情的能力；第三，要培养学生文学欣赏的能力。

二、课程开发

"亲近鲁迅"主题课程群，有三个阶段的建设过程。第一阶段是提出哲学主张，完善理论体系。课程建设之初便信守着学校的教育哲学：让儿童站在学校正中央。第二阶段是构建主题课程群，形成四种典型实践样态，即单篇经典教学、群文阅读教学、整本书阅读教学、语文实践活动。第三阶段是基于工具的深度学习。一类是图表类工具，将学生的思考过程显性化展示，也是将学生归纳整理的方式外化。再一类就是信息技术类工具，学生使用多种多样的信息技术去学习，在这样的课堂上，有隐性思维的外显化，有显性思维的工具化，还有有效思维的自动化等。在四种教学样态中都有与之配套的教学工具可以使用，如以学习单为工具的单篇经典教学，以磁卡为工具的群文阅读教学，以思维导图为工具的整本书阅读教学，还有以多媒体为工具的语文实践活动。

课程群的设计体现了两方面的教学思想，一是立人思想，二是儿童视角。课堂上学生运用学习工具，让学习变得更加真实、更为生动。这一系列的教学变革，发展了学生的核心素养，更为学生的聪慧与高尚打下了良好的基础。

三、课程框架

"亲近鲁迅" 主题课程群设计框架如下。（见表3-1-1）

表3-1-1 "亲近鲁迅" 主题课程群设计框架

课程类型	课程名称	课程内容	具体目标	核心素养
单篇经典	《少年闰土》	《少年闰土》	1. 在交流闰土形象时，关注词语、标点、对话，感受鲁迅的文学表达方法 2. 通过朗读、表演、想象画面感受这种表达的效果并尝试运用	乐学善学 勤于反思 信息意识 批判质疑 勇于探究 审美情趣 人文积淀 人文情怀
	《阿长与〈山海经〉》	《阿长与〈山海经〉》	1. 在学习文本的过程中，用情境创设来深入体会人物形象，了解人物内心世界，提升朗读能力 2. 品味作者对人物内心细节的描写，用多样化的朗读方法，体会鲁迅对阿长的情感变化	
群文阅读	《别人眼中的鲁迅》	《父亲那么老了，我还那么小》《我的伯父鲁迅先生》《回忆鲁迅先生》	1. 了解文本中的鲁迅形象，理解他人眼中的鲁迅 2. 理解 "大先生" 的含义，亲近鲁迅	
	《鲁迅笔下的儿童》	《少年闰土》《老栓买药》《社戏》	1. 了解鲁迅笔下的儿童形象及其特点 2. 了解鲁迅笔下儿童形象的创作原因 3. 结合鲁迅笔下的儿童形象，联系生活实际，想一想自己	
整本书阅读	读后讨论课	《朝花夕拾》	1. 了解作者不仅仅是回忆温暖的童年故事，更多的是用这样温暖的故事来分析自己 2. 面对时势做出自己的评价，对传统的道德观及封建礼制做出批评 3. 让学生从对内容的学习转向对作品的讨论	

续表

课程类型	课程名称	课程内容	具体目标	核心素养
整本书阅读	导读理解课	图画书《风筝》	1. 了解《风筝》主要内容，体会人物的情感变化 2. 体会图文结合的阅读方式，观察、品味图画细节 3. 捕捉图画细节，揣摩作者意图 4. 看图创编人物语言，体现人物性格特点及心理变化	乐学善学 勤于反思 信息意识 批判质疑 勇于探究 审美情趣 人文积淀 人文情怀
语文实践活动	鲁迅童年那些人，那些事儿	设计属于儿童自己的鲁迅作品形象	1. 在评议交流中提高学生的综合表达能力和思辨能力 2. 进一步了解鲁迅的童年，激发学生继续研究鲁迅的兴趣	
	策划鲁迅童年纪念馆	以网页设计活动为载体，走进鲁迅的童年和作品	1. 激发学生研究童年鲁迅的兴趣，让学生了解更多鲁迅的作品和资料 2. 学生形成自己对童年鲁迅的认识和思考，进一步亲近鲁迅	

四、课程实施

主题教学基于整合思想，落实"立人"的教育教学目标，为学生聪慧与高尚的人生奠基。运用看得见的工具，撬动课堂变革。查找资料、走访鲁迅纪念馆、阅读鲁迅作品、感受别人对鲁迅的评价等活动增强了学生的情感体验，让学生在整合课程中学习，在主题下讨论，不断提升自己的语文素养。在课程实施中，我们做了如下尝试。

（一）课程内容的模块化、流程化

清华附小的"1+X课程"以课程整合为教育理念，在整个教学过程中始终坚持学习流程的三环节，即预学、共学、延学。"亲近鲁迅"主题课程群在教学设计上也遵循三环节的学习流程，并且每一课的学习都为下一课的学习奠定了基础。（见表3-1-2）

表3-1-2 "亲近鲁迅"主题课程群教学模块

课程类型	课程名称	具体实施内容细化		
		第一阶段预学	第二阶段共学	第三阶段延学
单篇经典	《少年闰土》	回顾故事，交流"我"与闰土的故事	聚焦"刺猹"，走进闰土	微信设计，再现闰土
	《阿长与〈山海经〉》	回顾导入，完善情感坐标图	片段探究，升华感情	推荐阅读《朝花夕拾》
群文阅读	《别人眼中的鲁迅》	借助思维导图，初识鲁迅形象	交流讨论，认识鲁迅形象	总结概括，还原鲁迅形象
	《鲁迅笔下的儿童》	结合文本，谈谈"小说"概念，围绕文本聊人物形象	通过理解、分类、搜集资料等探究鲁迅为什么写儿童	联系生活实际，思考阅读发现
整本书阅读	《朝花夕拾》讨论课	阅读《朝花夕拾》，梳理作品年代坐标	作品中的童年意向以及文字表达的作用讨论	继续读鲁迅，继续积累名言，领悟鲁迅先生的精神
	图画书《风筝》导读理解课	快速播放图画书《风筝》中的插图，再次猜测，说依据	"然而我的惩罚终于轮到了……"一段话，结合图文，深化理解	在整本书的图画、文字中以及图和文的搭配中有什么不易被人发现的秘密，思考画家的设计意图
语文实践活动	鲁迅童年那些人，那些事儿	课程承接，回顾之前所学内容，交流作品设计	直觉点赞，聚焦内容，第二次投票	引导学生做研究报告
	策划鲁迅童年纪念馆	网站招募信息，创设情境，关注鲁迅纪念馆	确定主题，设计方案，实践操作，交流展示	总结鲁迅的作品，追忆鲁迅的童年，寻找大师的足迹

"亲近鲁迅"主题课程群教学流程如下。（见图3-1-1）

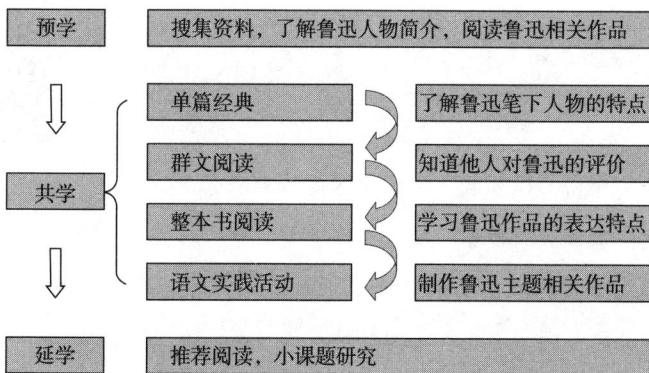

图3-1-1 "亲近鲁迅"主题课程群教学流程

（二）教与学方式灵活化、多样化

1. "长短课时"

清华附小在教学课时上，根据教学内容的不同做出了长短课时调整，即长课时60分钟，短课时35分钟。本主题教学内容在语文实践活动中采用35分钟短课时，在教学过程中，教师主要指导实践活动思路并与学生进行思维的碰撞。在整本书阅读和群文阅读教学过程中，由于教学文本内容多，课容量大，采用60分钟长课时完成教学任务。长课时可以让学生学习和思考得更为充分，在多文本、多内容的情况下可以有更多的思考和学习时间；短课时可以让学生更好地利用时间，在有效时间内高效完成学习任务。

2. 教学模式多样

首先，"主题"整合。把目光聚焦到鲁迅的童年，寻找鲁迅作品中与童年相关的内容，进行梳理、整合，阅读群文《鲁迅笔下的儿童》《别人眼中的鲁迅》，深入研究鲁迅。其次，"翻转式"教学。借用翻转课堂理念，学生先学后讨论，教师针对学生提出的有价值的问题展开教学。再次，用平板电脑辅助教学，采取反思互动式的课堂学习方式。最后，阅读与实践相结合。在教学的基础上，指导学生深入研究鲁迅，利用综合实践活动创设情境展示学生的学习研究成果。学生在课上进行学习，在课下进行实地探访，如去北京的鲁迅纪念馆参观，走访浙江绍兴的百草园和三味书屋等，将设计鲁迅纪念馆的创意应用到真实生活中，做到学以致用，并让学生运用网络资源设计简单的网页，整合资源，让学习成果化。

附：课堂写真

清华附小语文课程团队为发展学生的核心素养，形成了以"主题"为核心，包括单篇经典教学、群文阅读教学、整本书阅读教学、语文实践活动四种典型实践样态的"主题教学"课程群。"亲近鲁迅"主题课程群让学生亲近经典、阅读经典。本课程的教学目标，一是了解文本中的鲁迅形象，理解他人眼中的鲁迅，二是理解"大先生"的含义，亲近鲁迅。

五、课程评价

"亲近鲁迅"主题课程群采用的是多样化评价方式，以课堂评价单、作业评价单等为工具，对学生的学习状况进行立体的、全方位的评价。

（一）课堂评价单记录学生学习过程

清华附小"1+X课程"重点关注课堂学习方式的变革，其基于学生核心素养的课堂教学具有三大特点：儿童立场，深度学习，工具撬动。"亲近鲁迅"主题课程群教学更加关注学生借助了哪些学习工具，怎么让学习真实地发生。课堂评价时，首先关注教学工具的设计是否合理，其次关注学生运用教学工具突破重点是否有效、高效。课堂评价，目的在于提高学生的学习力，提升教师的课程创生力和课程领导力。课堂评价的重点在于学习方式以及学生生成。（见表3-1-3）

表3-1-3 课堂评价单

科目		教师		班级		时间	
节次		课题			观察者		
评价维度		评价内容			观察记录		
学习内容		学科内整合□ 跨学科整合□ 超学科整合□					
学习工具		各类学习卡□ 便签□ 功能表格□ 模型类器材□ 实验类器材□ 思维导图□ 多媒体□ 平板电脑□ 其他□					
学习卡点		学习难点□ 学习重点□ 其他□					

（二）作业评价单指导学生延伸学习

如何让课程改革形势下的作业落地生根，让学生真正学有所获？清华附小在该主题课程的作业设计上，采用课程整合的形式，让学生作业反映出一定的思维水平，并且符合学生发展的年段特征和年级特征。作业设计思路见表3-1-4。

表3-1-4　作业评价单

清华附小整合性作业要求	学科作业	年段	年级
多样性、实践性、兴趣性、科学性、创造性	符合学科特点，具有科学的学科性	符合年段课程特点	符合年级的养成教育目标

学生作品举例，见图3-1-2。

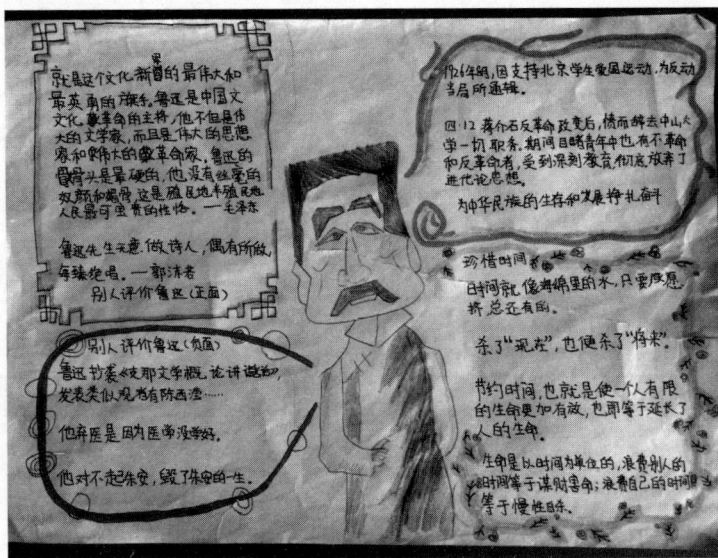

图3-1-2　鲁迅（作者：六年级2班蔡铠羽　指导教师：韩笑）

（三）多元评价促进学生个性发展

清华附小以儿童为出发点，将课堂最大限度地还给学生，从兴趣值、方法值、容量值、意义值四个增值点考量学生的课堂学习是否有效。兴趣值，即学生是否更愿意学（包括情感与思维）；方法值，即学生是否更会学（包括学习方法和运用方法）；容量值，即学生是否学得更丰富（包括知识的积累及学习内容的丰富和进阶）；意义值，即学生在学得有道理的基础上是否学得更有价值、更有意义。

在评价的主体上，改变教师作为单一评价主体的状况，将评价的权利还给学生，重视学生的自评和互评，让学生在批评中增强主体学习的意识。

在评价的内容上，不仅关注学生的学习成果，还注重学生的学习过程；不但让学生关注课程学习之后的作业成果，还让学生在学习的过程中养成良好的学习行为习惯，发展核心素养，让学生更加关注学习能力的提升和学习自信心的建立。

六、反思与点评

（一）自我反思

本课程主要体现了如下特点。

1. 工具撬动学习方式变革，学科内渗透式整合

强调学科的独特属性和学科价值，充分挖掘学科内在的逻辑、关联，更好地发挥学科在核心素养方面育人的功能。本课程以"鲁迅"为主题，通过单篇经典、群文阅读、整本书阅读、语文实践活动的课堂教学范式，运用学习工具，达到了学科内整合学习的效果，发展了学生的核心素养。

2. 基于核心素养的课堂教学实施

培养学生五大核心素养的课堂，不是否定知识的学习，而是厚积薄发，要让学生学好各学科的核心知识，即一生有用的知识和能够再生知识的知识；还要让学生掌握基本能力，即一些可迁移的关键能力，主要是阅读能力和思维能力。

落实学生的核心素养培养，要彻底与注入式教学方式说再见，实行启发式教学、问题解决式教学，使学生学会自主学习、合作学习、探究学习，并在这个过程中培养学生思维的品质。

（二）专家点评

"亲近鲁迅"主题课程群很好地展示了"1+X课程"的生长样态。从单篇经典到群文阅读再到整本书阅读，最后到主题实践活动，其实就是弥补了单篇课文的不足，把学生的这种阅读引向更广阔的生活当中。我们之前对鲁迅有一个非常刻板的印象，像我一想起鲁迅就觉得他是金刚怒目的样子。这个主题课程群能够让大家全方位地了解鲁迅，鲁迅实际上是一位充满了人文情怀的学者、大先生。再来理解鲁迅，人们说他金刚怒目也好，他爱骂人也好，实际上是因为鲁迅对我们的国家和民族爱得深沉。还有就是我们看到清华附小学生的学习自主性非常强。坐在镁光灯下，孩子学习得依然那么自如。清华附小主题课程教学的核心思想是立人，选择经典，然后和孩子一起成长。这类课程第一是让童年、童趣、童心与鲁迅相识，第二是让铸梦人生、守望人生、创造人生与鲁迅相遇。作为教学的改革者，走出一条路来，陪孩子一起走过，让孩子学会成长。

——北京教育学院原院长　李方

孩子在"亲近鲁迅"主题课程群的学习中，发现了不同视角、不同情境下的鲁迅，比如鲁迅作品中的自己以及别人眼中的鲁迅。我们发现教师是研究型教师，而且学生也有了研究的意识，我特别欣赏这样的课程。"亲近鲁迅"主题课程群是从一篇课文开始扩展的，只会读一篇文章是不够的，从一篇文章到一本书，丰富了学生对鲁迅的了解。还有一个很触动我的地方就是，从一本书到综合实践活动的转变，这个过程实际上就是知识活学活用的过程。这是让我感受最深的。

——北京教育学院初等教育学院副教授　陈莉

2 找准聚焦点，促进语文学科内整合
——"刺客"文学专题课程探究

在"刺客"专题学习中，我们通过阅读《战国策》《吴越春秋》《越绝书》《左传》等作品中关于刺客的描述，并将莫言的话剧《我们的荆轲》、陈凯歌的电影《荆轲刺秦王》、张艺谋的电影《英雄》等作品作为补充，全方位、多角度地对历史中的刺客进行深入的理解和认识，从而形成自己对刺客的定义。

——张千昱（北京市第八十中学学生）

以往我对刺客的理解停留在刺客性格上，并没有从历史流变等方面对"刺客"这一群体有全面的认知。通过"刺客"专题学习，我对"刺客"这一群体有了立体的认识。

——李碧琦（北京市第八十中学学生）

在"刺客"专题教学过程中，我提供了丰富的阅读书目甚至相关话剧、电影作品，让学生对零碎知识有了整体印象。各种形式的文本充分调动了学生的积极性，提高了他们的课堂参与度。

——涂洁（北京市第八十中学教师）

语文学科内课程整合是近年来教育的热点，也是语文学科课程整体建设的重点。过去的语文教学碎片化问题严重，学习内容过于零散，呈散点状，不利于学生形成对语言、文学、文化的整体理解。在这样的大背景下，专题课程的设计与实施成为热点。为此，北京市第八十中学（简称八十中）进行了九年三轮的实践研究，重新定位了课程目标，整合了课内外的学习材料，设计了基本流程，并在不断改进过程中，初步形成了一些可供其他学校借鉴的经验。

语文专题学习要想从教学走向课程，首先需要解放教师的思想，改变传统的认知，从考试思维和教学模式中解放出来，跳出已有经验，思考到底教什么。面对先秦诸子、外国小说欣赏等厚厚的教材，教师难免会感到无从下手，因此应该先理清每个专题要研究什么和要达到什么目标，教师以什么问题为导向，然后引导学生深入挖掘教学文本，即读什么、写什么、落实什么，进而还需要充分挖掘学生认知上的盲点和误区，针对学生的"学"来设计"教"。教师的"一言堂"模式已远远落后于时代的发展和学生的需求了，相信学生的能量与能力，引导与激发才是关键。

下面，我们就以"刺客"文学专题课程为例，来具体展现我们对语文专题课程整合的研究与思考。

一、课程缘起

教育部课程改革的意见、新课标对培养学生语文素养的要求、学校"生态教育"的理念和学生学习的实际需要是我们进行课程整合的重要依据。

（一）课程改革的背景

从课程改革的背景来看，2014年教育部印发的《教育部关于全面深化课程改革 落实立德树人根本任务的意见》对课程整合做出了规定："坚持系统设计，整体规划育人各个环节的改革，整合利用各种资源，统筹协调各方力量，实现全科育人、全程育人、全员育人。"语文学科内课程整合就是在这样的背景下，探索系统设计、整体规划、资源整合，努力使语文学科的育人价值得到最大化发挥。

（二）语文素养的要求

《普通高中语文课程标准（2017年版）》（简称《课标》）中强调语文课程的目标是培养学生语文素养，即"使全体学生在义务教育的基础上，进一步提高语文素养，形成良好的思想道德修养和科学人文修养，为终身学习和全面而有个性的发展奠定基础"。这为语文专题课程的探索提供了基本的方向，课程整合的根本是促进学生语文素养的发展。《课标》还强调，要让学生"运用批判性思维审视语言文字作品，探究和发现语言现象和文学现象，形成自己对语言和文学的认识"。为此，我们很看重在文学阅读的过程中学生思维能力的发展，将课程整合的目标聚焦在师生质疑探究能力的培养上面。

（三）学校课程建设的追求

语文课程建设离不开学校课程建设的整体需要。八十中以"生态教育"

为办学理念，强调让每一个人都成为"我自己"，都能最终实现"我之为我"的生命价值。在各学科的建设与实施过程中，八十中将"生态育人"作为根本追求，将培养"有理想、负责任、会学习、善合作的创新人才"作为共同目标。因此，在探索语文专题学习的过程中，八十中始终围绕这一基本理念进行设计与实践，努力激发学生的自主性，让他们自己探究问题，形成质疑，相互合作，激发创新，为终身学习奠定基础。

（四）学生学习的实际需要

专题学习还必须要着眼于学生的实际需要。经过多年的实践，我们发现，学生具有较强的自主发现、质疑、探究、合作和创新的能力，但教师没有充分将它挖掘出来。为此，教师应充分尊重学生、信任学生，设计出能够让每个人的能力都得到释放和提升的任务活动，以任务驱动的方式激发学生的自主发现、质疑、探究、合作和创新的能力。

二、课程开发

我们通过寻找课程聚焦点和补充大量阅读材料的方法来实现课程的整合。

（一）课程内容的组织

在语文专题课程内容的选择上，最重要的是找到"聚焦点"，选择一个恰当的抓手将诸多材料组织起来。这一"聚焦点"可以是主题、题材、人物、作家、作品、时代、语言、体裁等。不同的"聚焦点"决定了不同的专题教学目标，相应地影响着教学流程、教学方式、课堂质疑和评价手段的选择与设计，对专题教学价值的衡量也主要从这些"聚焦点"出发。

（二）阅读材料的选择

材料是专题教学中阅读的对象，是实现教学目标的载体，因此材料的选择和组织对专题教学效果的实现至关重要。在教学过程中，凭借相对丰富的阅读储备和数据库资源，教师成为材料选择的主体，学生可以适当地进行补充。我们认为，专题教学中材料的选择和组织需要遵循以下三个原则。

1. 课内外相结合

在组织专题教学时，我们坚持从课内到课外、以课内为中心、以课外为补充建构网状化阅读的原则。从课内的选文出发，确定好主题、题材等"聚焦点"之后选择相同类型或相互联系的课外材料，如将《史记·刺客列传》和话剧《我们的荆轲》结合起来对比阅读，更有利于学生了解人物形象的历史演变。

2. 具有经典性，为学术界所认可

阅读材料的选择除了遵循紧密联系"聚焦点"之外，还要注重选择经典的、具有代表性的作品，为学生阅读开启新的视角，激起他们思考和阅读的兴趣。如荆轲这一文学形象的形成经历了漫长的过程，唐红在《论荆轲——一个经典形象的形成》中结合文本详细地解读了"荆轲"这一文学形象在历朝历代的变化状态及总体呈现出的变化趋势，具有非常大的参考价值。

3. 有一定的梯度：兼顾基础与拓展

在专题设计中将材料分为基础类和拓展类两部分，基础类材料为阅读学习中必须认真研读的材料，拓展类材料多为促进学生理解的文学评论等辅助性材料，属于自选类材料。

（1）基础类材料

基础类材料包括专题阅读中需要进行研读的文本及最具代表性的文学评论，这些材料是推进有效教学的基础。

（2）拓展类材料

拓展类材料并不属于硬性规定的阅读内容，学生可以按照自己的阅读兴趣自由选择。如本案例中的电影《荆轲刺秦王》，联系原文本进行比较赏析有助于拓展学生的阅读面，让学生从更多的角度去思考与评价历史事件。

（3）多种艺术形式融合，丰富多样

在本案例的设计中，我们从文本出发，但不局限于文学作品这一艺术形式，还引进了话剧、电影等多种艺术形式帮助学生学习。在语文课堂上，其他的艺术形式可以作为理解文学的"小帮手"，恰当地出现能极大地提升学生的理解水平。

（4）结合不同学生的研究方向，有针对性地推荐补充书目

在开展专题教学的第四个环节"拓展阅读"时，教师除提出几个示范性的研究点之外，还应积极鼓励学生或模仿或自寻研究点，完成小论文的创作。教师应该结合学生选择的具体的论文主题，根据不同学生的兴趣、需求来推荐更为贴切的阅读材料。如学习"刺客"专题后，如果有学生对聂政感兴趣，老师应进一步推荐他阅读《战国策·韩策二》、蔡邕《聂政刺韩王》、徐钧《聂政》、郭沫若话剧《棠棣之花》中关于聂政的描写，帮助学生理清阅读方向，实现学生的个性化、深入化阅读。

教师向学生推荐阅读材料时应该对每一种材料写一段"推荐理由"，主要包括材料的内容、特点、优秀的版本、期刊号等信息。同时，在教学流程的第四个阶段"拓展阅读"中，教师应多鼓励学生在专题内自己选择主题进行探究，适时进行个别化的指导和帮助。

三、课程框架

我们对"刺客"文学专题阅读课程的目标进行了如下设计。

显性目标：通过对刺客文学作品的自主阅读和初步探究，学生能够对"荆轲"的人物形象有整体的把握；通过对从古至今刺客文学作品的比较阅读，学生能够在综合对比中全面地认识和评价荆轲及"刺客"这一群体的行为，形成自己言之有据的独到见解。

隐性目标：通过拓展阅读，由点及面，总结反思，学生能够逐步掌握文学作品的解读方法，形成批判质疑的能力；通过对刺客文学形象的发展史探究，学生能够增强对中国传统文化的理性认识和民族自信，并初步学会系统的思考方法（将文学、社会、历史、心理联系起来）。

在"刺客"文学专题阅读课程中，我们以人物为中心开展学习。以人物为中心的专题课程按照如下步骤来设计。

一是以某个具体人物为中心，如以"荆轲形象的演变"为线索对《史记·刺客列传》《燕丹子》《东周列国志》《我们的荆轲》等作品进行阅读。之所以选择"荆轲"为代表主要有两个原因：第一是荆轲题材的经典性及丰富性；第二是荆轲形象自产生以来不断被作家取材重塑，已经形成了一条完整的演变路径，因此在阅读的过程中有可参照对比的对象。在课堂中梳理从古至今荆轲形象在文学作品中的演变，将不同作品中的荆轲形象进行对比，有助于学生理解"荆轲"形象在中国文学中丰富的演变之路及作家和导演寄寓其中的思考。

二是可以从个别到一般，以某个群体为中心，如"复仇者"联系起《窦娥冤》《哈姆雷特》《铸剑》《原野》等作品，"农民工"联系起《包身工》《洪流》《出梁庄记》《中国新生代农民工》等作品。在实际的教学过程中，这两类方式常常联系起来使用，如"刺客"专题先是以"荆轲"为例做文本研读，再拓展到对整个刺客文学的阅读。

三是可以促进学生将所学迁移到其他群体中的个体，即其他刺客人物的学习中。这非常符合学生从个别到一般再到个别、从具体到抽象再到具体的认知规律和学习规律。

"刺客"文学专题课程的基本设计思路见图3-2-1。

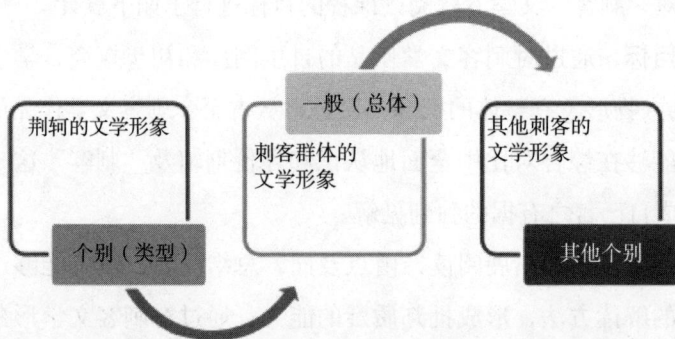

图3-2-1 "刺客"文学专题课程的基本设计思路

本专题的研究内容为整个刺客群体，但在课堂教学中我们主要以"荆轲"为代表，其他几位刺客的故事可以让学生作为自己的专题研究内容或课

外阅读材料。涉及本专题的学习材料主要包括以下内容。（见表3-2-1）

表3-2-1 "刺客"文学专题课程

学习材料	学习方式	选择依据（教学价值）
《史记·刺客列传》	精读	这是我国文学史上第一篇系统地记录刺客的文章，其论断影响着几千年来人们对刺客形象的评价导向。学习这篇课文有助于学生系统地了解春秋战国时期刺客的事迹
话剧《我们的荆轲》	精读	作者莫言完成的不仅是从史传到话剧文体的转变，更是依据自己的解读在故事情节、叙述形式、人物形象、对话独白等方面做出了大幅度的改动，他对传统叙述和荆轲形象的颠覆，是融合历史记录与当代社会的新解读，特别具有探究的价值
《战国策·燕太子丹质于秦》	略读	是司马迁《史记·刺客列传》"荆轲刺秦王"事件记录的母本，对理解《史记·刺客列传》非常关键
《燕丹子》	略读	是一部传记小说，有助于比较阅读
《东周列国志·第一百零七回》	略读	是一部历史演义小说，有助于比较阅读
电影《荆轲刺秦王》	观看	电影《荆轲刺秦王》对荆轲形象的改编，有助于学生探究现代人对荆轲形象的创造

四、课程实施

根据多年的实践经验，我们归纳出专题阅读课程实施的基本流程。（见图3-2-2）

初步自读 ➡ 比较阅读 ➡ 深度阅读 ➡ 拓展阅读

图3-2-2 专题阅读课程实施流程

（一）初步自读

先由学生初步自读教师所提供的材料，梳通文意，解决字词障碍，了解作品主要内容，同时鼓励学生大胆提出问题，这是学习的基础。此后，教师提出探究的问题：从古至今的各类文学作品中，荆轲的形象有什么特点？在和学生共同的学习交流中，形成对荆轲文学形象的初步理解。这一步的主要目标是让学生阅读关于描写"荆轲刺秦王"事件的具有代表性的作品，分别分析概括这几部作品中"荆轲"这一人物形象的特点，为探究整个荆轲形象演变规律打下基础。这一步属于筛选相关信息、理解文本内容的层级。

（二）比较阅读

将初读的作品放在一起进行比较，在比较中解决"从《战国策》《刺客列传》到话剧《我们的荆轲》，中国文学史上的荆轲形象历经了一个什么样的变化过程？"这个基本问题。设计这样一个问题的目的在于引导学生在阅读完关于"荆轲刺秦王"故事的代表作品之后，能对"荆轲"这一人物形象在中国文学史上的演变过程进行梳理与概括，以促进他们了解传统"母题"的演变之路，并进一步分析背后作者的思考与所要传达的思想。这一步属于分析概括层级。

（三）深度阅读

经过前面的探究，学生可以发现在作家的笔下，荆轲人物形象内涵丰富、经久不衰，而这一形象如何在我们的现实生活中继续生发出活力，取决于我们如何看待在不同的历史背景下人们对荆轲这一人物形象的解读。

在此教师进一步提出问题：你如何评价"荆轲"这一人物形象？以你对荆轲的看法编写一个属于自己的"荆轲刺秦王"的故事。这个问题比较灵活，可供学生从多角度进行回答。不管学生做何等评价，只要有自己的观点和理由即可。这一步属于创造能力层级。

（四）拓展阅读

通过上述的三个问题的探究，学生已经基本上熟悉了"荆轲刺秦王"故事的演变。在拓展阶段，教师可以让学生自由选择关于"刺客"文学的其他角度进行阅读探究，或者给学生提供一些可进一步探究的角度，如用以上阅读方式研究评价其他几位刺客的形象，探究"刺客"文学背后作者的创作心理等。总之，此环节重点是开放，尊重学生的个性选择，教师提供个别化指导和帮助。

在整个课程实施过程中，教师始终将学生的思维发展作为核心，关注学生的实际体验和获得，因此在对问题的探究过程中，采用的是如下的教学模式。（见图3-2-3）

引导学生发现问题　鼓励学生提出问题　形成争议分析问题　师生合作解决问题

图3-2-3　专题阅读课程教学模式

附：课堂写真

"刺客"文学专题阅读

整个课程是由教师的三个核心问题和一个学习任务引领学生自主、合作学习的，这三个问题和一个任务分别对应了不同的阅读阶段。

1．初步自读——从古至今的各类文学作品中，荆轲的形象有什么特点？

2．比较阅读——从《战国策》《刺客列传》到话剧《我们的荆轲》，中国文学史上的荆轲形象历经了一个什么样的变化过程？

3．深度阅读——你如何评价"荆轲"这一人物形象？以你对荆轲的看法编写一个属于自己的"荆轲刺秦王"的故事。

4．拓展阅读——自由选择关于"刺客"文学的其他角度进行拓展阅读。

在课程实施过程中，这四个问题引领了学生的学习活动，但在学习活动中，教师还特别注意启发学生提出新问题，使其在质疑中进行探究。

五、课程评价

我们从如下几个方面对本课程进行评价。

（一）对学生自读的评价

我们提倡批注式阅读习惯的培养，即学生在阅读的过程中应将文本中表现荆轲人物形象的重点字词句勾画出来，并如中国古典式批注一样，将自己边读边思的所得随时记于书页两侧。教师可随时查看并与学生讨论，或将优秀的评论展示给全班学生。这是教师评价学生自读情况的重要方式，通过查看学生所做的批注，教师可以更好地掌握学生理解能力所达到的层级，以便更好地进行阅读指导。

同时我们提倡对学习内容大胆质疑，即在自读过程中要敢于提出有价值的问题。教师可根据学生提出的问题的价值，对学生自读的情况进行评估，以便随时调整教学内容。

（二）对课堂表现的评价

在课堂教学过程中，我们可以通过学生的问题、课堂参与度、积极性、思维深度等指标对他们的阅读情况进行评价，以了解他们课堂学习的效果。同时，我们关注学生小组合作学习的有效性，通过教师参与小组讨论、小组共同回答问题等方式对他们的课堂表现进行评价。

（三）对学生实际获得的评价

对于专题学习，如何了解学生是否真的有所收获呢？我们是通过学生的写作来进行检验的。在本专题中，我们分别设计了两个写作任务。一是以"中国文学史上荆轲形象的流变"为主题，写一篇小论文。在前期批注式阅读的基础上，学生对各本书中荆轲的形象特点有了一些基本的认识，但是这些认识比较零散，因此需要进一步系统化，以"中国文学史上荆轲形象的流变"为探究主题，可以促使他们的思想系统化。此外，可以通过学生呈现出来的小论文了解他们真实的获得。二是根据自己对荆轲的评价编写一个属于自己的"荆轲刺秦王"的故事。通过查看学生的作品，我们可以评估教学的实际效果，评估学生的思维发展状况。

六、反思与点评

（一）自我反思

在本课程的研究与实践过程中，我们对语文学科内课程整合有了一些思考和总结。

第一，语文学科内课程整合一定要找准聚焦点，由点再到线、面，从一篇课文展开，联系各类文本甚至影像资料，形成一个专题，促使学生在头脑中形成网状的知识结构。当提到"刺客"时，他可以联想到荆轲、聂政等刺客，也可以想到《史记》《我们的荆轲》等作品，甚至还能够根据"刺客"这样一个知识结构相应地构建起"侠客""君主"等类似的结构。这样把课内与课外融为一体，"活学"课本中"死"的内容，从而提高教学效率，促进学生语文素养的整体提升。

第二，语文学科内课程整合必须构建一个听、说、读、写的语文综合实践系统，充分调动学生学习的主动性和探究性。教师要站在学生背后，为学生提供学习材料、设计学习任务，引导学生的学习，提升学生的认知水平。在本课程实施过程中，读写结合的设计贯穿始终，例如所设计的写作任务都是和阅读息息相关的，可以有效地使读写充分结合，充分调动学生学习的主动性。

（二）专家点评

涂洁老师对专题阅读课程的探索试图回应和破解以下问题。

一是语文教学的碎片化问题。零打碎敲、蜻蜓点水式的知识学习和技能训练使学生往往得到的是单一而破碎的、浅层的、有确定答案的但很难建立关联的内容。当面对复杂的、深入的、没有确定性答案也似乎很难找到唯一路径的问题时，学生大多茫然和无奈，往往出现无从下手或束手无策的情况。

二是千篇一律、千课同构的问题。从小学到初中，学生上了九年语文课，到了高中阶段大多学生还沿袭同样的套路学习每篇课文，依然是反反复复地学习字词句篇。面对每篇课文、每节课，还没有等教师开口，学生大多已经清楚教师要求学什么、做什么，这就造成了教师疲劳、学生厌倦的状况。

三是不适应高中阶段学生思维发展特点的问题。从个体思维发展的角度来看，高中学生在思维的深刻性、批判性方面呈现出明显特点，简单、重复的操练以及肤浅、确定的答案已经无法激发他们学习的动力。如果教学活动还停留在这个层面，有的老师感慨，即使学生偶尔回答老师的问题，也是给老师面子照顾老师的情绪而已。

——北京师范大学教师教育学院教授　郑国民

涂洁老师的专题课程教学，具有读写一体化的思想，她不仅教会了学生读书、读文章，同时也在训练学生进行写作。读书的过程，是一个"情动"的过程，是一个思考的过程，更是一个见识形成的过程。"情""思""识"恰是作文的关键内因。专题课程教学不仅致力于阅读能力的提升，还致力于学生写作能力的培养，力促学生通过阅读打通写作的关口，通过写作加深阅读的体悟。当学生有一定的情感积淀，有一定的思考深度，乃至形成了某些观点和看法时，教师再不失时机地进行写作课的教学，指导学生表达自己阅读时的情感、思想和见解，并教授必要的写作规范，而后布置写作任务，及时批改和讲评。这样就使得学生的读写能力得到了双向的促进和提升。

在处置这些学习成果和完成读写任务的过程中，涂洁老师的专题课程教学特别注重平台搭建，让学生作为主体来交流和展示，这就使专题课程教学在一定程度上融合了活动课程的优势：促进学生综合素养的发展，发挥学科教学的育人功能。

——北京师范大学文学院副教授　李煜晖

第四章

学科间课程整合案例

从课程发展的趋势来看，使分科课程和整合课程优势互补已成为课程改革的基本思路。学科间课程整合虽然仍保持各学科的独立地位，使课程内容仍分属于不同科目领域，但是它用整合的思路找到了学科之间的联系、知识之间的联系、知识与生活之间的联系，使学生从多重视角整合、处理相关信息，更全面、客观地理解知识和解决问题。本章主要介绍了北京市朝阳区部分学校在学科间课程整合方面的一些有益探索，这些经验可以为其他学校进行学科间课程整合提供具体的策略和实施路径。

芳草地国际学校甘露园分校的"邮票"主题课程以邮票为中心，围绕邮票来选择和组织学科知识内容。学校以邮票为载体，整合了美术、语文、数学、英语、综合实践等学科，开发系列"邮票"课程，使学生了解邮票，并以邮票为载体，了解中华优秀传统文化，了解古今中外数学家的故事及成就，了解不同国家的风土人情，培养学生的人文情怀、审美情趣及乐学善学、勇于探索等核心素养。

花家地实验小学的"慧心探世界"课程，结合数学中圆的内容以及综合实践活动课程内容，以科技项目体验与实践为主线，以多学科融合为辅线，设计了

"手表制作工坊"这一课程。课程旨在提高学生创造性解决问题和自主学习的能力，培养学生的创新意识。学生在完成任务的过程中，将数学知识和科学知识结合起来，实现了知识的跨学科整合与运用，增强了学习数学的兴趣和学好数学的信心。

1

方寸小邮票，内里大乾坤
——"邮票"主题课程的开发与实践

第一次参加邮票设计大赛时，我非常激动，因为我从来没有接触过邮票，它对于我来说非常神秘。

——高洁（芳草地国际学校甘露园分校学生）

我忽然发现了有关圆明园的邮票，马上联想到了我们曾学过的一篇课文，就叫《圆明园的毁灭》。看到邮票上的美丽景色我不禁感叹，原来这传说中美丽的园林真的存在过，而且比我想象中的还美。

——李子馨（芳草地国际学校甘露园分校学生）

> 我们会努力挖掘邮票背后的文化，组织各学科教师寻找本学科教学内容与邮票知识的联系，将邮票文化渗透到课堂教学中，对孩子们进行各个领域的文化教育。
>
> ——孙晓萌（芳草地国际学校甘露园分校教师）

全面深化课程改革，建立健全综合协调、充满活力的育人体制机制，落实立德树人根本任务，是适应教育内涵发展、基本实现教育现代化的必然要求，对于全面提高育人水平，让每个学生都能成为有用之材具有重要意义。2012年，芳草地国际学校甘露园分校（原甘露园小学）被评为全国"红领巾集邮文化体验行动示范学校"，并在学校建立了"红领巾邮局"。开展这个特色活动是为了将学生们流连网吧、游戏厅等不健康的兴趣转移到品味中国传统文化的健康兴趣上来，培养学生良好的爱好、高雅的情趣。经过几年的发展，学校集邮特色逐渐形成。芳草地国际学校甘露园分校将学校集邮特色转化为"邮票"主题课程，把学科教学与集邮进行整合，将集邮文化与综合实践活动、学科拓展活动合为一体，全面发挥整合课程的育人作用。

一、课程缘起

芳草地国际学校甘露园分校作为甘露园小区的配套小学，是一所中等规模且基础建设比较完善的学校。学校以"关注发展，让发展最大化"作为办学理念，以培育"全面发展、学有所长"的学生、培养"师德高尚、师能精湛"的教师、创办"管理规范、特色明显"的学校作为办学目标。

2012年4月，学校少先队建立"红领巾邮局"。这一事件缘起于学校组织学生参加了中国少先队事业发展中心组织的邮票设计大赛。这次大赛，孩子们报名踊跃，小记者的报道也反映出队员们对创作邮票非常感兴趣，老师们也很支持，还特地为队员们进行了邮票设计方面的培训。这次大赛，学校取得了很好的成绩，中国少先队事业发展中心集邮文化办公室评选芳草地国际学校甘露园分校为全国"红领巾集邮文化体验行动示范学校"，同时有三位教师当选为"红领巾集邮文化体验行动辅导员"。自此，学校开始着重打造集邮文化特色，并将其从少先队工作延伸到德育、学科教学以及课程改革等方面。尤其在课程改革方面，学校以邮票为载体，整合了美术、语文、综合实践等学科，开发出系列"邮票"主题课程，培养学生的人文情怀、审美情趣及乐学善学、勇于探索等核心素养。

二、课程开发

邮票的方寸空间，常体现一个国家或地区的历史、科技、经济、文化、风土人情、自然风貌等特色，这使邮票除了具有邮政价值之外还有了收藏价值。

随着学校集邮活动的深入开展，学校发现了邮票背后还有许多文化可以去发掘并将集邮文化特色纳入学校课程设置方案。为了最大限度地开发学校教师资源，学校召开各学科骨干教师会，要求教师根据自身优势和特长，并结合邮票文化，设计自己的邮票课程。学校把这些骨干教师的想法收集起来，进行整体规划，分别从人文与社会、语言与文学、数学与科学、实践与技术、艺术与健康领域确定了六门邮票课程，将邮票与美术、语文、综合实践等学科课程整合，在了解邮票、绘制邮票的过程中，提升学生观察解决问题的能力、交流表达的能力，激发学生创造美、表现美的热情，培养学生的人文情怀、审美情趣及乐学善学、勇于探索等核心素养。

确定了邮票课程之后，学校请来专家就"如何撰写课程纲要"给学校教师进行培训。教师们掌握了撰写课程纲要的方法，着手进行邮票课程纲要的撰写。经过教师们一个寒假的辛苦付出，邮票课程纲要成形。

自从学校被评为"红领巾集邮文化体验行动示范学校"后，学校一直和朝阳区邮政部门保持密切联系，开展了很多和邮票有关的活动。学校美术设计小组自主设计邮票，朝阳区邮政部门非常关注，给予大力支持。在邮政部门的帮助下，学校正式发行了以"我的中国梦"为主题的"三礼"教育系列邮票，后来连续发行了"社会主义核心价值观"系列邮票、"国学经典"系列邮票、"冬奥会"系列邮票。这些邮票的创作灵感源于最新的社会热点，邮票创作的目的在于培养学生的社会参与和责任担当等核心素养。

三、课程框架

依据学校的办学思想和育人目标，"邮票"主题课程旨在关注学生的核心素养，培养学生会学习、善思考、能表达的基本能力。芳草地国际学校甘露园分校"邮票"主题课程共涉及人文与社会、语言与文学、数学与科学、实践与技术、艺术与健康五大领域的六门课程，涉及学科有综合实践、语文、数学、英语、美术、信息技术。通过整合邮票文化与学校课程，学生了解了邮票，并以邮票为载体，了解了中华优秀传统文化，了解了古今中外数学家的故事及成就，了解了不同国家的风土人情。"邮票"主题课程的结构框架如下。（见表4-1-1）

表4-1-1　"邮票"主题课程的结构框架

所属领域	课程名称	涉及学校课程	课程内容	核心素养	具体目标
人文与社会	邮票的发展史与收藏	综合实践	初步认识邮票；体验邮递过程；走进邮票博物馆，学习更多有关邮票的文化知识	观察思考信息整理学会学习人文积淀	了解邮票收藏的方法和过程；激发学生对邮票的兴趣；培养学生交流及收集、处理、分析信息的能力
	一枚邮票的旅行	英语	从邮票的角度了解美国、加拿大等十个国家的历史、地理、宗教、文化习俗等知识	乐学善学审美情趣国际理解人文情怀	了解不同的文化历史、风土人情，热爱多元的生活、多元的文化，乐于接触、感受不同的生活
语言与文学	欣赏邮票中的国学经典	语文	通过小小的邮票，引领学生穿越时空，跨越古今，领略唐诗之雄奇豪迈与悲壮慷慨	乐学善学审美情趣人文积淀国家认同	了解古诗的写作特点和写作技巧，拓宽知识面，增加阅读量，提高综合素养
数学与科学	小邮票，大人物	数学	了解古今中外数学家的故事及成就	乐学善学勇于探索国际理解	学生通过邮票去了解数学家的故事，从而对数学学习产生兴趣
实践与技术	我的电子邮票诞生记	信息技术	学习电子邮票的制作步骤及方法	乐学善学审美情趣技术应用	学生通过操作、演示等方法学习电子邮票的制作方法，发展个性思维，体验成功的快乐
艺术与健康	DIY（手工制作）邮票艺术品	美术	学生选用瓷盘画、版画、绘画等方式自主设计、制作邮票	勇于探索乐学善学审美情趣技术应用	使学生进一步了解邮票的基本知识，提高学生的欣赏水平及创造美的能力

"邮票的发展史与收藏"课程纲要，见表4-1-2。

表4-1-2 "邮票的发展史与收藏"课程纲要

课时	课题	教学形式	场地
第1、2课时	各种各样的邮票	研讨	劳动技术教室、图书馆、邮局、邮票博物馆
第3、4课时	跟随邮票去旅行	邮局实践	
第5、6课时	邮票收藏的秘密	网络搜集	
第7、8课时	走进邮票博物馆	参观	
第9、10课时	讲述邮票的故事	学校汇报	

"一枚邮票的旅行"课程纲要，见表4-1-3。

表4-1-3 "一枚邮票的旅行"课程纲要

课时	主题邮票	课程内容
第1课时	美国	唯一的超级大国——走进美国
第2课时	加拿大	枫叶之国——走进加拿大
第3课时	澳大利亚	骑在羊背上的国家——走进澳大利亚
第4课时	英国	日不落帝国——走进英国
第5课时	法国	浪漫帝国——走进法国
第6课时	德国	工业强国——走进德国
第7课时	意大利	欧洲文化的摇篮——走进意大利
第8课时	西班牙	斗牛之国——走进西班牙
第9课时	印度	文明古国——走进印度
第10课时	俄罗斯	核武器库——走进俄罗斯

"欣赏邮票中的国学经典"课程纲要，见表4-1-4。

表4-1-4 "欣赏邮票中的国学经典"课程纲要

课时	单元	主题邮票	课程内容
第1课时	第一单元	思乡	渡汉江（宋之问）
第2课时			杂诗（王维）
第3课时	第二单元	送别	送友人（李白）
第4课时			送沈子福之江东（王维）

续表

课时	单元	主题邮票	课程内容
第5课时	第三单元	亲情	七步诗（曹植）
第6课时			秋思（张籍）
第7课时	第四单元	美景	登飞来峰（王安石）
第8课时			池上（白居易）
第9课时	第五单元	节日	元夕（辛弃疾）
第10课时			端午日赐衣（杜甫）

"小邮票，大人物"课程纲要，见表4-1-5。

表4-1-5 "小邮票，大人物"课程纲要

课时	主题邮票	课程内容
第1课时	克拉维斯	德国数学家克拉维斯与小数点的由来
第2课时	古拉特、瓦利士和韦达	荷兰人古拉特（小括号的由来）、英国数学家瓦利士（中括号的由来）、法国数学家韦达（大括号的由来）
第3课时	朱世杰	我国元代数学家朱世杰（小数名称的产生）
第4课时	笛卡尔	法国数学家笛卡尔（未知数x、y、z的出现）
第5课时	哥德巴赫猜想	德国数学家哥德巴赫（哥德巴赫猜想）
第6课时	祖冲之	我国数学家和天文学家祖冲之（圆周率）
第7课时	刘徽与割圆术	我国魏晋时期数学家刘徽（割圆术）
第8课时	阿基米德	古希腊数学家阿基米德（圆柱容球）
第9课时	狄里克雷	德国数学家狄里克雷（抽屉原理）

"我的电子邮票诞生记"课程纲要，见表4-1-6。

表4-1-6 "我的电子邮票诞生记"课程纲要

课时	课题	课程内容	教学形式
第1课时	认识邮票	了解邮票的知识 认识邮票的组成结构	学生讨论收集信息
第2、3课时	制作邮票外框	利用绘图软件绘制邮票的外框 学习制作轮廓线	教师引领，学生操作、演示
第4、5课时	设计邮票图案	学习图形组合，制作自己需要的图案，完成邮票主要部分的制作	操作、演示
第6、7课时	邮票上色	学习上色技巧，完成邮票的上色	教师引领，学生操作、演示

课时	课题	课程内容	教学形式
第8、9课时	邮票生成	对自己的邮票进行组合，形成一张完整的邮票	教师引领，学生操作、演示
第10课时	邮票展览会	整理细节，打印展示自己的作品，布置展览会	师生共同操作完成

"DIY邮票艺术品"课程纲要，见表4-1-7。

表4-1-7 "DIY邮票艺术品"课程纲要

单元	课时	主题邮票	课程内容
第一单元	1课时	各国人物邮票的欣赏	选择人物邮票欣赏
	3课时	版画邮票的设计制作	让学生运用在课堂上学到的邮票制作技法，并结合之前欣赏的人物邮票，用版画的形式制作一枚属于自己的版画人物邮票
第二单元	1课时	各国植物邮票的欣赏	欣赏各国的植物邮票，可以让学生接触、了解更多的植物构图方法
	3课时	刻纸邮票的设计制作	结合之前欣赏的各国植物邮票，用刻纸的形式制作一枚属于自己的刻纸植物邮票
第三单元	1课时	各国动物邮票的欣赏	使学生接触更多的有关动物的邮票，开阔学生的眼界，使学生学会欣赏、评价
	2课时	瓷盘邮票的绘画制作	依据学到的色彩知识，结合之前欣赏的各国动物邮票，设计出一枚属于自己的瓷盘画动物邮票
第四单元	1课时	各国风景邮票的欣赏	让学生不止可以欣赏到中国的风景，也可以欣赏到其他国家的美丽风景
	3课时	轻轻泥邮票的设计制作	结合之前介绍的各国风景邮票，设计出一枚属于自己的轻轻泥风景邮票

四、课程实施

（一）建构层层深入、立体的"邮票"主题课程

小学阶段，跨度六年，孩子的生理及心理随着年级的升高呈现出不同的特点，针对低、中、高三个年段学生生理、心理发展的特点，学校整体规划"邮票"主题课程体系，采取了"普及常识—选修课程—设计展示"的思路和做法。低年级以普及常识、培养兴趣为主，结合综合实践的课程理念，以认识、了解"邮票的发展史与收藏"为起点，培养学生从身边发现问题的能

力和观察能力，锻炼学生的交流表达能力。中年级以选修课程、开阔视野为主，整合语文、数学等学科，使学生了解中华传统诗词文化，认识中外数学名家，了解各国历史和文化习俗等，激发学生的学习热情，使其乐于接触、感受不同的生活，提升其文学素养和欣赏美的能力。高年级以参与设计、展示个性为主。将美术、信息技术与学校的集邮文化建立联系，通过教授美术技能方法等，激发学生创造美、表现美的热情，通过各种手工制作，为学生提供展示个性才艺的机会和空间。三个阶段层层深入、立体推进，注重学生人文情怀、审美情趣及乐学善学、勇于探索等核心素养的培养。（见图4-1-1）

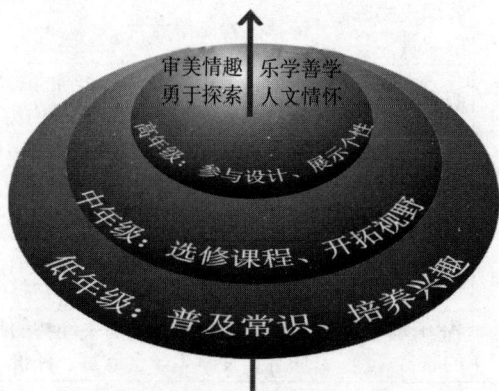

图4-1-1 "邮票"主题课程的实施架构

附：课堂写真

"手工制作邮票艺术品"教学片段

1. 师：我这里有一些精美的邮票，请同学们欣赏一下，在欣赏的同时考虑：它和一般的画有什么不同？（小组讨论，选出代表回答）

生：邮票有齿孔，还有多少钱（面值），邮票上有时间（发行时间），邮票上还有"中国邮政"（发行国家）。邮票上有漂亮的图画，有的邮票的底色与主体颜色形成强烈对比，有跳跃的视觉效果。

师：同学们观察到邮票上有面值、发行时间、发行国家，边上有整齐的齿孔，它们和中间的图案一同构成了邮票的基本要素。

2．师：大家喜不喜欢小动物？了解了邮票的基本知识后我们先来欣赏几张有关动物的邮票吧。（出示几张各国的动物邮票并进行简单的介绍）

3．师：大家能不能说说每张邮票票面的设计有什么不一样？（提示：有全身和头部特写的区别，有加背景和不加背景的区别等）

4．师：所以我们可以看出，即使是同一个主题的邮票我们也可以设计出不同风格的票面样式出来。举一个最简单的例子。今年是猴年，如果我们班30位同学以猴年为主题设计邮票版面，那么同学可以画一只完整的猴子，也可以突出猴子的头部，还可以画下小猴子捞月亮，甚至可以画成两只小猴子在嬉闹玩耍。但是不管怎样设计，小猴子都要是画面的重点，要把它放在画面最主要的位置，一目了然。

（二）借集邮长廊，展示邮票课程

鲁迅先生说："要想造就天才，首先必须准备天才生长的土壤。"校园环境对学生教育具有潜移默化的熏陶作用，所以学校非常重视文化环境的感染和熏陶，在广泛征集师生创意的基础上，对学校的楼廊进行了整体改造，打造出了体现学校文化特色的集邮长廊。

一层楼道：集邮知识长廊。

以宣传墙面为载体，以学生喜欢的情景剧、连环画等形式普及集邮、邮票、书信等相关知识。（见图4-1-2）

图4-1-2 集邮知识长廊

二层楼道：邮票设计展示长廊。

学校每学期都会设计出一套主题邮票，例如"三礼教育""北京精神""经典诵读""社会主义核心价值观"等，在墙体两侧展出学生们的优秀作品。（见图4-1-3）

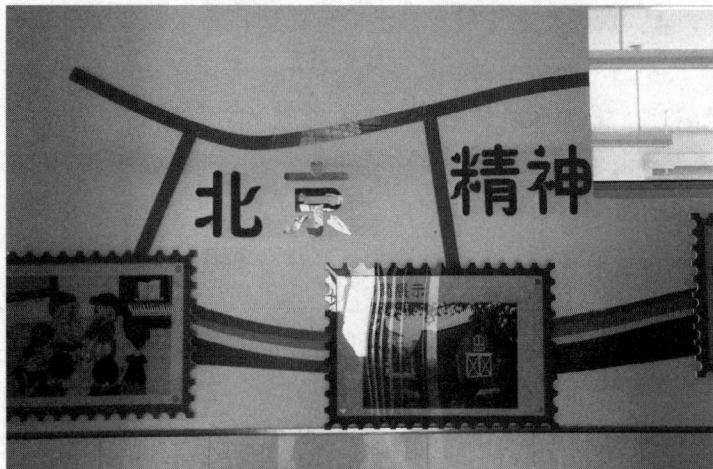

图4-1-3　邮票设计展示长廊

三层楼道：书写邮票故事长廊。

学生可以搜集一些有纪念意义的邮票，然后以邮票上面的内容为线索，想象发生了什么样的故事或者这张邮票发行的意义。（见图4-1-4）

图4-1-4　书写邮票故事长廊

四层楼道：邮票博物馆。

收集一些有意义的邮票，例如第一套少先队主题邮票、世界各国有关少先队的邮票，以及在特殊年代传递重要信息的信件及邮票。（见图4-1-5）

图4-1-5　邮票博物馆

（三）借集邮文化活动，拓展"邮票"主题课程

1. 学生自创主题邮票，开展"集邮大换购"活动

自2012年学校被评为"红领巾集邮文化体验行动示范学校"后，学校就成立了"红领巾邮局"，开始策划"红领巾邮局——集邮大换购"活动。首先，班级里选出最尽职的"监管集邮家"；其次，每周班主任根据具体要求组织全班投票，选出本班的"集邮新人"，发放邮票；最后，学生可以把所得邮票放在自己的"集邮手册"中，并在"红领巾邮局"登记，盖学生自己设计的纪念邮戳。连续三周"集邮新人"就可以成为"集邮初学者"，连续五周可以升级为"集邮爱好者"，连续七周可以成为"集邮收藏家"。

值得一提的是，"集邮大换购"活动发放的邮票均是"DIY邮票艺术品"课程中师生自主设计的邮票。芳草地国际学校甘露园分校"红领巾邮局"已与中国邮政合作，每学期都会设计并出版发行一套主题邮票，目前共出版校园个性化邮票五期，即"我的中国梦——红领巾飘起来""三礼教育深入我心""社会主义核心价值观我践行""阅读中华经典，弘扬爱国精神""畅想冬奥会"。

2. 培训集邮长廊解说员

随着"邮票"主题课程的深入推进，少先队中喜爱邮票、喜爱表达的学生到大队部接受集邮长廊解说员的培训，在正式上岗后为参观的学生、家长、教师进行四层集邮长廊的介绍。通过培训，学生对集邮文化有了更深入的了解，在给大家介绍邮票的过程中，学生锻炼了语言表达能力，培养了儒雅的气质和文明的举止，学会了文明地与他人沟通和交流，提高了文化品位和审美情趣，领略了中华传统文化的博大精深。

3. 校外邮政实践活动

为了提高学生对邮票知识的理解，使其从自己的视角去观察、体会邮政工作，在亲身实践中感受参与的辛劳和快乐，在感受中掌握生活与学习的技能，学校组织学生到甘露园邮局进行"邮政工作者"的换位体验活动。在邮政工作人员的带领下，学生参观了邮局的工作流程，完成了指定的体验活动，还主动搀扶行动不便的老人，帮助需要帮助的叔叔阿姨。这些体验活动使学生了解了更多的邮票知识及邮局的工作，同时也理解了父母工作的不容易。在这个社会大课堂中，学生践行了在学校邮票课堂中学到的知识与技能。

五、课程评价

芳草地国际学校甘露园分校"邮票"主题课程评价采取过程性评价和总结性评价相结合的方式，以学校"集邮大换购"及主题课程活动为主要评价手段。

（一）"红领巾邮局"——集邮大换购

1. 换购方案

大队部成立了"红领巾邮局"，设有六个柜台，分别是"集邮初学者柜台"集邮爱好者柜台""集邮收藏家柜台""监管集邮家柜台""优秀集邮家柜台"和"绿色环保集邮者柜台",并在柜台中放入奖品。

根据"七星"活动要求,每班成立一个监督小组。每周班主任组织全班学生投票,选出本班的"集邮新人",并发放胸牌。每班的监督小组成员在自己的岗位范围内监督同学和"集邮初学者"并选出监督小组中表现最尽职的"监管集邮家"。每获得一个称号就会得到一枚"邮票"。

连续三周"集邮新人"就可以成为"集邮初学者",连续五周"集邮新人"就可以升级为"集邮爱好者",连续七周"集邮新人"就可以成为"集邮收藏家"。

每个月的最后一个周五进行"七星"活动总结的同时进行"集邮"总结,每个月根据当月值周分数和合格集邮者人数选出一个最优秀的班级,该班班主任即可成为"优秀集邮家"。

2. 换购形式

学校为每个学生准备一本集邮册(见图4-1-6),在集邮册中列出活动的具体要求,并结合家长、教师的意见和自评的标准检查学生的落实情况。每周公开投票选出本周的"集邮新人",由学校奖励一张学生自己设计的邮票,得到邮票的学生填写好集邮册内容后,来"红领巾邮局"登记,盖学生自己设计的纪念邮戳。学生根据集邮数量可获得不同的称号和奖励。

图4-1-6　历年的集邮册

（二）主题课程评价

芳草地国际学校甘露园分校"邮票"主题课程的评价采用课堂评价表的方式，从教学目标、学习条件、学习指导与教学调控、学生活动、课堂气氛、教学效果、课程特色等方面进行评价，满分为100分，评价等级分为A、B、C、D四级，具体见表4-1-8。

表4-1-8 芳草地国际学校甘露园分校"邮票"主题课程评价表

学校 _____ 年级 _____ 课题名称 _____ 授课人 _____

评价指标	评价要素	等级		
		完全符合	基本符合	不符合
+教学目标（6）	1. 符合课标要求和学生实际水平 2. 可操作的程度			
学习条件（8）	1. 学习环境的创设 2. 学习资源的处理			
学习指导与教学调控（20）	1. 学习指导的范围和有效程度 2. 教学过程调控的有效程度			
学生活动（20）	1. 学生参与活动的态度 2. 学生参与活动的广度 3. 学生参与活动的深度 4. 学生参与活动的基本学习习惯 5. 学生参与活动的学科性学习习惯			
课堂气氛（4）	1. 课堂气氛的宽松度 2. 课堂气氛的融洽度			
教学效果（18）	1. 目标的达成程度 2. 解决问题的灵活度 3. 师生的精神状态			
课程特色（24）	1. 邮票知识 2. 信息意识 3. 实践活动 4. 创新设计			
总分				
评价等级	A（100~85）	B（84~70）	C（69~60）	D（59~0）
评语：				

填表人：

年　月　日

六、反思与点评

（一）自我反思

学校"邮票"主题课程以"邮票"这一主题为中心，围绕"邮票"来选择和组织学科教学内容，通过"邮票"将各学科知识整合起来。"邮票"主题课程以了解、收集、制作、学科拓展为主线贯穿全学科。学校将"邮票"特色凝练成学校文化，将邮票文化与综合实践活动、学科拓展结合在一起，全面育人。

（二）专家点评

邮票看似过时了，但是它里面有很多值得挖掘的内涵。芳草地国际学校甘露园分校以"邮票"为切入点，整合课程，开展实践活动。课程设计理念先进，课堂结构合理，学生参与广泛，学科整合自然，学生体验美好。芳草地国际学校甘露园分校的"邮票"主题课程充分体现了北京市关于落实学科综合实践，把学科课程拓展化、综合化、整合化的精神。

——北京市朝阳区教育研究中心课程室副主任 钱守旺

芳草地国际学校甘露园分校的校园展现了邮票的发展历史与文化，徜徉在楼道里完全可以感受到方寸之间厚重的历史文化。在课程建设方面，学校坚持特色建设，研发出与"邮票"相关的校本课程，并且在国家课程中进行渗透。学校丰富多彩的少先队活动培养了孩子的兴趣爱好，使孩子成为有素养、懂审美、会学习的"甘露之子"。学校先后发行了五期学生自己设计的有特色的邮票，一方面培养了孩子高雅的情趣，另一方面让孩子学习到了很多有关邮票的知识，使他们从小知道真善美、传播真善美，弘扬与践行社会主义核心价值观。

——北京市朝阳区教育研究中心科研员 刘洁

2 慧心探世界，巧手促发展
——"手表制作工坊"课程的研究与实践

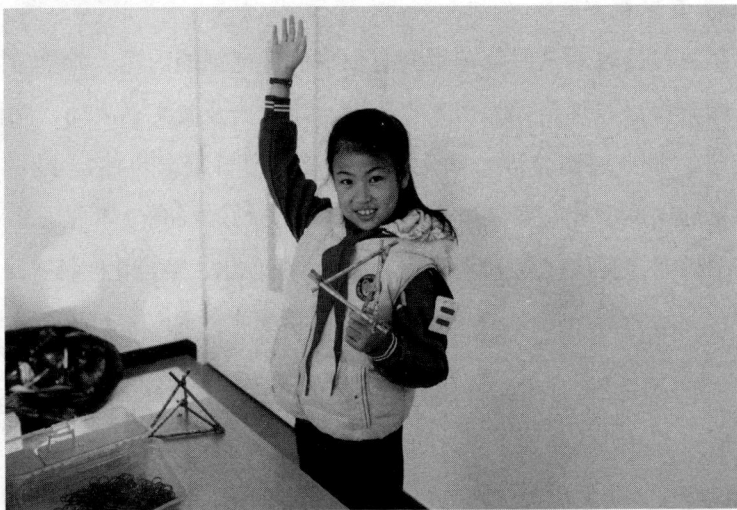

> 这次活动使我收获了快乐，学习了知识。我了解到知识都是相通的。我进一步认识了圆，知道了半径和直径之间的关系。我学会了用3D打印技术制作圆形，模拟了齿轮传动原理。
>
> ——刘子涵（花家地实验小学学生）
>
> 通过本节课，我了解了钟表的结构，认识了圆。我不但学习了数学，还增长了课外知识，知道了课外知识与课堂学习紧密相连。老师的精心设计令我受益匪浅。
>
> ——黄子恒（花家地实验小学学生）

> 我想制作出更多有意义的东西！
>
> ——陈思齐（花家地实验小学学生）
>
> 原来数学世界这么神奇！
>
> ——王席霖（花家地实验小学学生）

随着教育改革的不断推进，花家地实验小学越来越重视课程文化建设，通过设置丰富的课程，开拓学生的思维和视野，提高学生的综合能力。"慧心探世界"学科实践活动课程以科技项目体验与实践为主线，以多学科融合为辅线，通过愉悦的体验、丰富的认知、欣喜的发现、后续的创造，促进全体学生的全面发展。相信这一课程不仅仅是一次任务的挑战，更多的是激励学生善于合作、勇于创新、乐于分享，并在挑战过程中不断地进行自我探索。基于学生的实际需求，结合科学活动、六年级数学中圆的内容以及综合实践内容，学校设计了"手表制作工坊"这一课程，旨在提高学生创造性解决问题和自主学习的能力，培养学生的创新意识。

一、课程缘起

（一）基于学校整体设计

花家地实验小学于2014年提出了"慧心教育"的办学理念，认为教育应该启迪智慧、润泽心灵，从而滋养学生的生命，通过教育让孩子拥有一颗"慧心"，有能感悟至理的心智，获得生命成长的动力，体验生命生长的幸福。为此，学校构建了慧心课程体系，包括基础类、拓展类和特色类课程。（见图4-2-1）

在拓展类课程中，学校构建了"慧心爱世界""慧心探世界""慧心绘世界""慧心阅世界"四大课程模块，本案例的内容就是"慧心探世界"模块中的内容。

"慧心探世界"学科实践活动课程以科技类项目为主题，兼顾文学知识阅读、创意美术、数学思维训练、书法、剪纸艺术等多学科内容。（见图4-2-2）课程共设计活动项目27个，其中学生可以体验的项目24个，展示项目3个；在体验项目中需要组队完成的项目4个，可以个人完成的项目20个。

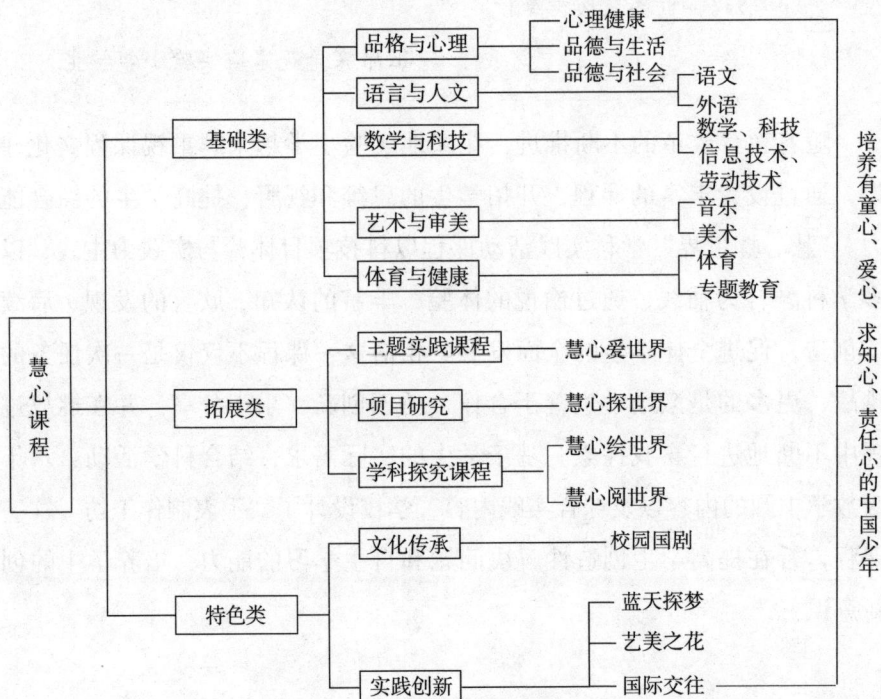

图4-2-1　慧心课程框架图

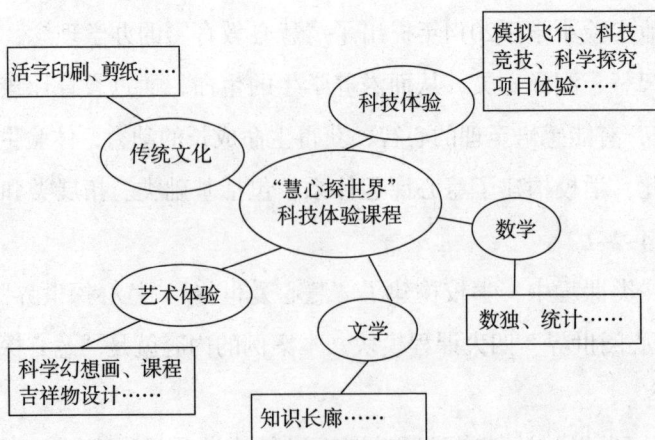

图4-2-2　"慧心探世界"科技体验课程

从学校课程整体建设来看，"慧心探世界"课程注重学生的体验与交流，重点突出了学生的亲身体验活动，让学生在活动中进行探究学习与同伴交流。课程包含学校特色科技活动，如模拟飞行、活字印刷等，学校考虑到了学生参与的知识性和趣味性，采用"收集印章"的方式开展活动。学校充分考虑到了学生年段的不同，对项目体验规则进行了调整，形成了整套的适合小学各年级层次的体验活动课程，让每个孩子都有体验的时间与体验的记录。

课程体验时间和空间集中化，实现资源共享。学校将各学科教学中实践活动课程时间用作课程体验时间，经过专家、学校教师的分析，将课程体验时间合理安排和布置，集中于同一周内，在四校区轮流开展体验课程。集中化的管理，有利于学生更好地进行体验，有利于教师对学生进行指导和管理。实现课程资源的共享，是保证课程顺利完成的基础。本案例中的课程属于"慧心探世界"科技体验课程中的一个项目，也是在这一背景下研发设计而成的。

（二）基于学生需求

选择制作手表这一主题，是基于学生的实际需要。教师发现，进行机芯问题（六年级数学上册第六单元圆的内容）教学时，在课前研究麦田怪圈、制作四驱车、制作手表的三项任务中，让学生投票选择一项任务去完成，大部分学生对制作手表产生了浓厚的兴趣。对六年级学生来说，设计手表外观难度不大，但是如何制作出指针能够转动的手表，是一个新的挑战。我们希望学生在课程学习中能够掌握科学（齿轮传动原理）与数学（圆的基本定理）的相关知识，利用所学知识创造性地解决问题，在解决问题的道路上不断思考、交流、改进，进而培养学生实践创新、学会学习的核心素养。

二、课程开发

以"慧心探世界"课程教育理念为基础，以促进多学科融合为依据，以教学中注重学生实践与感悟、体验与交流为目的，学校以圆的认识为主题内容，融合多学科进行教学设计，成功开发"手表制作工坊"一课。

"手表制作工坊"课程的开发主要遵循以下几个流程。（见图4-2-3）

需求调研　　集体教研　　学校统筹　　学生自选　　评价反馈
确定主题 ➡ 确定内容 ➡ 完善设计 ➡ 分组实施 ➡ 总结提升

图4-2-3 "手表制作工坊"课程开发流程

（一）需求调研，确定主题

在前期积淀的基础上，学校对六年级师生展开"圆的认识"研究主题的调研活动。学生填写自己感兴趣的研究主题，教师根据自己所教学科及六年级教学内容填写自己擅长的研究主题，权衡二者关系后最终确定"手表制作工坊"主题。

（二）集体教研，确定内容

召集数学教师和科学教师参加课程研发筹备会议，向其反馈调研结果。教师自由组成若干课程开发小组，对课程目标、课程内容、课程实施、课程评价进行设计。

（三）学校统筹，完善设计

教师研发小组提交课程方案，学校教学领导统筹规划并组织学科专家对教师的课程方案进行指导，最终确定课程内容模块以及实施方案。

（四）学生自选，分组实施

学生投票选择主题，教师组织学生进行相关研究主题的资料查阅及课前准备，分组实施课程。

（五）评价反馈，总结提升

课程实施之后由教学处组织教师召开课程总结会议，对课程的实施进行评价反馈，对课程方案做总结和提升，形成最终方案和报告，为下一轮课程实施做好准备。

三、课程框架

（一）课程总目标

第一，通过探究时钟的运行原理，学生能够体验发现与创造的乐趣，感受数学和科学思想。

第二，通过本次探究学习，打通学科壁垒，让学生发现学科世界和生活世界的联系。

第三，通过动手操作与实践，学生能够在分析、探究中发展创造性解决问题的能力。

（二）课程结构

"手表制作工坊"课程框架见表4-2-1。

表4-2-1 "手表制作工坊"课程框架

课程内容	涉及领域	核心素养	课程目标
了解自己心仪的时钟	语言、艺术	实践创新	设计时钟，培养学生的创新精神 描述自己心仪的时钟，培养鉴赏表达能力
研究时钟运行原理	数学、科技	数学建模 数学运算 科学精神	观察生活中的圆，认识圆的特征，能用圆心、半径、直径等数学语言进行描述 通过手表的设计、制作过程，强化学生对圆的认识，并发现半径、直径、圆心之间的关系，初步认识圆的周长和面积大小与半径（直径）的长度成正比 在生活中学数学，使学生感受圆的学习价值和发现创造的乐趣；增强学生学习数学的兴趣和学好数学的信心
3D技术模拟齿轮原理	数学、科技	实践创新	通过教学3D打印技术，培养学生的创新精神
设计绿色环保汽车	健康、科技、数学	实践创新 健康生活	利用乐高积木搭建自行车，使学生理解齿轮配比和自行车原理 观看环保影片，提高学生的环保意识 设计环保汽车，培养学生的创新意识

四、课程实施

"手表制作工坊"课程的具体实施阶段见表4-2-2。

表4-2-2 "手表制作工坊"课程实施阶段

课程类别	课程名称	具体实施内容			
		第一阶段	第二阶段	第三阶段	第四阶段
模块一初步认识	设计自己心仪的时钟	教师发布任务，学生投票选择最感兴趣的一项，大部分学生对制作手表产生了浓厚的兴趣	观看世界上各种时钟，了解时钟发展的历史	画出心目中最喜欢的时钟	小组评选出最精美的时钟，上台展示并介绍设计思路
模块二探究原理	研究时钟运行原理	体验、观察：学生拆开手表，观察手表内部结构	小组探究：制作圆形齿轮，并标出圆心、半径、直径之间的关系；认识圆的特征，理解半径与直径之间的关系	小组探究：体验两个圆形齿轮之间的传动原理发布任务，小组合作：大圆轴转一圈，贴近的小圆轴转三圈	任务式学习：小组展示，利用传统材料制作"长针转一圈，短针转三圈"的时钟
模块三技术学习	3D技术模拟齿轮原理	联系实际，拓展思维：学习乐高编程软件，设计模拟制作"长针转一圈，短针转三圈"的程序	展示乐高机器人搭建的时钟	利用3D打印技术设计制作出圆形齿轮，模拟齿轮原理	展示利用3D打印技术制作自己喜欢的手表
模块四创作成品	设计绿色环保汽车	拓展提高：尝试用乐高积木搭建自行车，探究齿轮配比和自行车原理	观看环保影片，了解城市污染的危害；发布任务设计环保汽车	利用乐高积木或3D打印耗材搭建自己设计的环保汽车	展示小组制作的绿色环保汽车

附：课堂写真

"研究时钟运行原理"教学片段

"研究时钟运行原理"教学采用学科整合的教学模式，突破学科之间的界限。

在教学中，教师出示一个机械手表的机芯，让学生观察手表的内部结构。学生发现机芯是由很多圆形齿轮组成的。之后学生进一步观察圆，认识圆的特征，能用圆心、半径、直径等数学语言进行描述。在研究齿轮传动过程中，用圆形模拟齿轮，强化学生对圆的认识，使学生发现半径、直径、圆心之间的关系，知道圆的周长与半径的长度成正比。在模拟齿轮传动实验中，有些学生利用泡沫纸模拟传动，还有些学生利用乐高机器人和3D打印技术进行模拟，课堂气氛十分活跃。（见图4-2-4）

图4-2-4　课堂精彩瞬间

五、课程评价

"慧心探世界"课程的评价体现了评价方式的多样化，是针对不同阶段学生设计的主体多元、评价内容全面的评价体系。结合作业评价及其他评价方式对此课程进行综合评价。评价不仅加深了学生对数学和科学知识的掌握程度，还促进了学生解决问题的能力和创造力的全面发展。

（一）形成性评价

"慧心探世界"课程主要采用形成性评价方法。这种方法不是对学生的学习体验予以简单的等级划分或分数记录，而是从尊重、爱护、平等的原则出发，在教学过程中对学生实施积极、适度的鼓励性评价，维护和强化学生的学习内驱力。形成性评价包含以下内容。

1. 观察法

随时观察并记录学生的知识技能掌握程度、创造力发挥程度以及情感、态度、价值观方面的变化和解决问题能力方面的变化。

2. 问卷调查法

通过问卷和交流的方式，随时询问学生对某次活动的意见、建议、收获，还可以了解学生职业兴趣、职业爱好方面发生的变化。

3. 探究学习日记评价法

探究学习日记评价法是一种重视学生探究学习全过程、重视学生自主评价的形成性评价方法，它旨在帮助学生成为对自己探究学习的过程具有思考和评价能力的人。探究学习日记是用来记录学生活动过程和成长过程的小档案，其内容主要包括学生创作过程的资料、学生创客设计的方案、学生体验设计产品产生过程的记录。

（二）终结性评价

终结性评价是指对学生某一课时、某一单元或某一学期的最终学习成果进行评价。终结性评价包含以下方法。

1. 学科测评法

本课程主要以数学和科学学科为主，学科测评包括数学阶段性作业和科学实践作业。

数学阶段性作业：①人民教育出版社六年级上册第六单元第一节课后练

习题。②圆的知识梳理。

科学作业：小组制作"长针转一圈，短针转三圈"的时钟。

2. 评价报告单

一个单元或一个学期结束时，教师和学生对阶段性学习情况在评价报告单上进行总结性描述。这种评价方式是一个重过程的终结性评价，具有浓厚的对话性和过程性色彩，使评价能更好地促进学生的发展。

（1）自我评价

记录学生的活动过程，包括学习情感态度、活动体验等。以激励性评价为主，让学生在研究机芯问题的过程中获得成功的体验。

（2）班级展示评价

评选"最佳创作""最佳合作小组"等奖项。

（3）家长评价

本次活动课程也吸引了家长的广泛关注，家长可以对学生在特色课程上的收获进行评价。

（三）成果展示法

成果展示法是"慧心探世界"课程评价较为重要的方法之一，可以评估学生对所给任务的完成情况。成果展示的内容有设计方案、发现的感兴趣的有深度的问题等。（见图4-2-5、图4-2-6）

图4-2-5　圆形泡沫纸模拟齿轮传动，课后利用3D技术制作齿轮

图4-2-6 制作乐高机器人

六、反思与点评

（一）自我反思

1. 课程实践中的发现

在实际教学过程中，我们打破了原有的教学模式，采用了项目式学习的教学方法，以获得知识为手段去培养和锻炼学生创造性解决问题的能力。我们发现学生在学习中既掌握了原有的课堂教学知识，又收获了快乐；同时，在解决问题的过程中，学生自主学习、交流合作以及深层次探究等能力都有所提高，学习活力迸发。

2. 课程后期延伸

学生在完成课程的同时，激发了自己的创新能力。学生利用乐高机器人探究自行车原理，利用3D打印机设计绿色环保自行车。还有学生利用3D打印技术进行创作，设计自己喜爱的书桌。我们意识到本课程培养了学生问题解决能力、创新精神、社会责任感等方面的素养。学生的核心素养不是仅靠某一个学科就能够培养的，而是需要借助多个学科、多种知识和多方力量的共同作用。核心素养推动的课程和教学改革，从跨学科能力培养出发，有利于打破学科界限，促进学科融合，共同培养全面发展的人才。今后我们会进一步开展以数学、科学为主，涉及语言、艺术、健康等学科领域的学科间课程整合研究，充分发挥课程整体育人的功能。

（二）专家点评

新的课程改革关注学生核心素养的培养，培养途径不是通过单一学科来实现，而是要通过构建综合实践活动课程来实现，但是这需要一个过程，我们首先要开展学科实践，再逐渐构建跨学科的综合实践活动课程。

这门数学活动课，结合六年级数学圆的知识，从学生的需求——"制作一个自己心仪的手表"出发，研究手表设计原理，通过圆形传动模拟齿轮，强化对圆概念的认识。同时，该课程还运用3D打印技术和乐高机器人编程与搭建技术制作时钟。学生勇于创新，将自己的想法和创意变为现实，成为真正的创客！学生在完成任务的过程中，将数学和科学知识相结合，实现了跨学科知识的运用与迁移。

——北京市朝阳区教育研究中心书记　张义宝

第五章 跨学科课程整合案例

　　新课程改革，立足于学生的终身发展，注重育人导向，关注课程的跨学科、主题化趋势，强调课程整体育人的功能和价值，关注学生学习体验、动手实践能力的培养，注重综合实践活动课程的地位和作用，突出实践育人的价值。新课程改革更关注学生的生活经验，注重学生核心素养的培养。随着核心素养的出炉和新课程改革的推进，跨学科主题式课程设计与开发已经成为学校课程建设的重要内容及特色。本章将着重介绍两个具有典型性的跨学科课程整合案例。

　　北京市朝阳区芳草地国际学校"一带一路"课程是在国家"一带一路"倡议背景下，依据学校特色、课程结构和育人目标，整合语文、数学、科学、美术等多学科内容而形成的包含科技之路、文化之路、强国之路、友谊之路、追梦之路、经济之路、艺术之路七大模块的课程体系。

　　北京市朝阳区垂杨柳中心小学馨园分校依托学校的科技特色，以朝阳区STEAM项目为抓手，在国内外STEAM课程专家的培训和指导下，集中学校科学、美术、数学等学科教师的智慧，开发了航空主题的STEAM跨学科整合课程。七大模块的主题课程使学生真正爱上了航空，也使得学校的科技课程特色更加凸显。

1 让每一个孩子拥有"中国立场、国际视野"
——"一带一路"主题课程研发

> 这节课太有意思了！我可以自己设计假期的行程，自己订机票、自己订酒店，自己安排假期生活。
>
> ——徐子豪（芳草地国际学校学生）
>
> 我一定要设计出有中国特色的产品，像华为手机一样，实现共赢。
>
> ——吕卓燃（芳草地国际学校学生）
>
> 教师要站在育人目标的高度，让"一带一路"课程真正作用于学生的生活，教师真正做好学生课程学习的开路人与带路人。
>
> ——张晨旭（芳草地国际学校教师）

2015年，国家提出"一带一路"倡议（以下简称"一带一路"），"一带一路"愿景与目标的实现离不开创新人才的培养，这给教育工作者提出了新的要求。如何让学生在基础教育阶段关心国家大事，将"一带一路"
倡议所传达的和平、交流、理解、包容、合作、共赢的精神注入学生幼小
的内心，让他们乐于传播中华文化，进而培养学生的国际交往能力、国际
理解能力、文化融通能力以及市场意识等，担负起国家的重要使命，成为
摆在我们面前的重要议题。

　　芳草课程把国家课程的学科教学整合到道德、科学、语言、艺术、数
学、健康六大领域。以"我爱芳草地""可爱的故乡""美丽的中国""多彩
的世界""我想去那里"和"唯一的地球"为探索研究主题，旨在"培养具
有中国情怀、国际视野的芳草学子"。北京市朝阳区芳草地国际学校（以下
简称芳草地国际学校）于2015年年底开设了"一带一路"课程，丰富的学习
内容，跨学科的学习体验，不同的学习方式，让每一个孩子都有了不一样
的视角和体验，能够引领学生从"中国立场、国际视野"的角度去认识自
我、审视自我，最终明确自己要走向哪里。"一带一路"课程探索实现了中
外文化交融、跨学科、穿越学科边界与保持学科本位兼重三个维度的整合。

一、课程缘起

　　学校一直致力于对芳草教育进行基于同一目标的、全面的、系统科学
且充满活力张力的构建尝试，力求芳草育人目标体现在每节课上、每个学
生身上。课程整体构建、有效实施成为学校特色建设、学生全面发展、教
师专业提升的焦点。（见图5-1-1）

图5-1-1　芳草课程结构图

国家提出的"一带一路"倡议，旨在与丝绸之路沿线国家共同打造政治互信、经济融合、文化包容的利益共同体、命运共同体和责任共同体。芳草地国际学校招收外籍学生，素来有"小小联合国"之称。芳草地国际学校的育人目标是"培养具有中国情怀、国际视野的芳草学子"。如何依托芳草课程，通过具体的教育教学落实这一目标？如何让这一目标成为每个芳草学子的特质？因此，学校将国家倡议首次引入课程建设当中，并进行了大胆的设计与尝试，丰富和完善了芳草课程体系。（见表5-1-1）

表5-1-1　芳草课程案例展示

时间	主题	课程理念
2015-09-28	教育改革"更多获得感"——走进芳草地国际学校	"节日文化"综合实践活动课程
2015-10-21	构建以学生为中心的课程体系	学科综合实践活动课程
2015-11-30	让每一个孩子自信地站在众人面前	学科内综合实践活动课程
2016-01-08	中国立场、国际视野——"一带一路"课程展示	"中外文化交融""跨学科整合"
2016-04-15	从实际发生到实际获得——促进师生共同成长	在道德哲学领域，学生与教师共生共长
2016-04-22	国际儿童阅读大会	课内外阅读融合，有效课外阅读
2016-04-26	基于核心素养的学科课程建设研讨会	知行课堂——关注思维、表达、实践
2016-05-11	把握学科本质，突出实践综合	深入理解学科本质
2016-05-26	借助项目学习弘扬传统文化	推动课堂成为"实践育人"主渠道
2016-06-09	重拾历史文化记忆，探索跨学科综合学习	突破单一学科，融合多种学习方式
2016-06-15	贴近学生需求，凸显学科本质	引导学生"爱思考""善表达""喜探究"

二、课程开发

"一带一路"系列课程与学校的整个课程架构相呼应。基于课程改革"整体育人"的理念，学校发掘每一个领域中与"一带一路"相关的传统文化内容，开发了一系列课程。（见图5-1-2）

| 专家解读 | 整合资源 | 组织实施 |
| 确定主题 | 顶层设计 | 评价反思 |

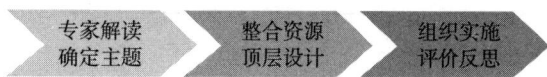

图5-1-2 "一带一路"课程开发流程示意图

（一）专家解读，确定主题

"一带一路"是国家层面的重大倡议，学校聘请教育专家针对"一带一路"倡议进行深入解读，明确"一带一路"沿线国家及其特色，帮助学校确定学生兴趣点，并就如何有效地与芳草课程进行融合展开讨论与分析，最终确定"一带一路"课程主题。

（二）整合资源，顶层设计

芳草地国际学校八址九部，是集团化办学，学校招收几十个国家与地区的学生，有"小小联合国"之称。学校有效组织各个校区参与课程开发，同时发动来自不同国家的学生与家长，开展课程顶层设计。

（三）组织实施，评价反思

学校组织各个校区的师生、家长共同参与课程实施，并且召开集团层面课程总结会议，针对课程的开发、实施与评价进行总结与提升，为课程的进一步研究与推广做好准备。

三、课程框架

"一带一路"课程，关注学生的核心素养，培育学生的中国立场、国际视野，整合语文、数学、科学、美术、品德与社会、音乐、劳动技术、综合实践活动等多学科内容，以研究性学习为实施途径，开发了科技之路、文化之路、强国之路、友谊之路、追梦之路、经济之路、艺术之路七大模块的课程内容。推出16节课，如"童话之旅""丝路纸道""神奇的东方树叶"等，一节节生动的课例向大家呈现了芳草地主题探索课程的模样；同时，国际部学生随时提供展示交流活动，向众人展示自己国家的文化、特色美食、国旗、纪念品等，使中外文化在芳草地国际学校得以交融。（见表5-1-2）

表5-1-2 "一带一路"课程框架

课程类别	课程名称	涉及学校课程领域	涉及学校课程主题	课程内容	核心素养	具体目标
模块一	科技之路	科技领域	美丽的中国	丝路纸道	批判质疑 理性思维 勇于探究 人文积淀	在了解造纸技术传播的过程中，认识到古代丝绸之路是一条贸易之路，更是一条科技之路
				我是桌游设计师	乐学善学 信息意识 理性思维	调查"一带一路"的国家情况，体验中国与其他国家的文化差异，提高收集资料、分析资料、整合资料的能力
				南海遗珍话千古 丝绸之路引文化	勇于探究 国家认同 乐学善学	知道我国在历史进程中对人类文明所起到的重要作用，坚定努力学习和传承祖国文化的决心，树立敢于用英语与他人交流的自信，具备向外国友人宣扬中华民族历史和灿烂文化的精神
模块二	文化之路	语言领域 艺术领域	多彩的世界	神奇的东方树叶	国家认同 国际理解 乐学善学 批判质疑	通过观察、品尝、学习茶艺，了解中国的茶文化，使用英文开展茶的销售推广活动，提高实践能力
				探寻童话之路	信息意识 乐学善学 人文积淀 勇于创新	通过多种学习实践方式，了解不同国家具有代表性的童话作品，品味童话语言，在读、演、创编等多种实践活动中体验童话带来的快乐

续表

课程类别	课程名称	涉及学校课程领域	涉及学校课程主题	课程内容	核心素养	具体目标
模块三	强国之路	道德领域	可爱的故乡	郑和远航展国力 海陆助国强	国家认同 勤于反思 理性思维	通过实际操作，学习线段、比例尺的概念及其在生活中的应用，感受首次远航壮举，增强民族自豪感
				小使者重走丝绸路	健全人格 人文情怀 国家认同	培养学生自信、乐群的品质，学会用欣赏的眼光看待他国文化
模块四	友谊之路	语言领域 艺术领域	我爱芳草地	贴出"一带一路"——剪报的制作	审美情趣 人文情怀 批判质疑 乐学善学	提升学生的艺术表现力；通过阅读非连续性文本，了解俄罗斯文化礼仪，制作芳草名片；运用加算等数学知识，解决出访的实际生活问题
				芳草明信片中的"新丝路"	勇于创新 国家认同 技术运用 人文情怀	学会如何用简洁的语言表达情谊、传递友谊，会用中英文正确书写明信片
模块五	追梦之路	语言领域 艺术领域	我想去那里	醉美丝路——服饰（汉服）	人文积淀 人文情怀 审美情趣 国家认同	初步了解汉服文化及汉服对其他国家服装文化的影响，培养学生的中国情怀；感受汉服之美，了解汉服特征、设计制作汉服，感受文明古国的礼仪文化
				"一带一路"之智慧之旅	国际理解 社会责任 问题解决 技术运用	用英文制订和交流旅行计划，提升搜集处理信息的能力，分析与解决遇到问题的能力，解决在制订旅行计划中遇到的问题

续表

课程类别	课程名称	涉及学校课程领域	涉及学校课程主题	课程内容	核心素养	具体目标
模块六	经济之路	数学领域	美丽的世界	丝路商贾	国际理解 国家认同 信息意识	尝试研究制作我国出口的主要商品，例如瓷器、丝绸、茶，能说出商品优势；感受中国商品对世界发展的影响和作用
				海上丝绸之路 经济共荣之路	理性思维 批判质疑 勇于创新	正确使用非连续性文本，并能够通过对非连续性文本的阅读表达自己的所思、所想、所感
				融荣之路	勇于创新 社会责任 国家认同 国际理解	发展搜集、整理信息的能力，能够对感兴趣的问题进行探究——了解中国、俄罗斯、印度、阿联酋的风土人情；体验交易过程，掌握汇率换算，了解各国的经济现状
模块七	艺术之路	艺术领域	可爱的故乡 美丽的世界	礼乐之路	审美情趣 人文情怀 国际理解	了解中国的传统文化，了解古今丝绸之路上相关国家的礼仪，体会其音乐文化的风格与特点
				丝路青花蕴芳草	审美情趣 人文积淀 人文情怀 国家认同	通过故事青花、诗韵青花、曲乐青花、手绘青花的实践活动，了解青花瓷与海上丝路瓷的关系；提升审美能力、民族自豪感及爱国情怀

四、课程实施

学校通过开展主题式学习整合课程资源，落实"整体育人"的课程改革理念。课堂教学中的动手实验、绘本创作、贸易交换、品茶论道、介绍瓷器、礼乐交融等活动增强了学生的情感体验，提升了学生的研究能力，培育了学生的核心素养，促使学生的综合能力得到全面发展。

（一）课程内容的模块化、流程化

"一带一路"课程把实施内容进行四阶段细化。第一阶段为宣传感知阶段，让学生知道什么是"一带一路"，"一带一路"的作用及影响，"一带一路"与自己的关系等。第二阶段为布置任务、查找资料阶段，让学生对自己感兴趣的模块进行学习，探究"一带一路"的巨大成就。第三阶段是深入探究阶段，教师带领学生分小组进行深入探究。第四阶段为总结提升阶段，召开课程展示会、交流会。（见表5-1-3）

表5-1-3 "一带一路"课程实施阶段及内容

课程类别	课程名称	具体实施内容细化			
		第一阶段初步感知	第二阶段加深理解	第三阶段深入探究	第四阶段总结提升
模块一	科技之路	宣传感知"一带一路"	布置任务自由结组查找资料形成成果	造纸技术与"一带一路"的关系	科学实验学会造纸增强自豪感
模块二	文化之路	宣传感知"一带一路"	布置任务自由结组查找资料形成成果	体验各国桌游感受中国茶文化	制作手抄报桌游展示
模块三	强国之路	宣传感知"一带一路"	布置任务自由结组查找资料形成成果	制作郑和航海模型电脑设计丝绸之路	电脑制作交流汇报感悟升华
模块四	友谊之路	宣传感知"一带一路"	布置任务信息搜集形成成果	设计明信片设计剪贴报	展示明信片交流剪贴报感受中外友谊

课程类别	课程名称	具体实施内容细化			
		第一阶段 初步感知	第二阶段 加深理解	第三阶段 深入探究	第四阶段 总结提升
模块五	追梦之路	宣传感知"一带一路"	布置任务 自由结组 查找资料 形成成果	运用电脑搜集整理信息 如何订机票	搜集处理信息 分析与解决问题 综合语言运用
模块六	经济之路	宣传感知"一带一路"	布置任务 自由结组 查找资料 识别钱币 学会换算 沟通意识	自主搜集信息和整理信息，通过多种方式对感兴趣的问题进行深入探究	了解中国、俄罗斯、印度、阿联酋四国的风土人情及其特点
模块七	艺术之路	宣传感知"一带一路"	布置任务 自由结组 查找资料 形成成果	礼乐、青花瓷等与"一带一路"的渊源	制作青花瓷、吟诵诗词、感受礼乐文化

例如，经济之路中的"丝路商贾"课程实施流程如下。（见图5-1-3）

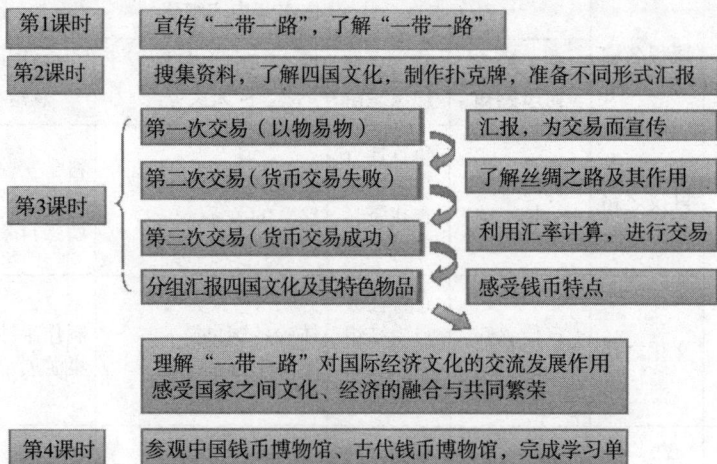

图5-1-3 "丝路商贾"课程实施流程

（二）教与学方式灵活化、多样化

1. 走班制

每个周三下午根据七大模块进行走班制课程学习，全校学生参与"菜单式"课程的学习，这样的方式对学生规划自己的学习非常有帮助，让学生既明确了自己的兴趣点，又为今后的学习生活找准了方向。

2. 合班制

中外学生共上一节课。打破分班独立上课的局面，中外同年级、不同年级学生根据一个模块共同学习。

3. 主题学习

借助网络综合实践学习平台进行七大模块、十六个主题的学习。如对文化之路中"我是桌游设计师"的学习，教师借用翻转课堂理念，让学生先学后讨论，然后针对学生提出的有价值的问题展开教学。教师同时探索了"活动式""反思式""展览式"等教学方式。

4. 开发网络主题探索课程

实践中，凸显依托信息技术自主合作探究的特点：网络学习与课堂学习、实践学习相结合；虚拟班级与行政班级相结合；教师、学生、家长及其利益相关者共同开发学习资源，结成学习共同体，共同学习"一带一路"课程。以学生的兴趣、需要和能力为基础，以活动为主要组织形式，开发网络主题探索课程。严格按照芳草地国际学校地球主题探索课程三阶段十一步进行教学。（见图5-1-4）

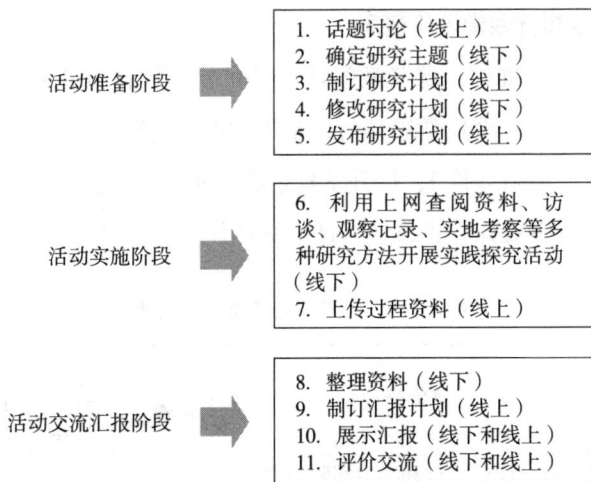

活动准备阶段	➡	1. 话题讨论（线上） 2. 确定研究主题（线下） 3. 制订研究计划（线上） 4. 修改研究计划（线下） 5. 发布研究计划（线上）
活动实施阶段	➡	6. 利用上网查阅资料、访谈、观察记录、实地考察等多种研究方法开展实践探究活动（线下） 7. 上传过程资料（线上）
活动交流汇报阶段	➡	8. 整理资料（线下） 9. 制订汇报计划（线上） 10. 展示汇报（线下和线上） 11. 评价交流（线下和线上）

图5-1-4 三阶段十一步教学法

> **附：课堂写真**
>
> **"一带一路"上的童话世界**
>
> 　　从"一带一路"的背景出发，让学生分享、阅读童话。教师用图片、视频、文字等不同方式呈现从"一带一路"北线中国、俄罗斯、德国、丹麦选择的四篇童话:《稻草人》《渔夫和金鱼的故事》《白雪公主》《海的女儿》。通过读童话、品童话，让学生感受不同国家的魅力;通过表演英语剧、讲故事、创编绘本等活动，让学生体会童话世界的真善美。最后，教师引导学生打开视野，认识"一带一路"上更多的国家，鼓励学生在阅读中领略异域文化。

五、课程评价

　　在课程建设中，学校十分重视评价工作，形成了比较完备的主题探索课程评价手册、"芳草地球村护照"，初步形成了芳草质量标准。"一带一路"课程的评价体现了评价方式的多样化，以知行课堂评价量表为主要评价路径，结合作业评价及其他评价方式对此课程进行评价。

（一）芳草知行课堂评价量表

　　在系列评价标准中，课堂教学评价是重要的评价方式。芳草知行课堂评价量表明确指出:聚焦学思知行，基于"四个清晰"（清晰学情、清晰目标、清晰过程、清晰评价），提升学科素养，实现个性发展;每节课都是带班育人课、语言发展课、思维训练课。具体评价要求如下。（见表5-1-4）

表5-1-4　芳草知行课堂评价量表

评价项目	评价要点	知行观察点	符合程度		
			完全符合	基本符合	不符合
教学目标	1. 符合课标要求和学生实际的程度				
	2. 可操作的程度				

评价项目	评价要点	知行观察点	符合程度		
			完全符合	基本符合	不符合
学习条件	3. 学习环境的创设	思维表达实践			
	4. 学习资源的处理				
学习指导教学调控课堂气氛	5. 学习指导的范围和有效程度				
	6. 教学过程调控的有效程度				
	7. 课堂气氛的宽松度				
	8. 课堂气氛的融洽度				
学生活动	9. 学生参与活动的态度				
	10. 学生参与活动的广度				
	11. 学生参与活动的深度				
	12. 学生参与活动的基本学习习惯				
	13. 学生参与活动的学科性学习习惯				
教学效果	14. 目标的达成程度				
	15. 解决问题的灵活程度				
	16. 师生的精神状态				
学科特色	17. 构建知识框架，提升学科素养				
	18. 见《北京市课堂教学评价标准》				
总分					
知行课堂基本观点	聚焦学思知行，基于"四个清晰"，提升学科素养，实现个性发展				
	每节课都是带班育人课，每节课都是语言发展课，每节课是思维训练课				
思维	善于发现、提出、分析、解决问题，观点有理有据				
	重视形象思维、逻辑思维的训练与应用，提升创新能力				
	板书运用熟练，书写规范，整体感强，并具有生成性				
表达	学科表达：能用规范准确的学科语言表述学科内容				
	学科阅读：重视文本阅读，并获取有效信息				
	语言清楚、简练，语速、音量适中，适当运用体态语				
实践	重视学科的运用、实验、操作等环节，具有实效				
	重视学科与生活的关系，丰富常识，增长见识				
	重视跨学科主题综合实践活动设计，突出学科特点				
核心能力	道德：价值判断；语言：阅读、表达；数学：数学运算、问题解决、空间想象；体育：身体运动能力；科学：观察、实践、体验；艺术：鉴赏、色彩、韵律				

（二）芳草课程作业评价要求

如何让课程改革形势下的作业落地生根，让学生真正有所收获？"一带一路"课程在作业评价方面提出要求：基础性作业少而精，拓展性作业巧而活。（见表5-1-5）

表5-1-5　芳草课程作业评价要求

芳草集团要求	统一认识	管理原则	教师、学生行为
基础性作业少而精	重基础，少、精	学校统一管理，保证底线	规定+部分自主
拓展性作业巧而活	重综合，巧、活	管理粗、放，师生细、创	完全自主

以下是学生的拓展性作业——绘本作品。（见图5-1-5）

图5-1-5　学生的绘本作品

（三）评价主体与评价内容

在评价主体上，改变教师作为单一评价主体的做法，重视评价主体间的多向选择、沟通和协商，采用学生自评、互评、教师评价和他人交互评价相结合的方式。例如，"青花瓷"一课，学生制作青花瓷模型，先由学生自我评价，后由小组组员评价，再由小组长评价，最后由教师评价。评价的主体发生了变化，由过去教师对学生的单向评价转变为教师、管理者、学生、家长共同参与的多向交互评价，这有利于确立学生的主体意识。

在评价内容方面，采用过程性评价与总结性评价相结合的方式。学生学习的收获是多种多样的。我们不仅要关注结果，更要注重对学生进行过程性评价，注重学生创新精神和实践能力的发展，以及心理素质、学习兴趣与情感体验等方面的发展，帮助学生发挥潜能，使其更加自尊、自信、自强。

六、反思与点评

（一）自我反思

通过一系列课程的研究与实施，初步形成了关于课程整合的经验和思考，希望可以为其他学校进行课程建设提供一些帮助。

其一，跨学科课程整合适应学生发展的实际需要。分科教学固然有其合理价值，但在实践中存在一定的局限性。例如"一带一路"课程，学生难以从单一学科中体验到各国之间的交流在文化、经济发展中的作用。教师的专业领域是有局限性的，但学生想获取的知识不能因此得不到满足。采取学科整合的办法打破学科界限，穿越学科边界，以主题为核心，以问题为导向，真正做到以学生为主体。

其二，在跨学科课程整合过程中，要妥善处理好分科教学与学科整合的关系。跨学科整合必须在把握学科本质的基础上进行整合，同时兼顾学科世界和学生生活世界之间的联系。"一带一路"课程以某一学科为主，其他学科为辅，打破学科壁垒，真正凸显整体育人的功能。

其三，跨学科课程整合探索有助于教师课程领导力的提升。在进行"一带一路"系列课程开发与实施过程中，注重培养教师的课程整合意识和课程开发能力。树立以学生发展为本的课程理念，合理有效地设计课程内容，真正做到"减负增效"，在学生有实际获得的同时，提升教师的课程领导力。

（二）专家点评

"一带一路"这种跨学科整合课程到底要培养什么样的人？那就是具备"中国立场、国际视野"的人。在新战略、新经济、新文化背景下，国家需要新人才，新人才培养一定要有新课程，这种新的课程是什么样的呢？芳草课程带给我们不一样的冲击感。例如"'一带一路'童话之旅"这节课以童话之旅为主线，沿着丝绸之路设计了一个立体课程，实现了三个维度的整合。第一个维度体现中外文化交融，老师带着学生进入"一带一路"沿线四个国家，在童话和文化的世界畅游，最后又引回中国。叶圣陶先生《稻草人》的故事，交融了丰富的中外文化。第二个维度是以学科交融维度进行深度的整合。第三个维度是跨越学科边界，同时保持学科本位。用这样的三个维度，给学生诠释了"有中国的世界，有世界的中国"主题。在"一带一路"课程中，我们真正感受到了"中国立场、国际视野"。

——北京师范大学教育技术学院副教授　郑葳

"一带一路"课程开放了所有的感官通道，不光是听，还要看，还有触觉和体验。多通道的开放让学生与课程之间有了更多联结。例如"丝路商贾"这节课，老师们在不同的上课区域，有的用显微镜观察，有的用平板电脑演示，有的为大家表演工夫茶等。我问老师为什么用平板电脑，他说那是动态的世界、动态的资源库，今天的学生可以随心所欲在网上获得想要的任何知识。第一，如果我们再固守学科的边界，并且形成学科壁垒，那么学生学的知识将是干瘪和无味的。第二，我们需要多通道的建设，如果学生需要的是一个丰富的世界，那么课程绝不能够把学生的视野局限在这里。第三，课堂应关注和尊重学生的认知方式，他们怎样学，我们就应该怎样教。

——北京教育科学研究院基础教育课程教材发展研究中心副主任　王凯

2 "梦想起飞的地方"
——基于STEAM理念的航空主题课程设计

整节课我都兴致勃勃！我们将充满吉祥寓意的图案装饰到飞机模型上，还精心为乘客设计了赠品，没想到我们的作品这么棒！真希望有更多的人能看到我们的设计。

——杨昊天（垂杨柳中心小学馨园分校学生）

我看到就连我们的主席和主席夫人在出国访问时也会穿着带有吉祥图案的服装。我要将吉祥图案装饰到笔筒上送给我们的外教，希望他也喜欢中国文化。

——张梓漪（垂杨柳中心小学馨园分校学生）

我是一名老教师，刚开始学STEAM让我很头疼，后来发现上STEAM课让我越来越年轻了，我和孩子做飞机都上瘾啦。

——杨伟枫（垂杨柳中心小学馨园分校教师）

STEAM教育用跨学科的方法教授科学（Science）、技术（Technology）、工程（Engineering）、艺术（Arts）和数学（Mathematics）等方面的知识，引导学生适应不断更新的科学知识和社会生活。STEAM教育理念可以概括为：以数学为基础，通过工程和艺术，解读科学和技术。STEAM支持以学科整合的方式认识世界，以综合创新的形式改造世界，培养学生解决问题的创新能力。作为一种超越传统的教育模式，STEAM教育可以缩小学生现有知识技能与职业所需知识技能之间的差距，提升学生的就业竞争力。近年来，STEAM教育在中国蓬勃发展，已得到了公众的认可。STEAM教育作为重点推进项目，被纳入北京市朝阳区"十三五"教育发展规划。2015年，北京市朝阳区垂杨柳中心小学馨园分校（原南磨房中心小学）与加拿大约克大学开展了"STEAM的课程研究"合作项目，注重"非结果式"的过程性学习（即围绕研究性的学习任务，通过自主学习、合作学习、探究学习，培养学生的创新精神和实践能力）。这一理念对未来人才综合能力的培养，对基于标准化考试的传统教育理念的转型有着深刻的意义和影响。这与我国的"学以致用，知行合一"的教育理论，以及培养学生核心素养的教改方向是高度一致的。STEAM教育的研究促进了干部、教师理念认识的转变，初步改变了单一学科课堂教学方式和讲授式教学模式，受到了教师和学生的欢迎。

一、课程缘起

（一）STEAM的意义与价值

STEAM教育源自STEM教育，是当今国际上探索21世纪人才培养的一种教育理念与举措。STEAM代表科学（Science）、技术（Technology）、工程（Engineering）、艺术（Arts）、数学（Mathematics）。STEAM教育的独特价值在于：逼近真实、富有现实意义的学习情境，高阶思维与积极情感投入，解决复杂问题，全面提升学生核心素养。新课程改革，立足于学生的终身发展，落实以学生为本的教育理念，注重育人导向，充分发挥学科间综合育人功能，更加注重学生理想信念和核心素养的培养。关注课程的综合化、主题化发展趋势，强调课程整体育人的功能和价值。STEAM教育在培养学生综合运用知识解决实际问题，提高应对未来社会挑战的能力方面，有显著效果。在学校课程中，要确保综合课程与分科课程恰当互补，并充分发挥各自的优势。

（二）学校科技特色及需求

2015年，北京市朝阳区垂杨柳中心小学馨园分校与加拿大约克大学开展了"STEAM的课程研究"合作项目。在过去的两年里，学校与加拿大约克大学、上海史坦默教育研究中心等达成深度合作，派出多位教师参与培训，并邀请约克大学的专家、教授以及北京市朝阳区的特级教师、教研员入校对教师进行手把手的指导。丰富的学习内容，跨学科的学习体验，不同的学习方式，让每一个孩子都有了不一样的视角和体验。

垂杨柳中心小学馨园分校是北京市科技示范校、北京市航空特色学校，现有科技类课程（航模、海模、建模、机器人等）、艺术体育类课程（美术扎染、戏剧表演、健美操等）、综合类课程（食品烘焙等）。在北京市朝阳区教育委员会（简称朝阳区教委）的支持下，学校有机会参加STEAM项目。在高校和北京市朝阳区教育研究中心专家的指导下，学校以航模特色为抓手，集中全体教师的智慧，整合语文、数学、科学、美术、品德与社会、音乐、劳动技术、综合实践活动、校本课程等多学科课程内容，以研究性学习为实施途径，开发了一套以航空为主题的校本课程。

二、课程开发

经过前期约克大学教师对学校教师的指导以及学校教师到上海参加STEAM教育的相关培训，教师对STEAM理念逐渐了解和熟悉起来。在此基础上，学校根据自己的科技特色，集中全体教师智慧，选定航空作为STEAM课程开发的主题，在市、区各类专家的指导和打磨下，在教师集体的研究和设计下，用时一年开发了七个模块的内容。课程开发主要遵循以下几个流程。

（一）结合特色，课程统整

学校充分结合自己的科技特色，经过全校科技教师的集体研讨，最终确定以航空为主题开发第一套STEAM校本课程。

（二）成立研究团队，联合教研

语文、数学、科学、美术、校本课程等教师组成项目研究团队，通过参加约克大学、上海史坦默研究中心等组织的培训以及接受市、区教研团队的支持和引导，深入了解STEAM教育的模式与方法。不同学科教师共同打磨一节课，相互支持，共同完善，不断提升课程质量。

（三）专家引领，培训先行

为了更好地让学校教师学习STEAM理念和模式，学校积极与约克大学展开合作，举办多期STEAM主题培训班，让教师在体验中学习、领悟，并结合国内外课例的分享，鼓励教师尝试以航空为主题设计一个STEAM课例。同时，学校鼓励教师参加朝阳区教育研究中心和北京教育学院朝阳分院组织的各种STEAM培训活动，让教师了解其他学校的一些做法和尝试。

（四）反复研磨，总结提升

学校成立跨学科小组，不同学科教师利用课余时间积极确定课例名称和内容。在朝阳区教委国际科的大力支持下，学校教师与朝阳区教育研究中心教科研队伍反复研磨，共设计了七个模块的课程。通过举办STEAM论坛，学校7位教师共同授课，专家指导后又对课程进行修订完善。

三、课程框架

学校尝试基于STEAM理念设计多节航空主题课例，通过对课例的精心打磨逐渐搭起垂杨柳中心小学馨园分校航空课程的基本框架。（见表5-2-1）

表5-2-1 航空主题课程框架

课程类别	课程名称	涉及学校 课程领域	涉及学校课程 主题	课程内容	核心素养	具体目标
模块一	吉祥腾飞梦	科技领域 艺术领域	航模校本课程	飞机涂装	审美情趣 理性思维 批判质疑 勇于探究	1. 知识与技能目标：用吉祥图案元素为飞机模型进行外观设计，表达出美好寓意 2. 过程与方法目标：以真实情境和真实问题为切入点，通过小组合作、交流，分享等形式完成学习 3. 情感、态度与价值观目标：在运用吉祥图案元素为飞机设计外观的过程中，提高学生对中国传统文化的理解能力，培养学生对中国传统文化的热爱之情
模块二	简易纸飞机模型的研究	科技领域 艺术领域 数学领域	航模校本课程	飞机的展弦比对飞行时间的影响	理性思维 批判质疑 勇于探究	1. 知识与技能目标：了解影响简易飞机飞行的相关因素，培养学生的发散思维 2. 过程与方法目标：用实际问题引入，让学生通过小组合作、交流，分享发现问题和解决问题的方法，提高动手实践能力和创新能力，使其在飞机模型制作过程中建构起关于科学、技术、工程、艺术和数学的知识 3. 情感、态度与价值观目标：让学生形成用飞机模型这一实践活动，并培养学生不怕失败，勇于尝试、乐于探究的精神

续表

课程类别	课程名称	涉及学校课程领域	涉及学校课程主题	课程内容	核心素养	具体目标
模块三	飞机上的灯	科技领域 艺术领域 数学领域	航模校本课程	会发光的纸飞机	审美情趣 理性思维 批判质疑 勇于探究	1. 知识与技能目标：通过设计纸飞机上的灯，让学生了解串联电路与并联电路 2. 过程与方法目标：用实际问题引入，让学生通过小组合作、交流、分享等形式完成学习；用不同的形式分享每个小组的研究成果 3. 情感、态度与价值观目标：通过设计活动，让学生树立安全意识与养成节约的习惯
模块四	孔明灯	科技领域 艺术领域 数学领域	航模校本课程	孔明灯的历史与作用	审美情趣 人文积淀	1. 知识与技能目标：让学生知道热空气比冷空气轻，会上升 2. 过程与方法目标：用实际问题引入，让学生通过小组合作、交流、分享等形式完成学习 3. 情感、态度与价值观目标：在动手做的过程中，培养学生与人合作、乐于探究的科学态度
				孔明灯的制作	审美情趣 人文积淀 理性思维 批判质疑 勇于探究	
模块五	航空饼干制作	科技领域 数学领域 艺术领域	航模校本课程	了解航空食品	理性思维 批判质疑 勇于探究	1. 知识与技能目标：让学生学习飞机饼干的做法，了解制作的基本过程，提高动手操作能力 2. 过程与方法目标：在制作飞机饼干的过程中，教会学生制作方法，提高学生的想象力和创造力
				简单航空食品的制作	人文积淀 乐学善学 信息意识	3. 情感、态度与价值观目标：培养学生对航空事业的热爱，培养学生团结协作的精神；在体验过程中，让学生分享学会人合作，培养学生动手能力，使其学会欣赏他人以及分享劳动的快乐

续表

课程类别	课程名称	涉及学校课程领域	涉及学校课程主题	课程内容	核心素养	具体目标
模块六	竹蜻蜓	科技领域 艺术领域 数学领域	航模校本课程	了解竹蜻蜓	理性思维 批判质疑 勇于探究	1. 知识与技能目标：通过对竹蜻蜓的观察、分析，让学生初步了解其升空原理，掌握制作竹蜻蜓的方法。2. 过程与方法目标：用实际问题引入，让学生通过小组合作、交流、分享等形式完成学习。3. 情感、态度与价值观目标：在动手做的过程中，学生加深对竹蜻蜓知识的理解，提升自己的科学素养
				制作竹蜻蜓	理性思维 批判质疑 勇于探究	
				试飞与调整	理性思维 批判质疑 勇于探究	
模块七	制作气垫船	科技领域 艺术领域 数学领域	发明与论文校本课程	了解气垫船的作用；了解气垫船的原理和结构	审美情趣 人文情怀 信息意识	1. 知识与技能目标：学生能够说出气垫船的主要结构和每个结构的功能，能够说出气垫船有哪些作用。2. 过程与方法目标：学生通过小组合作，交流等形式完成对气垫船的学习，用不同的形式分享每个小组的研究成果。3. 情感、态度与价值观目标：学生能够说出气垫船的发展史，说出气垫船在推动世界发展方面起到哪些作用
				制作气垫船	理性思维 批判质疑 勇于探究	

四、课程实施

（一）课程实施的五个阶段

课程设计完毕后，学校便开始了紧张的课程实施环节。课程实施主要包括以下五个阶段：小试身手、研讨修改、专家论证、公开展示、成果积累。

1. 小试身手

7位教师轮流授课，其余教师作为听课者，仔细聆听教师授课的效果以及学生的反馈。

2. 研讨修改

所有参与课程设计的教师一起研讨，共同提出修改建议。授课的7位教师根据所有教师的建议重新修订教学设计。

3. 专家论证

邀请北京师范大学、朝阳区教育研究中心的专家团队进行指导，对课程的整体设计及每一节课的情境导入等进行细致地研讨，使航空主题课程体系更加完善。

4. 公开展示

在朝阳区教委和教育研究中心的大力支持下，学校于2016年11月成功举办"梦想起飞的地方——基于STEAM理念的中小学生核心素养培养研究开放论坛"。论坛邀请约克大学专家、北京师范大学教授、朝阳区教委和教育研究中心的专家队伍及全区STEAM项目校的教师参加，并展示了7节公开课。约克大学现场为垂杨柳中心小学馨园分校颁发STEAM项目合作校铜牌，以表彰学校在STEAM项目上取得的进步。（见图5-2-1、图5-2-2）

5. 成果积累

学校对教师编写的课程案例进行系统梳理，并整理成文集，以便后期继续完善航空主题课程体系。

图5-2-1　约克大学为学校授牌

图5-2-2　授课教师合影

（二）课程实施的特色

开展主题式学习，整合课程资源，落实"整体育人"新课程改革理念。

学生通过查阅资料、动手实验、分享讨论、试飞调整、团队合作等活动增强情感体验，提升研究力，培育核心素养，发展综合能力。

1. 课程内容与校本航空课程有机结合

学校把现有的特色课程资源用STEAM教学理念进行了重新整合，在模型课程的基础上，衍生出了"吉祥腾飞梦""竹蜻蜓""孔明灯"等课程。航模课程培养了学生勇于探究、敢于提问、不怕困难、勇于创新的精神。在新整合的课程中，学生不仅可以更加深刻地探索飞行的奥秘，还可以感受到我国古人的聪明智慧，进而提升民族荣誉感。

2. 艺术完美地融入 STEAM 课程

航空主题课程整合了美术、造型艺术等领域的知识，如"吉祥腾飞梦"一课中学生利用美术知识涂装飞机，"航空饼干"一课中学生利用飞机的各种模型制作航空饼干。在整个航空主题课程中，艺术发挥了非常大的作用，对工程作品的设计与涂装等使得学生的作品更加美观、更加个性、更加吸引人。

附：课堂写真

吉祥腾飞梦

教师用航空公司的吉祥图案引入本节课主题，引导学生思考和回顾吉祥图案的寓意，体会设计者把图案装饰在特定位置的独具匠心。之后教师以吉祥航空公司招募设计师给公司设计吉祥图案为由，将"传统与现代"巧妙地融合到课程任务中。学生在教师引导下通过小组合作、讨论，将设计简单、构想大胆、色彩绚丽的中国传统吉祥图案装扮到飞机模型上。这样的课堂教学不仅锻炼了学生的合作能力、观察能力、问题解决能力和绘画技巧，更渗透了中国传统文化，激发了学生的爱国情怀，让学生从中体悟到了吉祥腾飞梦的传承之美。

五、课程评价

在传统课程评价中，课程评价者通常是以教师为主，其他课程参与者并没有权利参与课程评价，而在我们的课程评价中，课程评价的参与者将包括课程开发与设计的研究者、教师和学生。我们也不排除其他的课程评价参与者，比如校长、家长以及参与STEAM课程活动的教育从业人员和关注教育事业的广大非从业人员。STEAM课程接纳广泛的评价参与人员，意在弱化传统课程评价者的绝对话语权，并允许任何合理的评价方式的存在。核心的课程评价者是课程开发者、教师和学生。值得注意的是，课程的核心评价者均拥有课程评价的双重身份，即课程评价者将同时成为课程评价对象。

对于航空课程的评价，学校主要采用课堂观察的方式。如下表所示，课堂观察表主要包括以下四个表格。表5-2-2为观察评价表，方便听课者对学生和教师的课堂表现进行定量评价。表5-2-3为观察记录表，主要是听课者从教师教学的各个环节及学生的表现进行定性评价，并提出修改建议。表5-2-4则是教师和学生对本堂课的观察与反思。

表5-2-2　STEAM课堂教学观察评价表

观察对象	观察重点	评价			
学生（课堂中的探究者、合作者和表达者）	1. 学习兴趣是否浓厚	3	2	1	/
	2. 学习心情是否快乐	3	2	1	/
	3. 能否通过主动思考提出与科学相关的问题	3	2	1	/
	4. 能否通过自主探究（网络搜索、科学实验等）发现规律	3	2	1	/
	5. 能否对所学信息进行整合内化并有效表达	3	2	1	/
	6. 能否对老师、同学或教材提供的信息提出质疑或不同意见	3	2	1	/
	7. 能否迁移已有知识或技能解决新问题	3	2	1	/
	8. 能否反思自己的行为表现并积极调整改进	3	2	1	/

观察对象	观察重点	评价			
教师（课堂中的组织者、引导者和促进者）	1. 备课是否充分	3	2	1	/
	2. 教态是否沉稳	3	2	1	/
	3. 教学语言是否清晰，易被学生理解	3	2	1	/
	4. 能否有效调控课堂秩序与学生氛围	3	2	1	/
	5. 能否有效激发学生学习兴趣，引导自主学习	3	2	1	/
	6. 能否对学生的行为表现进行及时有效的反馈	3	2	1	/
	7. 是否重视学生的见解，能与学生平等地交流	3	2	1	/
	8. 能否随机应变，妥善处理突发情况	3	2	1	/

（评价标准：3—优，2—良，1—中，/—无）

表5-2-3　STEAM课堂教学观察记录表

教学进度	材料工具
开始： 结束：	
教学步骤	**学生表现**

续表

活动类型	时间分配（分钟）	活动类型	时间分配（分钟）
头脑风暴		绘画创作	
视频教学		小组海报	
网络探究		工程设计	
DIS/动手体验		总结反思	
课程完善建议			

表5-2-4 STEAM课堂教学观察反思表

观察反思表（课堂）
观察反思表（课后）

六、反思与点评

（一）自我反思

STEAM教育以项目学习、问题学习为主要学习方式，引导学生通过合作和实践，完成主体项目和解决生活中遇到的难题。学校以航空为主题打造STEAM课程体系是学校课程整合的一次尝试，在这个过程中不同学科教师联合教研，收获很大。本次仅是初步尝试，未来我们将继续完善学校的STEAM课程体系。

在课程的开发和实施过程中，参与教师遇到了很多问题。例如，众多教师都是单一学科出身，很难从多学科的角度考虑一个问题，也很难驾驭跨学科整合的课堂。为此，学校成立研究小组，不同学科的教师组成研究共同体，共同参与一个课程模块的设计。STEAM课堂情境的创设、活动的设计及课程的实施都非常重要，经过教师的多次打磨，以及专家的共同研讨，最终将7节公开课制作完成。在这个过程中，教师付出很多，当然成长更大。

（二）专家点评

从北美到中国，漂洋过海的STEAM教育，目前还处于中国本土化过渡和改造阶段。2016年11月16日上午，我很荣幸参加在北京市朝阳区垂杨柳中心小学馨园分校召开的由北京市朝阳区教育研究中心课程室主办、垂杨柳中心小学馨园分校和加拿大约克大学承办的北京市朝阳区学校课程展示系列活动之"梦想起飞的地方——基于STEAM理念的中小学生核心素养培养研究开放论坛"。7位教师的STEAM课堂初探非常成功，我很高兴看到了STEAM课程在垂杨柳中心小学馨园分校落地生根。任何新生事物，刚开始都只不过是一株幼苗，可贵之处在于，新生的幼苗，经过阳光雨露的滋养，却常常成长为参天大树。虽然目前STEAM教育市场还处于发展初期，但未来STEAM教育也是非常值得期待的。

——加拿大约克大学教授克里斯蒂娜（Christina）

朝阳区垂杨柳中心小学馨园分校"梦想起飞的地方"STEAM专题论坛，让大家见识到了什么是STEAM课堂。给了STEAM教育一种具体的落地形式，其中"航空饼干制作"这节课极具特色。典型的STEAM课程、STEAM教室、STEAM作品，充分展示了以学习者为中心的课程设计。学生们的创意分享，学习中的热情、自信与合作，中华传统文化与科技的融合与创新，在学生核心素养培养中闪耀着光芒。希望垂杨柳中心小学馨园分校再接再厉，设计出更多的STEAM课程，让STEAM课程在学校生根发芽。

——北京师范大学教授　江丰光

学校课程围绕航空特色，以"飞行"为主题，从渗透中国传统文化的飞机美化、生活中飞机玩具的发明、制作竹蜻蜓与孔明灯等中国传统玩具、设计航空食品等方面展开，突出了STEAM教育的核心特征，即项目式学习、跨学科整合与真实问题解决。拿主会场"吉祥腾飞梦"这节课来说，学生把竹子、梅花这样的吉祥图案呈现在飞机外观上，将学习和现实生活相联系，提升了自己提出问题和解决问题的能力。概括起来就是：教学理念先进、研究主题聚焦、课前准备充分、课堂空间开放、主体地位突出、合作学习到位、学生思维活跃、整合味道浓厚。

——北京市朝阳区教育研究中心课程室副主任　钱守旺

第六章

跨学段课程整合案例

过去的教学往往是分学科、分学段进行的，用比较通俗的话来讲就是"铁路警察各管一段"，不同学科、学段的教师之间很少有交集。严格的分学段课程过于强调知识的掌握，课程的呈现方式、教学方式、评价方式不利于具有差异性的学生进行自主学习，不利于发挥学习者的主体性和主动性。过分强调分学段教学会导致学段之间相互隔阂，不同学段各自为战甚至画地为牢，教学的主要目标都集中在本学段知识的教学和能力的培养上。通过跨学段课程整合，学校可以解决过去分学段教学内容过窄和不系统等问题。本章主要介绍了北京市朝阳区部分学校在跨学段课程整合方面的一些有益探索，为其他学校进行跨学段课程整合提供了可以借鉴的具体策略和实施路径。

陈经纶中学嘉铭分校的"九年四段"一体化育人模式下的"儒雅"阅读课程，结合学生身心发展规律及学校办学实际，有针对性地将九年义务教育划分为四个学段，解决了小学和初中两个学段脱节的问题。学校从文化素养培养的角度出发，实行全方位的课程整合，将课程进行纵向贯穿，形成以"儒雅"为核心的阅读课程体系。"儒雅"阅读课程为每个学段的学生设计了学习目标、学习内容，全方位、系统化、整体性地培养学生的核心素养。

北京市樱花园实验学校的职业体验课程，根据不同职业，整合美术、体育、语文、数学、信息技术等多门学科，注重教学内容的基础性、生活性、趣味性、体验性。遵循认知—体验—实践—交流的实施过程，引导学生从课内走向课外，由校内走向校外，使学生获得丰富的职业认知，增加生命阅历，为学生形成正确的职业观和未来的理性择业打下基础。

以上两所学校所进行的课程整合，构建了纵向贯通、横向联系的可以不断生长的学校课程体系，其出发点是改变分科教学将人的学习分割开来的弊端，而落脚点则是每一个学生综合素质的发展。两所学校的经验也告诉我们：课程整合不是一个结果而是一个过程。

1 做好学段衔接，构建"儒雅"阅读课程
——义务教育"九年四段"一体化育人模式探究

> 我从阅读中体会到了一些做人的道理。
>
> ——董艾彤（陈经纶中学嘉铭分校学生）
>
> 我的词汇量和阅读量有了很大的提升，也喜欢上阅读课了。
>
> ——刘永好（陈经纶中学嘉铭分校学生）
>
> 我一定要学习苏轼大度、包容、遇到困难乐观面对的人生态度。
>
> ——张睿吉（陈经纶中学嘉铭分校学生）

> "儒雅"阅读课程使学生领略了中西方文化的精粹，拓宽了学生的国际视野，陶冶了学生的情操，提升了学生对生活的理解和对人生的感悟。学生在阅读中享受阅读带来的心灵愉悦。
>
> ——孙红艳（陈经纶中学嘉铭分校教师）

九年一贯制学校作为一所完成小学一年级到初中九年级基础教育的学校，在学校教育的最基层从事着"夯实发展根基，把握发展方向，储备发展实力"的教育，在很大程度上决定着学生未来的发展。九年一贯制学校如何挖掘潜力，充分发挥九年完整教育的优势，让学生在基础教育阶段享受到最合理、奠定全面发展最扎实基础的教育，是我们需要认真思考的问题。

陈经纶中学嘉铭分校（简称嘉铭分校）在坚持义务教育九年一贯制整体育人目标的基础上，结合学生身心发展规律及学校办学实际，有针对性地将九年义务教育划分为四个学段，提出了"九年四段"无痕衔接育人模式：第一学段为1—2年级，第二学段为3—5年级，第三学段为6—7年级，第四学段为8—9年级。"九年四段"育人模式对学生的发展进行整体规划，分阶段实施。学校于2015年在"九年四段"育人模式的理念下，整体构建了"儒雅"阅读课程。课程贯穿九年义务教育的四个学习阶段。不同阶段，课时长短不同，内容安排不同，上课的形式不同，学生的组成不同，培养目标的侧重点不同。

一、课程缘起

学生的学习要符合其年龄特点和认知规律，学校的课程设计要体现层次性和阶段性，作为九年一贯制学校，如何发挥自身优势，对学校课程结构实现再造是我们在学校课程建设中重点思考的问题。

（一）基于儿童认知发展规律

脑科学及认知神经科学研究表明，生理上的物质基础决定了不同阶段学生的不同特征。目前关于学制学段和课程学段划分主要依据皮亚杰的认知发展理论。皮亚杰认为，依据年龄，儿童的发展分为不同的阶段，每个阶段表现出不同的认知特征。因此，在学习上处于不同阶段的学生也表现出不同的需求。第一阶段是感知运动阶段，从出生到2岁，相当于婴儿期。此阶段儿童还没有语言和思维，主要靠感觉和动作探索周围世界，逐渐形成物体永存性的观念。第二阶段，2—7岁，相当于学前期。此阶段儿童各种感觉运动行为模式开始内化而成为表象或形象思维。第三阶段是具体运算阶段，7—11岁，儿童开始具有逻辑思维和真正运算的能力。第四阶段是形式运算阶段，始于青春期前期，11、12岁，接近成人的思维。这一阶段儿童不再靠具体事物来运算，而能对抽象的和表征的材料进行逻辑运算。

（二）基于义务教育阶段国家课程标准

《义务教育数学课程标准（2011年版）》中指出，为了体现义务教育数学课程的整体性，本标准统筹考虑九年的课程内容。同时，根据学生发展的生理和心理特征，将九年的学习时间划分为三个学段：第一学段（1—3年级）、第二学段（4—6年级）、第三学段（7—9年级）。

其中语文、美术、体育课程标准是将九年学习时间分为1—2年级、3—4年级、5—6年级和7—9年级四个学段。艺术、音乐课程标准则是将九年学习时间分为1—2年级、3—6年级和7—9年级三个学段。

（三）基于学段整合的经验

我国台湾地区2001年开始实施的中小学九年一贯课程纲要中将九年教育划分为四个阶段：阶段一（1—3年级）、阶段二（4—5年级）、阶段三（6—7年级）和阶段四（8—9年级）。其中阶段三（6—7年级）跨越了小学六年级和中学一年级，这样就加强了课程的连续性，充分体现了小学和初中的整体性。

1999年，芬兰中小学取消先前6年小学、3年初中的划分，实现了九年一贯制教育。2004年芬兰颁布的《基础教育国家核心课程》将"母语与文学、数学"划分为三个学段：1—2年级、3—5年级和6—9年级。历史与社会分为1—6年级和7—9年级两个学段。音乐、美术、手工、体育则分为1—

4年级和5—9年级两个学段。

二、课程开发

（一）在"九年四段"教育衔接工作中，需要转变的观念问题

一是变过去单一侧重中小学教学内容、方法与手段的阶段性，为现在的在新课标要求下既重视中小学教学内容、方法与手段的阶段性又注重其连续性和生成性。

二是变比较单一的环境适应式的衔接教育为包括学科教学的环境设计、学生学习活动的安排、学生良好学习习惯的训练与培养等多元调试式的衔接教育。

三是变短期衔接教育为小学阶段全程启动的自然过渡、渗透、参与性衔接教育。

（二）在"九年四段"教育衔接工作中，需要处理的关系问题

第一，注意研究和处理好学生发展和教育的阶段性与连续性问题。在"九年四段"办学模式的探索与实践中，学校探究了面对不同年龄阶段的学生如何提升教育工作实效性的问题。学校从第一学段开始，尝试以直观化德育阶段性目标替代说教，落实月活动目标，并以此为起点，制订不同学段学生的培养目标框架体系。

第二，注意处理好学生被动式学习与学生生动、快乐、主动学习的关系。嘉铭分校在"九年四段"办学模式的研究中，更加注重践行"让学生体会学习、参与学习、自我学习，让学生在体验和参与中获得喜悦"的学习理念，优化学生学习活动的心理素质，使其在自主中自立、自强，逐步形成自主学习能力和自我教育能力。

第三，注意处理好传授知识与培养能力的关系。我们的教学活动侧重培养学生探究、操作、知识迁移、融合等能力，并重视学习的过程与方法，从而达到提高教学质量、培养人才的目的。

"儒雅"阅读课程立足学校"书香敦品，德行励学"的办学理念和培养

目标，以国家课程为基础，打破国家课程、地方课程和学校课程的界限，从文化素养培养的角度出发，实行全方位的整合，将其进行纵向贯穿，形成以"儒雅"为核心的课程体系。

（三）建立"九年四段"课程管理模式

为了做好衔接教育，构建"九年四段"连续性的工作机制，嘉铭分校开展了基于九年四段大教研组管理的连续性和阶段性相统一的教学活动。

2011年，嘉铭分校组建"九年四段"大教研组，大教研组负责四个学段教研组管理，学段教研组分设年级教研组。大教研组进行学校1—9年级学科发展规划，对1—9年级各学科知识点、能力点和学生学习习惯培养进行了梳理。学校以课题研究和学科校本教材的开发为核心，打造学术氛围浓厚的开放型教研组织。学段教研组主要依据学段学情特点，制订学段学科发展规划，重点研究不同学段学生心智发展模式下的教学，采用反思型教研模式。

（四）以多元、开放的实践活动作为学科融合实践的载体

国家课程实行的分科教学容易使学生割裂知识之间的联系，造成学生应用知识的能力不足和知识掌握的单一。打破学科之间的知识壁垒，进行学科之间的横向融合是课程设置的新趋势。嘉铭分校在课程设置中"梳理知识点，发掘能力点，找准切合点，思考融合点"，以学科综合实践活动为载体，推进各学科之间的融合实践，让国家课程更具有知识的延展性和感知的深刻性，更凸显学科素养培养和学生素养培养的特点。

多元、开放的实践活动是学科回归和融合的平台和渠道。学校基于学科的内容、特点，进行"九年分段推进式"设计和"学科课题研究式"学习，针对不同学科的学习需要，增加设计、创意、论文、制作等实践性作业与实践活动，凸显学习的开放性。

（五）以长短课作为学科融合实践的重要手段

长短课理念：基于学习主题，基于问题解决，基于学生需求。

嘉铭分校的长短课是基于教学的实际需求而设计的。当合作学习、问

题探究和展示分享成为学习过程的重要环节时，我们需要给学生极大的空间和时间，这就需要教师深刻理解课程标准，并在课程标准的指导下调整、创新教学方法，进行统一、整体的设计，将学生从书本和繁重的学业负担中解放出来，把学生培养成既有知识又有很强思考、创新、研究、动手能力的复合型人才，让我们的教育回到知识、能力并重的轨道。

以微课的理念实践长短课，短课侧重于问题解决、理论指导，长课侧重于实践、探究、展示、练习。

三、课程框架

"儒雅"阅读课程实行"九年四段"课程教学模式，其课程框架见表6-1-1。

表6-1-1　学校"九年四段"阅读课程框架

课程领域	培养目标	实施方式	课程分类	第一学段	第二学段	第三学段	第四学段
人文与社会类	具有人文情怀的文雅学子	必修	基础课程	语文、英语	语文、英语	语文、英语、思想品德、历史、朝阳	语文、英语、思想品德、历史、朝阳
		必修	拓展课程	嘉铭静空间、经典诵读、国学课程	嘉铭静空间、经典诵读、国学课程	嘉铭静空间、经典诵读、国学课程、学段衔接	嘉铭静空间、经典诵读、国学课程、学段音标衔接
		选修	专长课程	传统文化之爱北京实践课程系列（一）、传统文化之博物馆实践课程系列（一）	传统文化之爱北京实践课程系列（二）、传统文化之博物馆实践课程系列（二）	传统文化之爱北京实践课程系列（三）、传统文化之胸怀祖国研学课程系列（一）、传统文化之博物馆实践课程系列（三）	传统文化之爱北京实践课程系列（四）、传统文化之胸怀祖国研学课程系列（二）、传统文化之博物馆实践课程系列（四）

续表

课程领域	培养目标	实施方式	课程分类	第一学段	第二学段	第三学段	第四学段
科学与自然类	具有思辨科学精神的思雅学子	必修	基础课程	数学、科学	数学、科学	数学、科学、生物、物理	数学、科学、生物、物理、化学
		必修	拓展课程	思雅阅读课(一)	思雅阅读课(二)、机器人	思雅阅读课(三)、指尖上的物理、探秘微观世界、机器人	思雅阅读课(四)、指尖上的物理、探秘微观世界、机器人、生活中的化学
		选修	专长课程	科技馆实践(一)、野外拓展训练(一)、自然科学类博物馆实践课程(一)	科技馆实践(二)、野外拓展训练(二)、自然科学类博物馆实践课程(二)	科技馆研学(一)、污水处理厂、野外拓展训练(三)、自然科学类博物馆实践课程(三)	科技馆研学(二)、污水处理厂、野外拓展训练(四)、自然科学类博物馆实践课程(四)
技术与实践类	具有博闻多识的博雅学子	必修	基础课程	劳动技术	劳动技术、信息、综合实践	劳动技术、信息、地理、综合实践	劳动技术、信息、地理、综合实践
		必修	拓展课程	博雅阅读课程(一)、嘉铭安全课程(一)	博雅阅读课程(二)、电脑动画(一)、嘉铭安全课程(二)	博雅阅读课程(三)、电脑动画(二)、单片机(一)、嘉铭安全课程(三)	博雅阅读课程(四)、电脑动画(三)、单片机(二)、悦动魔方、嘉铭安全课程(四)
		选修	专长课程	"紫藤花开·花开有声"学科实践活动(一)	"紫藤花开·花开有声"学科实践活动(二)	"紫藤花开·花开有声"学科实践活动(三)、定向越野	"紫藤花开·花开有声"学科实践活动(四)、定向越野
艺术与审美类	具有多才多艺的艺雅学子	必修	基础课程	美术、音乐	美术、音乐	美术、音乐	美术、音乐
		必修	拓展课程	艺雅阅读(一)、书法、形体、舞蹈、乐教、国画	艺雅阅读(二)、书法、形体、舞蹈、乐教、国画	艺雅阅读(三)、书法、国画、卡通漫画、话剧、铭星影视在线	艺雅阅读(四)、书法、国画、卡通漫画、话剧、铭星影视在线
		选修	专长课程	艺术节	北京胡同写生、艺术节	北京胡同写生、艺术节、微电影制作	北京胡同写生、艺术节、微电影制作

续表

课程领域	培养目标	实施方式	课程分类	第一学段	第二学段	第三学段	第四学段
体育与健康类	具有强健体魄的体雅学子	必修	基础课程	体育	体育	体育	体育
		必修	拓展课程	形体课、体雅阅读课（一）、小足球、篮球、杨柳行动课、健体规划课、个性特色课	形体课、体雅阅读课（二）、小足球、篮球、杨柳行动课、健体规划课、个性特色课	形体课、体雅阅读课（三）、小足球、篮球、杨柳行动课、健体规划课、个性特色课	形体课、体雅阅读课（四）、小足球、篮球、健体规划课、个性特色课
		选修	专长课程	体育节、足球比赛	体育节、足球比赛、篮球比赛	体育节、足球比赛、篮球比赛	体育节、足球比赛、篮球比赛、定向越野
志愿服务类	具有责任意识的志雅学子	必修	基础课程	—	—	三礼	三礼
		必修	拓展课程	志愿服务、榜样偶像课、自我展示课、荣誉课	志愿服务、榜样偶像课、自我展示课、荣誉课	志愿服务、榜样偶像课、自我展示课、荣誉课	志愿服务、榜样偶像课、自我展示课、荣誉课
		选修	专长课程	春秋季实践活动志愿服务	春秋季实践活动志愿服务	春秋季实践活动志愿服务、大手拉小手、学子论坛	春秋季实践活动志愿服务、大手拉小手、学子论坛、研学实践讲解志愿服务课程

在"九年四段"课程模式下，阅读课程为每个学段的学生设计了不同的学习目标，目标循序渐进，逐步加深。

四、课程实施

框架中的阅读课程分为五大领域、两个维度。五大领域分为人文与社会类、科学与自然类、技术与实践类、艺术与审美类、体育与健康类。两个维度为基础课程、拓展课程。两个维度采用"11+1"的形式开展。"11"主要是指国家课程，包括语文、数学、英语、思想品德、信息技术、体育、历史、地理、物理、化学、生物，以行政班的形式上课；"1"是指学科拓展类课程，课程内容的选择以国家课程为基础，适应学生的兴趣爱好，有明确的内容纲要，实行必修走班上课。课程内容以活动主题形式呈现，每种课程包含若干活动主题，每次活动围绕一个主题，在教师的支持和辅导下，以学生的直接体验和社会实践为主。教师在实施阅读课程的过程中主要采用以下方式。

（一）阅读主导方式

课堂教学中突出阅读的重要地位，并用阅读思想引导学习过程。在教学过程和题目情境设置中充分挖掘现实生活中的素材，利用图片、短文、数据统计等形式增加题目的可阅读性。理科教学时选用的话题、例题要注意其与历史、文化的关联，寻找其产生和影响的描述，形成文理兼容的整体效应。学生能够根据已有经验来建构新知识的意义，通过阅读体验不断丰富和改变自己的前积累、前理解，并利用阅读期待、阅读反思和阅读批判等环节，拓展思维空间。

阅读教学主要包括以下四个步骤。

第一，通读文本，清晰认识。认真阅读学科文本，整体理解文本，提取关键信息，把握（题干、概念、描述）要点，寻找（解决、理解、判断）节点。

第二，解读过程，践行回归。重阅读体悟（自悟），重过程理解，重问题勾连，重表达（书写）明确。

第三，深读内化，丰富理解。体现问题归因，体现归类归纳，体现由此及彼。

第四，破读重塑，拓展资源。注重问题意识，质疑提问；举一反三，拓展思维；联想类似问题，自我感悟。

（二）学段衔接的具体做法

学校教学工作如何实施九年义务教育阶段的合理衔接，其指导思想是依据学校整体规划，根据教学工作的特点，以"九年四段"为基础，以不同学科为实施载体，以不同年级的学生为教学主体，以达到不同的教学要求为目标，紧密联系学校实际，紧扣教材课程改革，努力打造教学特色。举例如下。

1. 语文学科：让阅读成为习惯和生活

我们在语文学科个性化学习达标工程中设计了"让阅读成为兴趣，让阅读成为习惯与能力，让阅读成为喜爱的生活"的阅读习惯养成活动。

在一年级学生具备了一定的汉语拼读能力的基础上，教师引导学生阅读拼音读物。用"变孩子们爱听别人讲故事为爱读故事给自己听"的办法激发学生的兴趣，让学生的求知欲得以延伸，引导学生顺利完成幼小衔接，帮助他们打下良好读书习惯的根基。

与此同时，依据语文学科课程标准要求，确定学生自主进行语文学科达标学习的任务。规定每个年级每个学期学生的读书内容和要求，每天安排20分钟的读书时间，建立使学生持续保持读书兴趣的激励机制。教师引导学生开展主题系列阅读、专题讨论阅读、竞赛阅读……让学生的阅读活动始终沉浸在兴趣之中，并使学生在感受阅读快乐的同时逐渐养成爱阅读的好习惯。（见表6-1-2）

表6-1-2 第一学段的语文个性化学习达标——阅读安排

学期	内容	
第一学段 （第一学期）	必读书目	《小熊过桥》《拼拼读读》
	选读书目	《安徒生童话》《格林童话》
第一学段 （第二学期）	必读书目	《春天的图画》
	选读书目	《成语故事》《窗边的小豆豆》
第二学段 （第一学期）	必读书目	《金色的小船》
	选读书目	《格林童话》《西游记》《三国演义》
第二学段 （第二学期）	必读书目	《花的学校》
	选读书目	《皮皮鲁外传》《少儿名著》《宝葫芦的秘密》《童话故事》

2. 英语学科：以多元阅读创设立体化英语学习环境

确立一体打造、贯通设计英语个性化学习达标方案的对策。设计各学段的学习目标：第一学段创设英语语言环境，激发学生的学习兴趣；第二学段创设丰富的活动，让学生感受英语的魅力；第三学段体验学习运用英语的乐趣。

（1）依据英语学科课程标准制订各年级"英语学科个性化学习达标工程"

第一学段：诵读儿童英语诗歌（一年级40首）、学习演唱英语歌曲（一年级20首）；第二学段：学生参与各种英语活动；第三学段：每天午间安排15分钟进行英语唱读；每周一节表演与阅读指导课，为学生创设英语学习环境；第四学段：每天午间安排20分钟进行英语唱读，每周一节英语课本剧表演课。

（2）开发英语真实阅读的校本课程——"阅读空间"

学校结合英语学科课程标准的要求和教学实际开发了一门校本课程——"阅读空间"，并形成一套校本教材。教材按难易程度分为8个级别，适合各阶段学生的阅读需求，帮助学生在语言技能、语言知识、学习策略和文化意识等方面提升语言水平。教材囊括了西方经典文学名著，帮助学生通过阅读与自己英语水平相当的简写本一窥文学名著之全貌。教材还以学生喜闻乐见的表演、对话、画连环画、改写课本剧等形式帮助学生加强口语练习，提高英语运用能力。

3. 数学学科：以数学思维阅读提升学生的创造意识和能力

嘉铭分校的教师在"九年四段"衔接性教学的探索中注重进行促进小学生思维发展的有效途径的研究，创造性地引导学生开展数学思维阅读实践，让学生在喜闻乐见的数学思维阅读中，体验数学学习的快乐，提高学习数学的兴趣，掌握基本的数学思维方法，养成良好的数学思维习惯。基于这种认识，学校以思维阅读为核心，以浅显的题材、活泼多样的形式，培养学生灵活运用知识、解决实际问题的能力，引导学生自己去思考、去探索、去创造，让学生体验自我创造的乐趣。

在探索与实践中，教师还发明了"思维促计算""思维导算法"和"思维促解决应用问题能力"、自主归纳知识点等导学方法，促使学生在开放性的练习中发散思维，扩大学生思维的发展空间，不断提高学生的数学思维能力，拓宽学生的解题思路，挖掘学生的创造潜能，开发学生的创造力，让学生养成善于积累并建构多样化算法的思维习惯。思维阅读让学生感受到"人人能创造"的理念，让学生在体验创造中获得喜悦。

附：课堂写真

"走近苏轼"教学片段

《记承天寺夜游》写于苏轼被贬黄州期间，全文仅八十五字，然而这区区八十五字不仅记录了"元丰六年十月十二日夜"的空明月色，更记录了苏轼刹那间涌起的微妙曲折的动人情感。授课时以读带学。

一读文章，理清文章思路，引导学生思考写了一件什么事？作者看到了什么？想到了什么？

二读文章，体会作者心情，读出一点儿静谧氛围，读出一丝快乐心境。

三读文章，了解作者复杂心情，让学生分析字词，体会作者不同情感。历史教师通过介绍苏轼生活的背景、苏轼的生活经历来做人文方面的铺垫。

四读文章，思考"闲人"的深刻内涵，由浅入深把握文章所写的内容及作者所要表达的情感。

最后拓展朗读《定风波》《念奴娇·赤壁怀古》《江城子·密州出猎》，更深入地了解苏轼豁达乐观的人生态度。

历史教师配合语文教师进行适时点评，并注意课堂生成。

五、课程评价

嘉铭分校"九年四段"一体化"儒雅"阅读课程体系形成了并列的纵向学科课程链，通过纵向的学生素养培养，实现学生的持续发展。嘉铭分校构建的"九年四段"德行发展目标与优化课堂培养要求相结合，学校通过教学部实施的自主合作评价系统，将德行发展目标嵌入其中，实现课堂中德育、学科教学的有机结合。横贯所有"儒雅"阅读课程的德育、学科教学融合评价，对阅读课程实施效果予以保障。

（一）以知识、能力的落实为依据进行评价

以各学段知识点和能力点的要求为依托，建立嘉铭分校学段评价标准，从教师和学生两个层面进行学科学习能力评定。下面以语文学科阅读课程评价为例进行说明。

1. 第一、二学段的读书评价方式

①10首古诗校级过关为达标。

②月读书记录单填写完整，必读书目全部完成，家长签字确认为达标。

③积极参与选读书目阅读，按字数评选班级读书标兵。

附读书记录单：

序号	时间	具体课数	得星（家长）	家长签字
1	___月___日	第_____课	_____颗	
2	___月___日	第_____课	_____颗	
3	___月___日	第_____课	_____颗	
……				

要求：

①每天30分钟出声读。

②正确、流利和有语气，会根据标点停顿。

③完成以上任务，可以得两颗星。

2. 第三、四学段的读书评价方式

①教师点评。

②组长按评价标准对小组成员进行评价。

③评价标准见表6-1-3。

表6-1-3　学生读书评价标准

评价项目	评价要点	评价标准				评价等级
		五星（★★★★★）	四星（★★★★）	三星（★★★）	二星（★★）	
读书汇报	汇报过程	熟悉作品的内容，熟练掌握主要人物、主要情节；准确把握作品的主题，准确把握主要人物的性格特征和精神品质；对作品主题、人物、语言等有自己独特的、深刻的感受体验，从作品中得到有益的启示	了解作品的内容，掌握主要人物、主要情节；能把握作品的主题，了解主要人物的性格特征和精神品质；对作品主题、人物有自己的感受体验，从作品中得到有益的启示	掌握主要人物、主要情节；了解主要人物的性格特征和精神品质；对作品主题、人物有自己的感受体验	不了解文章的主要内容，对主要人物、主要情节不了解，没有形成自己的阅读体验	☆☆☆☆☆
	小组分配	小组成员分工明确	小组成员有较明确的任务	小组成员基本有分工	小组成员不明确任务	☆☆☆☆☆
阅读竞赛	竞赛过程	回答问题准确，思路清楚，语言流畅，能够逻辑清晰地表达自己的理解	回答问题准确，思路清楚，语言流畅，能够较有逻辑地表达自己的理解	回答问题准确，思路清楚，语言流畅，能够表达自己的理解	回答问题准确，语言流畅，能够表达自己的理解	☆☆☆☆☆
	学生活动能力	小组成员自主地投入到备赛活动中，积极合作与分享，有深刻的读书见解	小组成员自主地投入到备赛活动中，积极合作与分享，有读书见解	小组成员投入到备赛活动中，能够合作与分享，有读书见解	小组成员投入到备赛活动中，不能合作与分享，没有读书见解	☆☆☆☆☆
		小组成员分工特别明确，活动中配合非常默契	小组成员分工比较明确，配合默契	小组成员有分工，有相互配合的意识	没有明显的分工合作，环节较为混乱	☆☆☆☆☆

（二）以生活化育人作为评价内容

学校将《基础教育课程改革纲要（试行）》规定的评定内容进行细化分解，转变成与学生息息相关的生活化内容，落实到学生的一日常规之中。下面以第三学段（6—7年级）"规范修养"评价细则为例进行说明，见表6-1-4。

表6-1-4　6—7年级"规范修养"评价细则

一级指标	二级指标	三级指标	具体评价内容	对应评价星章
		第三学段（6—7年级）		
规范修养	品行端	言行节制 知晓责任	与同学和睦相处 不以大欺小 心中有他人 对集体有责任心，履行责任	守纪星 文明星 奉献星 诚信星
	礼仪合	规范有礼 待人谦恭	尊敬师长 遵守学校一日常规 爱护学校公共财物 文明做人与做事	
	尚美好	襟怀坦白 心怀感谢	懂得感恩 用行动感恩身边的人和事	
	求真知	自尊自爱 追求正直	有正确价值观，是非分明 诚信做人 诚信做事	

评价指标细化，体现为学生生活的各个方面，在评价操作过程中就容易被学生接受，学生随时可以看到自己的进步与不足，随时调整自己的状态。

（三）以个性化育人为依据进行评价

学校提倡学生在年段评价标准下，再根据个体发展需求制订自己的发展目标，即使是同一条内容，不同的学生也会有不同的水平要求。

按照星级评价标准，每天、每周、每月对学生实施评价，及时给予鼓励，肯定学生的进步。学生每月会将所得奖励星汇总到月星章收纳栏中并进行自我评价，学期末获得金章的学生将有机会登上学校荣誉墙。学校每月开放一次物质兑换超市，银章和金章的获得者即可兑换物质奖品，但是需要填写物品兑换总结表。（见表6-1-5）学校定期公布兑换的物品。

表6-1-5　星章超市物品兑换总结表

⭐ 本月我获得嘉铭枚数		★ 本月我获得嘉铭枚数	
我觉得自己需要改进的地方			
家长的话			

（四）以激励化育人为依据进行评价

学校充分利用《学生综合素质评价手册》、班级评价栏、喜报、《全人教育手册》等对学生进行实时记录，及时反馈。

（1）每项活动专人负责，学校负责班级评价，活动结束后对班级进行反馈。班主任负责记录每个学生的具体表现。

（2）学校在显著位置设立"嘉铭荣誉墙"，按照月主题进行模范评选并进行表彰。班级设立光荣榜，向家长送喜报。

（3）期末评语全员参与，采取生评、师评、家长评相结合的方式，发挥集体的教育力量。撰写评语时，要把班主任评语与学生自评、班委评议、家长寄语以及其他教师的看法结合起来。

六、反思与点评

（一）自我反思

首先，深入推进大教研组管理和学段整合工作，尽可能减少九年一贯教学过程中的重复交叉问题，做好阅读教学的衔接工作。

其次，关注教师、学生、课程三个要素的关系，依托课堂教学实践，提升学校的办学实力和品质，助力学生发展。

再次，继续做实"儒雅"阅读课程体系，建构基于学校阅读现状和促进学生全面持续发展的阅读课程。

最后，下一步聚焦身体的阅读。聚集认知，将纸质的浅层阅读过渡到深层阅读，实现身体心理的相通。

（二）专家点评

嘉铭分校的"儒雅"阅读课程非常丰富，"儒雅"阅读课程体系解决了小学和初中两个学段脱节的问题，并且促成了学生的可持续发展，提升了学生的阅读兴趣，使其从小养成了良好的阅读习惯。阅读兴趣的提升，阅读能力的总体提高，会持续影响学生今后的学业成绩，使学生终身受益。

——北京教育科学研究院基础教育课程教材发展研究中心副主任　王凯

嘉铭分校"儒雅"阅读课程侧重"九年四段"一体打造，这是探索九年一贯制教育的新突破。嘉铭分校"儒雅"阅读课程整合国家课程、校本课程为一个系列，从多个角度、多个层面保证在九年学习过程中学生阅读素养的提升，给阅读一个轻松的起点，让阅读过程变得很有趣。学生在接受相应学段的教育过程中逐步形成适应个人终身发展与社会发展的阅读品质与关键能力。这是符合世界潮流的，也是我国课程发展的必然诉求。

——北京教育科学研究院基础教育课程教材发展研究中心

教材管理室主任　江峰

2 体验职业生活，增加生命阅历
——九年一贯制学校职业体验课程探究

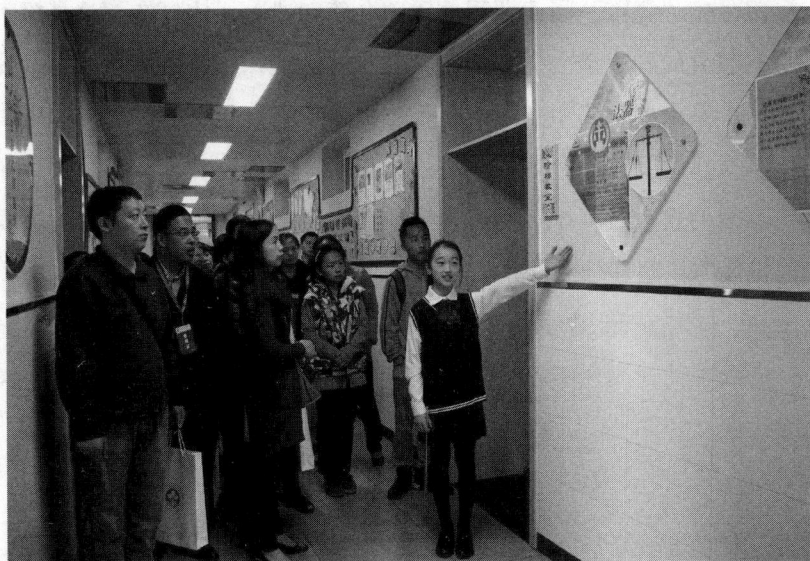

不一步一步走过去，就不知道亮丽光鲜的职业光环背后要付出多少努力。

——安锦燕（樱花园实验学校学生）

通过参与残障人士护理员的体验课程，我走进了特殊人群的艰辛生活，体会到作为一名残障人士护理员的辛苦与付出，他们因爱而坚持。

——安月（樱花园实验学校学生）

> 我非常感谢学校开设职业体验这门课。这些体验给孩子带来的不仅仅是职业的体验，还带来了孩子行为模式的改变，为家长与孩子沟通情感搭建了桥梁，也给了孩子一个规划自己未来职业的机会。
>
> ——王永麟家长（樱花园实验学校学生家长）

从"国家课程"到"地方课程"再到"学校课程"，课程建设是动态转化、持续创生的过程，是教师的课程领导力和教学创造力相伴而生、共同发展的过程。

职业体验课程根据素质教育和基础教育课程改革的要求，借鉴国内外职业生涯规划教育的经验和实验成果，引导学生个性、全面、和谐发展，促进学生综合素质的提高。作为樱花园实验学校精品校本课程之一，职业体验课程属于课程体系五大部类中的生活体验部类。（见图6-2-1）该课程重在观念与体验的认知，旨在帮助学生了解现代职业，增加学生的生活体验，促进学生的和谐发展。依据樱花园实验学校九年一贯制的实际情况及不同学段学生生理及心理的发展特点，职业体验（认知）课程分为小学和初中两个学段，以学生熟知的传统职业和学生感兴趣的新兴职业为主要内

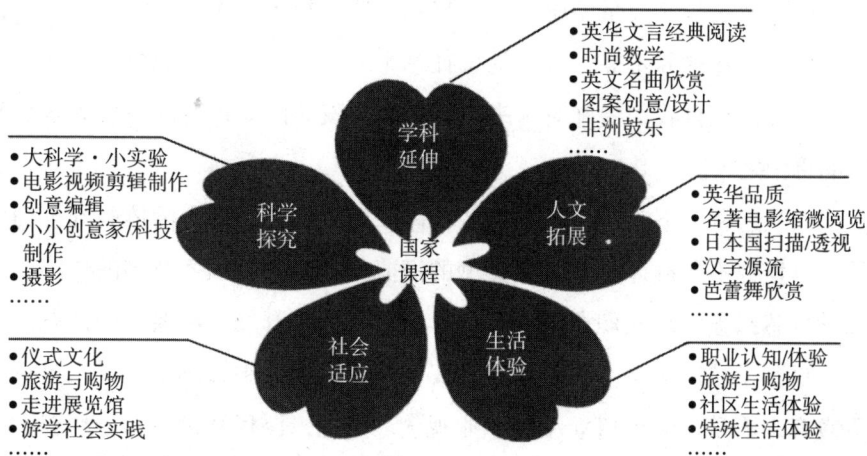

图6-2-1 樱花园实验学校课程体系

容，通过问卷调查、职业调研、课程开发、通识培训、体验职业等环节，开发完善职业体验课程体系。根据职业的不同，选择不同的学科进行课程整合，如在拍卖师职业体验中，融合了美术鉴赏、语文表达、礼仪培训等多种课程，国家课程、地方课程与校本课程三位一体，引导学生从课内走向课外，由校内走向校外，通过对职业的认知与体验，为学生形成正确的职业观和将来理性择业打下基础。

一、课程缘起

目前，北京市以"中学生职业生涯规划"为主题，在高中阶段开设与职业有关的课程，此类课程在初中和小学阶段仍然是空白。国外一些学校很早就开设了职业生涯课程，但也极少在小学、初中阶段推广。作为一所九年一贯制学校，我们在小学阶段开设"职业认知"课程，在初中阶段开设"职业体验"课程，试图填补这一空缺。我们顺应时代发展的需求，根据学生的求知趋向，选择了一批当下颇具特色的社会职业作为了解对象，编制了校本教材，并开设相应课程，旨在帮助学生了解现代职业，拓宽认知视野，适应职业需要，丰富生活经验，同时加深对社会的认识，也为形成正确的职业观和将来理性择业打下基础。

樱花园实验学校是一所九年一贯制的普通社区学校，生源一般，家长的学历和文化修养不高，教育的责任基本靠学校，因此，如何引导学生发现自我、认识自我，做好对未来生活和职业发展的规划与准备成为学校教育的重中之重。

在上述背景下，学校以英华课程体系五大部类中的生活体验部类为依托，以发掘不同群体学生不同类型的潜能为目标，以学生熟知的传统职业和学生感兴趣的新兴职业为主要内容，进行课程开发。需要说明的是，九年一贯制学校属于义务教育阶段，我们不是职业高中，不是对学生进行职业教育，而是让学生树立一种职业观念。因此，课程开设不在于培养学生某一种职业技能，而在于让学生对职业观念有所认知。

二、课程开发

学校通过问卷调查，确定学生感兴趣的职业，进行职业调研，开发了文化知识的传播者、身体健康的守护者、城市的绿化者、舌尖上的缔造者、时尚的引领者、健美身材的塑造者、舆论导向的传递者、游览世界的引导者等十多个系列课程。学生可以根据自身的特点与需求，选择与自身兴趣、爱好、特长最契合的职业体验课程。小学阶段以认知职业为主，中学阶段以体验职业为主。学校旨在帮助学生在个人潜能的发展与未来的职业定向之间及早建立联系，打开学校教育面向社会大课堂的大门，培养有利于学生终身发展的职业素养和综合能力。

通过课程开发，我们力求融合国家课程、地方课程与校本课程，实现"四个一"——让每个学生参与一次职业模拟，让每个学生分享一个职业故事，让每个学生有一次职业实践，让每个学生有一种职业描画和猜想。

课程开发流程见图6-2-2。

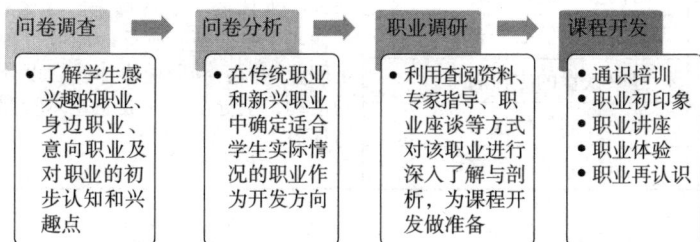

图6-2-2 职业体验课程开发流程

学校通过上述环节开发、完善了职业体验课程体系，并形成了系列校本教材。

三、课程框架

学段课程内容：按照学生生理及心理的发展特点，职业体验（认知）课程分为小学和初中两个学段，每个学段都从两个方面入手，即传统职业和新兴职业。小学认知阶段的职业课程包括两个板块：看图说话和画龙点睛；初中体验阶段的职业课程包括四个板块：身临其境、泛舟学海、体验天地和互动天空。具体课程框架见表6-2-1。

表6-2-1　樱花园实验学校职业体验（认知）课程框架

学习阶段	学习内容	学习建议
职业认知阶段（小学）	文化知识的传播者	把握本课程"认知"的特征，以"看图说话"的形式，让学生展开联想、大胆想象，去感知每个职业；通过采访、查阅资料、讲座等形式，让学生对职业进行再认知，有较为深入和具体的了解；最后，以"我想说""我想写"的形式完成职业认知课程的学习任务
	身体健康的守护者	
	城市的绿化者	
	舌尖上的缔造者	
	个人形象的打造者	
	交通工具的操作者	
	交通安全的维护者	
	生命的拯救者	
	感受文明古国的引导者	
	时尚的引领者	
职业体验阶段（初中）	社会秩序的维护者	把握本课程"体验"的特征，遵循"体验—学习—再体验—交流展示"的教学环节；从初步了解职业，到体验职业过程，到修正职业印象，到职业再体验，设计多样化的活动，引导学生完成职业体验课程的学习任务
	时尚潮流的设计者	
	健美身材的塑造者	
	健康饮食的主控者	
	舆论导向的传递者	
	游览世界的引导者	

四、课程实施

职业体验（认知）课程是一门注重感知、体验和创新的课程。在实施过程中，教师要紧紧把握课程标准确立的"了解现代职业，拓宽认知视野，开展职业体验，丰富生活经验"的总目标，注重教学内容的基础性、生活性、趣味性、体验性，引导学生通过多种职业的体验获得丰富的职业认知和社会经验，促进学生在愉悦的学习中健康成长。

为实现课程目标，帮助学生通过课程活动积累生活阅历、获取精神滋养，教师要全面领会课程的性质、理念和各学段的课程内容，将课程标准确立的全新理念贯穿于教学的每一个环节。

课程主要使用体验式学习法，该理论在20世纪80年代由美国人大卫·

科尔博完整提出。他构建了一个体验式学习模型，即"体验式学习圈"，提出有效的学习应从体验开始，进而发表看法，然后进行反思，再总结形成理论，最后将理论应用于实践当中。该理论给当时西方的教育管理者很大的启示，他们认为这种强调"做中学"的体验式学习，能够将学习者的潜能真正发挥出来，是提高学习效率的有效方式。

（一）课程实施阶段化

教师根据不同学段的学生需求，按照"职业初认知""职业初体验""职业再体验""交流展示"四个阶段开展教学。小学阶段围绕"了解—看图说话—我想说—我想写"开展职业认知，中学阶段围绕"体验—学习—再体验—交流展示"开展职业体验，小学阶段和中学阶段都遵循"认知—体验—实践—交流"的实施过程，使学生获得丰富的职业认知和体验。职业体验（认知）课程实施方案见表6-2-2。

表6-2-2　职业体验（认知）课程实施方案

学习阶段	课程名称	实施阶段			
		第一阶段 职业初认知	第二阶段 职业初体验	第三阶段 职业再体验	第四阶段 交流展示
小学阶段	文化知识的传播者 身体健康的守护者 城市的绿化者 舌尖上的缔造者 个人形象的打造者 交通工具的操作者 交通安全的维护者 生命的拯救者 感受文明古国的引导者 时尚的引领者	1. 了解课程内容 2. 职业初了解	1. 交流职业印象——看图说话 2. 职业初体验 3. 交流初体验感受——我想说	1. 深入了解职业特性（采访、调查、查阅资料、讲座等） 2. 职业再认知	深入交流职业体验感受——我想写
中学阶段	社会秩序的维护者 时尚潮流的设计者 健美身材的塑造者 健康饮食的主控者 舆论导向的传递者 游览世界的引导者	1. 了解课程内容 2. 职业初了解	1. 职业初体验 2. 交流初体验感受 3. 深入了解职业特性	1. 职业再体验——实践感悟 2. 畅谈体验感悟，感受职业的苦与甜	根据个人职业体验，小组自由结合，交流展示体验成果

例如，"游览世界的引导者——导游职业体验"这一课的教学流程如图6-2-3所示。

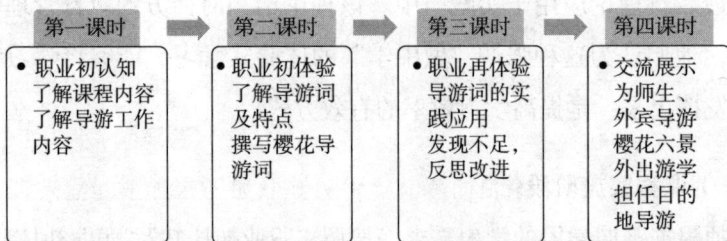

第一课时	第二课时	第三课时	第四课时
• 职业初认知 了解课程内容 了解导游工作内容	• 职业初体验 了解导游词及特点 撰写樱花导游词	• 职业再体验 导游词的实践应用 发现不足，反思改进	• 交流展示 为师生、外宾导游 樱花六景 外出游学 担任目的地导游

图6-2-3 "游览世界的引导者——导游职业体验"教学流程

实际上，在课程实施过程中，这只是课程教学的四个必经步骤，每一步骤用1—2课时完成，包括导游词的撰写与修改、实际运用的预演等。

（二）教学实施个性化

1. 整合教学资源，人人可参与

职业体验（认知）课程会根据职业特点，选择不同的方式增强学生的认知与体验。在"时尚潮流的设计者——服装设计师职业体验"中，学校联手北京服装学院，小学从纸笔设计入手，中学融入布料选择、裁剪缝制，最后中小学生都穿上了自己亲手设计的衣服并在学校的樱花盛典上走秀。有专家为学生一路保驾护航，学生在亲身体验与实践中获取精神滋养，增加生命阅历。

2. 创设教学环境，处处皆课堂

在职业体验（认知）课程教学中，教师带领学生走出校园，将课堂搬入社会大学堂。接待外宾时，参与导游职业体验的中学生们向外宾娓娓道来，小学的小导游们也承担了礼仪引导任务；社区举办活动时，播音小主持（中学）带着英华电视台的成员们（小学）到现场采访……不仅如此，职业模特、专业城管、五星级大厨纷纷亮相课堂，为学生带来鲜活的生活实例，他们的现身说法使学生的视野更加开阔。课堂搬到校外，生活请进课堂，所学运用于生活，这不正是职业体验的真谛吗？

附：课堂写真

"瑜伽师职业体验"教学设计（中学）

　　"瑜伽师职业体验"系北京市樱花园实验学校"职业体验（认知）"校本课程七年级教学内容。"瑜伽师职业体验"一课，旨在为学生提供瑜伽相关知识与模拟练习情境，学生在老师的指导下体验瑜伽师的职业快乐与艰辛，在学习与体验中培养自己的职业理想，规划自己的未来。

五、课程评价

　　职业体验（认知）课程是一门改革创新力度较大的新课程，这就需要从开阔每一个学生的视野、发展每一个学生的素质出发，建立评价主体多元、评价内容全面、评价方式多样、与职业体验（认知）课程相配套、形成性评价方法与终结性评价方法综合运用的评价体系。

1. 形成性评价方法

　　职业体验（认知）课程主要采用形成性评价方法。这种方法从尊重、爱护、平等的原则出发，对学生实施积极、适度的鼓励性评价，维护和强化学生的学习内驱力。形成性评价方法有以下内容。

　　（1）观察法

　　随时观察并记录学生的知识技能掌握程度，创造力发挥程度，情感、态度、价值观方面的变化，人际关系方面的变化，解决问题能力方面的变化。

　　（2）师生对话法

　　通过师生之间平等和愉快的对话交流，教师自然而然地将话题转向评价，引起学生对自己行为的反思。

　　（3）问卷调查法

　　通过问卷和交流的方式，教师随时询问学生对某次活动的意见、建议、收获，还可以了解学生职业兴趣、职业爱好方面发生的变化。

（4）档案夹评价法

职业体验档案夹是用来记录学生职业体验学习的活动过程和成长过程的资料夹。其内容包括：学生身临其境环节的过程资料、学生体验活动的设计方案、体验活动产品的产生过程的说明、学生的自我反思（体会、感想、日记或讨论文稿等）、他人的评价（包括教师、同学、家长等的评价）。

2. 终结性评价方法

终结性评价是对学生某一课时、某一单元或某一学期最终成果的评价，有以下方法。

（1）成果展示法

成果展示法是职业体验（认知）课程较为重要的评价方法之一，评估学生执行任务的努力情况和完成情况。成果展示的内容包括活动设计方案、过程问题及解决、现场表演、体验活动的资料展板等。学校为学生的成果搭建了展示的平台，而学生在现实的成果展示中获得的成就感、满足感也远远大于传统的纸笔测试。

（2）评价报告单

评价报告单是一个单元活动或一个学期活动结束时，教师和学生对阶段性学习情况的总结性描述。它是一个重过程的终结性评价，具有浓厚的对话性和过程性色彩，使评价能更好地促进学生的发展。

（3）职业体验活动测评法

职业体验学习本身就有一点游戏色彩，在期末测评过程中，给学生一个展示职业体验成果的活动平台，学生在轻松、愉悦的职业体验活动中，既展示了自己的综合能力，又体验到职业学习的兴趣。

六、反思与点评

（一）自我反思

新课程改革中，国家实行三级课程管理，赋予了学校课程开发的权利。学校立足于九年一贯制的现实校情，以英华课程为总纲要，在课程开发中实行跨学科整合，打破学科间的堡垒，以职业体验（认知）为切入点，整合美术、体育、语文、数学、信息技术等多门学科，设计课程教学，开发了职业体验（认知）校本课程。小学阶段侧重职业认知，中学阶段侧重职业体验，使学校九年一贯的优势得以发挥，满足学生终身发展的需要，促进学生的个性发展与全面发展。该课程的开发不但撬动了学校"英华课程"的整体发展，而且整合课程后，学生节约了时间，知识体系更为贯通，学生了解问题、研究问题、解决问题的能力得到很大提高。不仅如此，这也最大限度地融合了国家课程、地方课程、校本课程，满足了学生的潜能开发和兴趣特长的发展。

为使课程开发更贴近学生实际情况，能最大限度地尊重和贴近学生的兴趣，在课程开发伊始，课题组在九个年级近七百名学生中以父母职业、自身兴趣职业、职业的初步印象、可能存在的误解职业等为主要内容进行了调查。开发《职业认知》校本教材时针对小学生的年龄特点，搜集、开发了相关视频、图片、文本等课程资源，弥补了课程教材不够可视化的缺陷；《职业体验》校本教材则增加了专家进课堂、活动展示等内容，极大地丰富了教学内容与教学方式。这些丰富多彩的课程内容与教学形式，满足了学生的个性发展需要以及潜能的开发和兴趣特长的发展。

（二）专家点评

生涯教育在国际社会上已经拥有非常成熟的一套课程体系，世界上许多国家都很重视。樱花园实验学校从德育入手，分别针对小学和初中阶段，探索、开发了职业认知与体验校本课程，帮助学生在学习过程中认识自己、认识社会。这既反映了国际教育发展的前沿，同时也是认真贯彻落实教育规划纲要的现实例子。这是对生涯教育的大胆求新、思路开拓，改变了学生的学习观、家长的教育观和教师的课程观，是一次学生、家长和教师共同成长的经历。

——北京师范大学资深教授 顾明远

职业认知与体验课程是樱花园实验学校针对学校德育与社会生活脱节的问题开展的一次课程改革尝试。在北京市教育委员会和朝阳区教育研究中心的大力支持下，在北京师范大学国际与比较教育院滕珺老师带领的专家团队的帮助下，学校结合国际社会生涯体验的前沿理论与各国实践经历，提出了未来性、开放性、真实性、互动性、融合性五条生涯教育的基本原则，又综合学生的家庭背景、兴趣趋向，选择了一批颇具特色的职业，包括传统职业和新兴职业，开设了这门校本课程。

这是一门"三赢"课程，第一个赢家是学生，他们可以增强自己对职业的直观认知，增加深度接触社会的机会，为职业选择做铺垫；第二个赢家是教师，跨学科教学扩大了教师的知识领域，促进教师转变教育教学观念；第三个赢家是学校，体验课程为学校的精致化课程建设提供了大力支撑。

从生活中来，到生活中去，这是樱花园实验学校职业认知与体验课程最显著的特点。

——《中国教师报》编辑　郭瑞

第七章 课内外课程整合案例

　　课内外课程整合，把人与自然、人与社会、人与文化、人与自我等作为选择和组织课程内容的主题，引导学生对自然、社会、文化、自我进行深层次的反思，并以活动课程的方式来呈现。与其他课程形式相比，课内外整合更强调实践性和经验性，强调课程内容与社会和科技发展以及学生生活的适应性，要求参与的学生走出学校、进入社会。

　　北京中学的阅历课程以"读万卷书，行万里路，听万家言，说万家事"为主要载体，旨在丰厚学生的文化底蕴，拓宽学生的思路与视野，增强学生的社会文化体验，融合社会大课堂，提升学生的文化认知能力和综合实践能力。

　　北京市朝阳区教育研究中心附属学校的"印象江南"课程，打破学校的"围墙"，以南京、苏州、杭州、乌镇和绍兴为主要课程资源，把游学活动和学科教学融合起来，兼顾课程标准要求和学生学习兴趣，在充满人文底蕴的江南水乡中，拓展学生思维，提高学生的问题解决能力。

1 中华文化寻根之旅
——阅历课程的开发与实践

> 我们出去玩，也是一种学习。阅历课程既锻炼了我的自理能力，又让我了解了当地的民俗风情和地理历史知识。在大自然和社会中实践和学习，怎么会枯燥呢？
>
> ——叶嘉添（北京中学学生）

> 两天一晚的营地生活，是那么有趣，又是那么充实。每一个环节总是收获满满，或是知识，或是道理，或是感动。在那里，我体验并感受了大自然的美，与同学的关系变得更好了。
>
> ——王伊林（北京中学学生）

> 孔子生，天下却乱，这是命不逢时；
> 而如今，后人敬仰，这是流芳万古；
> 可此时，我们在此，这是涓涓教诲；

儒学传，严封紧密，这是尊重倡导。

那些碑文，或行云流水，或公正刚劲，或柔若无骨，或气势磅礴，或小家碧玉，均有各自的特色、自己的喜好、自己的情感。透过它们，能看见那穿梭千年的等待和他们那颗心。

——范欣馨（北京中学学生）

今年的"3·28"，我看到更多的是孩子张罗时有条不紊的节奏，不断完善和进步的活动策划方案，以及展示和组织时的从容与淡定。在"3·28"中成长，这应该是班主任最大的欣慰，因为这个"冷眼"旁观者在默默关心着班级的点滴变化。

——徐梦莹（北京中学教师）

北京中学成立于2013年9月，学校以"国际化、现代化、高品质"为办学目标，致力于办成一所具有北京风格、中国气质与世界胸怀的现代学校。学校确立了"世界因我更美好"的校训，崇尚"和而不同、乐在其中"的校风，以"享幸福人生，做中华栋梁"为培养目标，围绕"仁、智、勇、乐"实施人格教育，引导学生学会学习、学会共处、学会生活、学会创新，促进学生全面而自由的成长。

学生的全面发展需要一定"阅"与"历"的支撑。丰厚学生的阅历，需要引入更多的校外资源来打开学生的视野，同时更需要突破书本、教室、教师、校园的界限，引导学生走向大自然和社会，让他们去经历与体验，实现知识与生活的联结。在此背景下，北京中学"中华文化寻根之旅"应运而生，以"读万卷书，行万里路，听万家言，说万家事"系列内容为主要载体，旨在丰厚学生的文化底蕴，拓宽学生的思路与视野，增强学生的社会文化体验。学校组织学生深入具有代表性的中华文化区域，通过实地探访、考察，开展个性化、联系性、体验性学习，使学生在学习过程中经受游历磨炼、体验团队协作、实践研究性学习，以课题研究、志愿服务项目方案设计、旅行日志、活动感悟与反思为主要载体，促进学生深度体验与学习，使他们的情感体验、知识收获、人际关系、社会阅历获得同步增长，从而促进他们的意志品质、道德情感、知识技能等方面的发展，促进他们全面吸收中华优秀传统文化的丰富营养。

一、课程缘起

《完善中华优秀传统文化教育指导纲要》指出，当前中华优秀传统文化教育存在教育内容的系统性、整体性明显不足，重知识讲授、轻精神内涵阐释的现象比较普遍的问题。要有效解决这些问题，迫切需要系统构建基础教育阶段的中华优秀传统文化教育，丰富文化传承的有效途径，以落实立德树人的根本任务。学校以陶行知先生提出的"生活即教育""社会即学校""教学做合一"为指导，践行"教学做合一"的教育理念，以丰厚学生的阅历为突破口，设立了阅历课程。

阅历课程设置了阅读、讲堂、表达、游历四个模块。其中，阅读、讲堂、表达三个模块更多的是在校园内开展，游历模块更多的是在校园外开展。阅历课程突破书本、教室、教师、校园的界限，让学生跨越校园围墙的边界，引领其走向自然、社会、世界，让他们去经历、去体验，在广袤的大地上学习，在不断的行走中研究。让学生的身体和心灵始终在路上，是北京中学构建阅历课程的初衷。以"阅"引"历"，以"历"促"阅"，"阅""历"互动，让学生在丰富的阅历中，形成健全人格，实现全面发展，以中华文化的"阅历"作为培养中华栋梁的支撑。

二、课程开发

成立组织机构，明确开发方向，组建课程团队，清晰研发任务。各主体与内容分解如图7-1-1所示。力图使学生在完整经历问题探究的过程中，初步学会观察、社会调查与访问、文献收集与分析的基本研究方法；发展学生的问题意识、良好的思维品质，提高其分析问题、解决问题的能力；增进学生对社会、文化、历史的了解与认识，增强学生的文化底蕴，培养其社交能力、与人共处能力，使学生形成热爱文化、关心社会、敢于负责、勇于创新的精神；通过文化寻根，学生把中华优秀文化内化于心、外化于行。

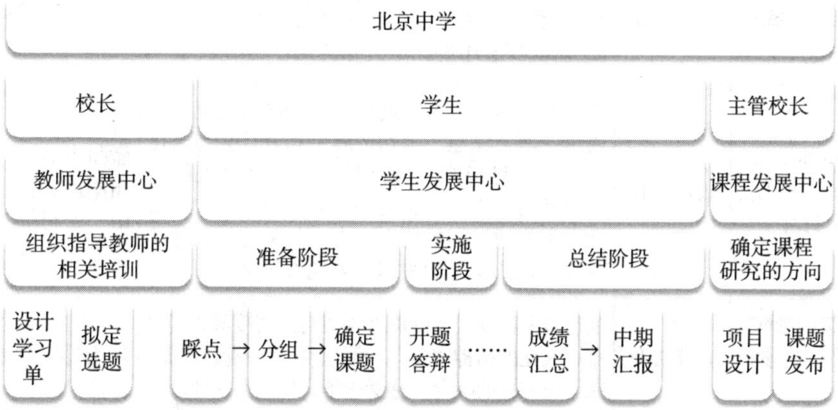

图7-1-1　北京中学阅历课程开发过程结构图

几年下来学校形成如下几条较为成熟的线路。（见表7-1-1）

表7-1-1　北京中学各学期阅历课程线路介绍

时间	主题	内容	地点
第一学年第一学期（11月）	三秦文化	通过科技、艺术和社会三条线路的设计，让学生领略千年古都的文化风情、建筑风情、民俗风情、饮食风情的魅力	西安
第一学年第二学期（4月）	中原文化	感受中原文化中的汉字文化、农耕文化、科技文化、武术文化、民俗文化等，体会博大精深的中原文化的根源性、基础性和包容性	洛阳、登封、开封、安阳
第二学年第一学期（11月）	齐鲁文化	在民族精神、民俗文化、自然景观三个领域让学生感知齐鲁文化，了解文化的融合、方言的魅力、儒学的影响，亲身接触象征民族精神的泰山，零距离体会孔圣人的文化遗产	台儿庄、曲阜、泰安
第二学年第二学期（4月）	吴越文化	在园林、古镇、名人故居、地方戏曲中让学生感受吴越文化的精雅，领略海纳百川、兼容并蓄的吴越文化之精髓	苏州、乌镇、绍兴、杭州
第三学年第一学期（11月）	巴蜀文化	通过对四川、重庆两地雄险幽秀的自然景观的游历，让学生感受巴蜀地区人杰文昌的文化内涵，了解"神奇的自然世界、神秘的文化世界、神妙的心灵世界"的特征	重庆、成都

续表

时间	主题	内容	地点
第三学年 第二学期 （8月）	敦煌文化	1. 了解西北民俗文化 2. 感受西部大开发的历史意义 3. 研究探索中的民族开拓历史	敦煌、丝绸之路
第四学年 第一学期 （11月）	徽州文化	徽州文化是一个极具地方特色的区域文化，其内容广博、深邃，深切透露了东方社会与文化之谜，全息包容了中国后期封建社会民间经济、社会、生活与文化的基本内容，被誉为后期中国封建社会的典型标本，与敦煌学和藏学并称为走向世界的中国三大地方显学	徽州古城、徽州墨厂、黄山、宏村等
第四学年 第二学期 （7月）	游牧文化	通过对蒙古族人家的深度探访与亲密接触，了解草原文化的精神实质，理解边疆民族发展及与汉族历史文化的融合，感受中华文化的多样性	呼伦贝尔草原

以北京中学"文化寻根之旅——齐鲁行"阅历课程为例，通过到台儿庄、曲阜、泰山等地参观，学生获得积极体验和丰富经验，提高对自然、社会和自我的内在联系的整体认识，发展创新精神、实践能力、社会责任感以及良好的个性。

文化路线选择：文化寻根自然要从文化的根源去挖掘，山东是儒家文化发源地，儒家思想的创立人曲阜的孔子、邹城的孟子，均出生于鲁国。山东省地跨黄河、淮河、海河三大流域，境内黄河奔流入海、大运河纵穿南北。台儿庄古城，位于京杭大运河的中心点，坐落于山东省枣庄市台儿庄区和鲁苏豫皖四省交界地带。古城肇始于秦汉，发展于唐宋，繁荣于明清，有"天下第一庄"之称（清乾隆赐）。古城是国内规模最大的古城，有"中国最美水乡"之誉。台儿庄古城内有古河道、古码头、中华古水城、台儿庄大战纪念馆、海峡两岸交流基地，与华沙同属世界上仅有的两座因"二战"炮火毁坏而作为世界文化遗产重建的城市，被世界旅游组织称为"活着的古运河""京杭运河仅存的遗产村庄"。曲阜、台儿庄古城和泰山是世界文化遗产，泰山还是自然和人文双文化遗产，文化价值和意义不容小觑。

课程开发之运河文化。运河古城既是民族精神的象征、历史的丰碑，也是运河文化的承载体。作为北京中学"文化寻根之旅——齐鲁行"中停留时间最长的一站,我们利用这一资源引导学生在不同领域联系已有知识进行跨学科的综合学习。

课程开发之儒家传统文化。了解孔子生平、学说、思想体系及其传承,参观孔林(孔子及其后裔的家族墓地)以及管理孔子的祀事和孔氏的族务的孔庙。此处着重了解历代帝王对孔子思想的推崇及其原因,学习相关典故和孔庙碑刻、楹联。在杏坛追思孔子讲学,在孔子六艺(礼、乐、射、御、书、数)园体验儒学,将孔子八德(忠、孝、仁、义、智、勇、廉、信)作为队旗标识,在潜移默化中体会八德。

课程开发之泰山文化。泰山石敢当信仰、泰山道教音乐、泰山皮影戏、泰山庙会和泰山故事传说等入选国家非物质文化遗产名录。课程让学生着重了解"泰山封禅与祭祀习俗",感受泰山封禅和祭祀文化,登泰山、看日出,参加泰山诗会,考察泰山地质结构。

三、课程框架

阅历课程以"读万卷书,行万里路,听万家言,说万家事"为主要载体,旨在丰厚学生的文化底蕴,拓宽学生的思路与视野,增强学生的社会文化体验,通过开设讲堂、阅读、表达、游历等课程模块,融合社会大课堂活动,每月安排一次外出实践活动,每学年安排两次社会考察活动,培养学生的文化认知能力和综合实践能力。北京中学阅历课程图谱及框架见图7-1-2和表7-1-2。

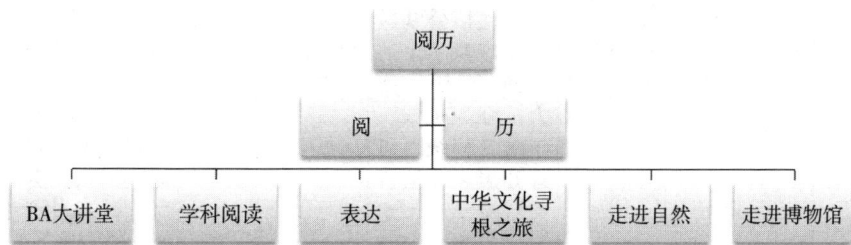

图7-1-2 北京中学阅历课程图谱

表7-1-2　北京中学阅历课程框架

领域	模块	主题	内容	核心素养与目标	亮点
阅 历	BA大讲堂	传统文化、国际理解、科技创造、心理健康、家庭教育、自然科学、艺术审美、国防外交、海洋教育、博物考古、生涯教育等	每周四下午，邀请各领域名流大家来校与学生交流，以名家报告、传统文化涵泳、国际理解、科技创造、戏剧表演、艺术展示、舞会、体育健康等为主要形式，组织学生开展研讨与展示活动	重点培养学生的人文底蕴、科学精神、学会学习、健康生活、责任担当、实践创新等核心素养	持续4年，累计邀请各领域专家50余人次，进行了100余小时的研讨，贯通学生的间接经验与直接经验，让学生"身在小校园、心在大世界"
	学科阅读	故事阅读、人文阅读、传记阅读、古诗文阅读、历史阅读、科普阅读、哲思阅读、英文经典原著阅读	利用阶梯阅读、进阶阅读、群文阅读、比较阅读、整本书阅读、同类书阅读、英文原版阅读等形式，激发学生的阅读兴趣，培养学生的独立思考能力，使其形成个性的阅读方法，提升阅读策略和技巧	重点培养学生形成浓厚持久的读写兴趣，崇尚质疑探究的阅读精神，掌握正确的阅读方法，养成学思结合的良好习惯；搭建培养学生语文素养的平台，使其形成具有较高水平的可持续发展的听、说、读、写、演的能力	教师细致研读单元训练目标，推荐单元主题阅读篇目；学生有选择地阅读、交流，完成读书笔记并将自己读过的文章推荐给其他同学
	表达	社会时政热点、道德伦理困境、科学艺术之争、自由与规则、性善与性恶、学业生涯规划等	利用演讲比赛、戏剧课、戏剧节、口语测试、学生微信公众号等，培养学生的多维度表达能力；分为班级、年级、校级，每月开展一次演讲与辩论活动，组织学生参与校级演讲与辩论活动	重点培养学生的思辨能力和逻辑能力，特别是批判性思维、独立性思维和创造性思维	学校辩论的梯队建设初步完成，辩论、讨论的学习氛围基本形成，辩论的成果逐步显现；辩论队在京津冀高中生辩论赛蝉联两届冠军，获得"山海杯"中学生辩论赛冠军

续表

领域	模块	主题	内容	核心素养与目标	亮点
历	中华文化寻根之旅	三秦文化、中原文化、齐鲁文化、吴越文化、巴蜀文化、敦煌文化、徽州文化、游牧文化	利用小学段的时间，组织全体学生去体验中华文化，并结合研究性学习、服务性活动等，培养学生的综合能力；每学期完成一次寻根之旅	增强学生对中华优秀传统文化的理解力，提高学生的文化认同感、民族归属感和自豪感；培养学生的问题解决能力和社交能力，使其形成热爱文化、关心社会、敢于负责、勇于创新的良好品质	4年的寻根之旅，1280名学生参与其中，共完成314个课题，总字数为84万余字。一名学生4年的总旅程数超过了1万公里，足迹遍布9个省、25个城市
	走进博物馆	历史类、艺术类、科学与技术类、综合类博物馆	每学期组织全体学生走进一次博物馆；教师根据学科特点，确定场馆、实验室，编写学习指南；活动中，以学科组为单位，学生自愿选择参加，打破年级界限，组成临时研究小组	开展爱国主义教育，让学生感受中华民族悠久的历史文化，培养学生的国际视野和多元文化观，促进学生健全人格的形成	开通北京中学博物馆学习微信公众号，鼓励学生利用假期走出家门，走进博物馆，撰写博物馆心得体会
	走进自然	3·28走进自然活动、秋夜露营活动	每年春秋各举办一次；春季3.28活动，每年组织学生在这一天走进自然；中秋节前后，开展野外拓展活动	修复和重新认识人与自然的关系，理解知识与现实的关系；培养学生格物致知的学习习惯以及坚毅的品格、担当的精神	学生自主设计活动方案，接受评审团的考查

四、课程实施

（一）课程实施总流程

课程的实施分为准备、实施和总结三个阶段。行前，学生自由分组，可以自主申报志愿者，参加宣传报道组、导游服务组、生活管理组、活动策划组等志愿服务组，也可以跟同学组成课题组，开展课题研究。途中，学生要合作完成城市追踪、项目学习单和课题研究任务，志愿者则全程为同学们服务，做小导游、小记者、小督察、考评人，为此他们需要提前做大量的准备工作。返校后，学生持续开展课题研究，完成结题任务，形成创新性学习成果并在校内外各级平台上展示。（见图7-1-3）

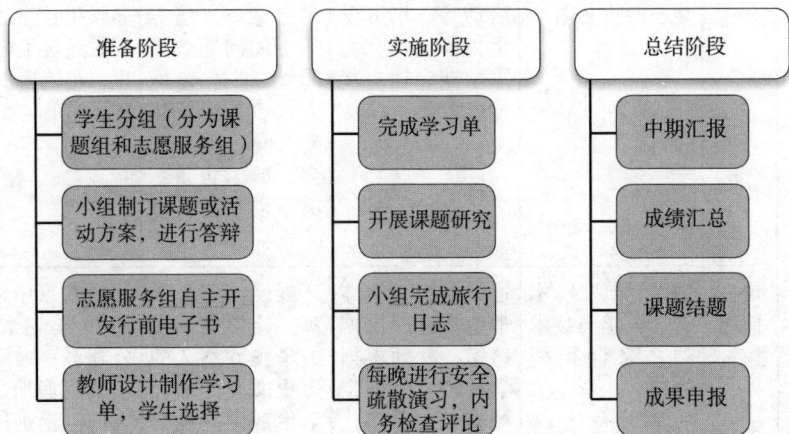

图7-1-3　课程实施总流程

（二）课程实施具体流程

在全体师生正式开始课程之前，学生发展中心会通过张贴海报的形式招募"踩点先行官"，经过选拔，最终确定两名人选。这两名同学将在老师的带领下先行对目的地的吃、住、行进行考察，挖掘可以进行深入学习和研究的行程地点，对整个行程提出修改的意见和建议，回来后他们会用课件和预告片向同学们进行汇报展示。确定行程后，教师会制订项目研究主题并设计学习单，组织学生开展探究性学习。在整个游学过程中，学校会组织学生开展志愿服务，让学生在真实情境中成长、成熟。具体模块的实施流程见下图。

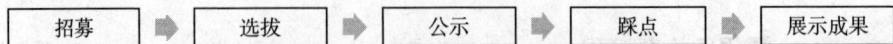

| 招募 | ➡ | 选拔 | ➡ | 公示 | ➡ | 踩点 | ➡ | 展示成果 |

图7-1-4　"踩点先行官"招募流程

招募学长 ➡ 组建小组 ➡ 选择导师 ➡ 确定课题 ➡ 制订方案 ➡ 开题答辩 ➡ 完善方案 ➡ 活动实施 ➡ 中期汇报 ➡ 课题结题

图7-1-5　项目研究流程

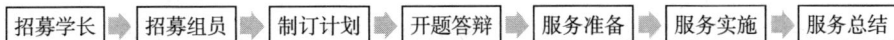

招募学长 ➡ 招募组员 ➡ 制订计划 ➡ 开题答辩 ➡ 服务准备 ➡ 服务实施 ➡ 服务总结

图7-1-6　志愿者招募流程

教师设计 ➡ 学生选择 ➡ 合作完成 ➡ 教师评语 ➡ 返给设计者 ➡ 星级评价

图7-1-7　学习单使用流程

附：课堂写真

"城市追踪"之台儿庄

　　台儿庄历史悠久，抗日战争时期的台儿庄战役作为徐州会战的一部分，大大鼓舞了全民族的士气。台儿庄是爱国主义教育基地，也是非物质文化遗产的聚集地。

　　我们的学生走出了教室，行走在齐鲁大地上。为增加趣味性和可行性，从学生的喜好出发，师生共同设计了北京中学台儿庄"城市追踪"活动。该活动分为A、B两条线路，大家根据兴趣自由选择，每条线路还有多项不同任务，增加了层次性、选择性。在此设计的指引下，师生共同开展了穿越历史的活动！

五、课程评价

　　评价是课程的起点和终点，良好的评价能够促进和检验课程开发和实施的效度。根据不同的课程内容和行程安排，我们会开发一些有针对性的评价和通用性的评价，从阅历课程启动、行前准备到路途上的生活行为，再到中期的展示、最终的成果，都纳入评价的范围，并遵循一贯的原则。

（一）评价的原则

　　以课程的目标为依据，树立重参与、重过程和重发展的评价观，强调评价主体与方式的多元化、评价内容的综合性与全面性、评价标准的合理性与科学性、评价方法和手段的多样性。

1. 发展性原则

评价重点放在学生发展水平、发展程度和发展层次上，引导学生进行自我反思性评价，关注学生的体验过程，关注学生在探究过程中形成的情感、态度、价值观、综合能力等。

2. 多元性原则

评价的主体多元，评价信息来源多元，评价方式、机会多元。综合运用学生自主评价、互相评价以及指导教师评价、家长评价、社会有关人员评价。评价的对象既可以是活动方案、调查报告、论文、物化作品，还可以是一些描绘内心体验的文字、绘画作品等。根据多元智能理论，要使不同的学生在课程实施中都有机会充分展现自己。

3. 全程性原则

重视过程，兼顾结果。注重评价学生在活动中的表现以及他们解决问题的方法、态度和体验。即使最终没有获得预期的结果，也应让学生从中获得宝贵经验。教师要肯定学生活动的价值，为学生创设体验成功的情境。

4. 激励性原则

评价最重要的目的是促使学生进步。力求推动每个学生在原有水平上有新的进展，激发学生的动力与志趣，增强学生的信心，鼓励学生发挥自己的个性特长、施展自己的才能，努力形成激励广大学生积极进取、勇于创新的氛围，不断促进学生发展。

（二）评价内容

对学生评价的内容主要依据学校总的课程目标和"中华文化寻根之旅"的具体目标确定。评价内容特别关注学生参与活动的态度、解决问题的能力和创造性，关注学生学习的过程与方法，关注学生的交流与合作，关注学生的动手实践以及获得的经验与教训。

从能力培养方面来看，评价内容主要包括"学会学习、学会共处、学会生活、学会创新"四个方面。

首先，学会学习。有较强的问题意识；能够自主地提出问题，创造性地制订解决问题的方案和策略；能够依据方案有目的、有计划地进行参观考察，运用多种方式开展社会调查、个别采访，在亲身的实践与体验中获得结论，增进对社会、文化、历史的了解与认识，增强文化底蕴。

其次，学会共处。愿意与小组的其他成员合作完成学习单、研究项目；在按时完成任务的同时兼顾整体任务及小组其他成员的任务进展情况，并能够主动地帮助其他小组成员；遇到困难互相帮忙、集思广益、互相吸纳和包容；自己的问题和挫折不推诿于他人、环境，认真反思并解决，能够接受他人的意见。

再次，学会生活。能够关注行程中的安全设施，并能够科学、合理地使用；认真参与安全演练，具有安全防范意识，不给陌生人开门，不在床上给设备充电等；能够独立自主地管理时间和生活，管理好个人的财物；按时参加行程中的各项活动；能够心中有他人，不影响他人的生活和学习；能够安全、科学、合理地消费。

最后，学会创新。对研究的问题表现出高兴趣、高期待；能够倾听他人的观点；思维活跃，能够进行个人独特的思考；能够接受新知识，并与自身原有知识进行整合；尝试新的方法开展探究；表现出勇于克服困难的意志品质；能够形成创新性成果。

评价明细详见表7-1-3。

表7-1-3 北京中学阅历课程中期成果展示评价表

中期成果展示评价表					
评价项目	评价要点	评价标准			评价等级
		四星（★★★★）	三星（★★★）	二星（★★）	一星（★）	
准备阶段	确定的主题	突出文化寻根的主题，实践性强，具有很高的研究意义和价值	能够突出文化寻根的主题，体现实践性，有研究的意义和价值	没有突出文化寻根的主题，有实践性，有一定研究的价值	没有突出文化寻根的主题，实践性不强，缺乏研究的价值	☆☆☆☆

中期成果展示评价表					
评价项目	评价要点	评价标准				评价等级
		四星（★★★★）	三星（★★★）	二星（★★）	一星（★）	
准备阶段	制订的方案	能制订详细可行的计划，设想和建议非常可行，小组成员分工明确	能制订详细可行的计划，设想和建议较可行，小组成员有较明确的任务	基本能制订详细可行的计划，设想和建议可行，小组成员基本有分工	能制订计划，设想和建议可行性差，小组成员不能明确任务	☆ ☆ ☆ ☆
实施阶段	活动方式与方法	运用多种渠道收集和研究与主题相关的资料，资料丰富且利用率高，对资料进行了科学的整合与加工，得出了有价值的结论	能够运用多种渠道收集和研究与主题相关的资料，资料丰富，能够对资料进行整合和加工，有相关结论	收集资料一般且利用率一般，根据内容的需要较恰当、较合理地使用资料进行分析	收集资料与研究主题无关且利用率较差，基本没有对资料进行分析	☆ ☆ ☆ ☆
	活动步骤与环节	有组织，有合作，非常注意突出实践和活动的特点，步骤合理	有组织，有合作，注意实践和活动的特点，步骤与环节合理	在合作性、实践性、活动性等方面有明显缺陷	与活动的预期过程有较大差距	☆ ☆ ☆ ☆
	学生活动能力	小组成员自主地投入到研究活动中，积极合作与分享，有深刻的活动反思	小组成员能够投入到研究活动中，能够合作与分享，有活动反思	小组成员的实践活动缺乏一定自主性，有活动反思	学生缺乏兴趣，被动地参与实践活动，没有活动的反思	☆ ☆ ☆ ☆
		小组成员分工特别明确，活动中配合非常默契	小组成员分工比较明确，配合默契	小组成员有分工，有相互配合的意识	没有明显的分工合作，环节混乱	☆ ☆ ☆ ☆
总结阶段	结题展示准备情况	有很强的语言表达能力，材料具体、生动、说服力强	有较强的语言表达能力，材料比较具体、生动、有说服力	语言表达能力一般，材料不充分	语言表达能力差，材料说服力差	☆ ☆ ☆ ☆

续表

中期成果展示评价表					
评价项目	评价要点	评价标准				评价等级
		四星（★★★★）	三星（★★★）	二星（★★）	一星（★）	
总结阶段	展示成果形式多样	有两种以上的非常适合研究主题的展示形式	有两种以上的展示形式	有两种成果展示形式	只有一种成果展示形式	☆☆☆☆
	成果有创意	有独到之处和创造性	有独到之处	特点不突出	过于平淡	☆☆☆☆
	成果的科学性	研究过程与研究成果突出科学性	研究过程与研究成果符合科学性	研究过程科学但研究成果有科学性错误	研究过程不科学且成果有科学性错误	☆☆☆☆

  评价者根据课题研究小组成员在阅历课程学习中的前后表现，结合评价标准中的项目和要点进行星级选择，结合所有的分项，如生活技能考核、开题报告、结题报告等，依权重整合最终给出星级等级。

  从教学过程来看，教师主要对学生在课程准备阶段、实施阶段、总结阶段的表现进行评价。

  一是准备阶段。重点是对学生的活动方案和课题研究计划的可行性、价值、创新性、计划的合理性进行评审与指导，按照不同的评价量表进行评价，并注意向学生解读评价的指标。

  二是实施阶段。教师对学生解决问题的能力、遇到困难的坚持程度、参与活动的态度和情感体验、团队合作的意识与精神等做具体而详细的记录和及时的指导，真实反映学生主动探究和学习的过程，提供反馈和调节，积累学生进步和发展的信息，让学生进行自我评估。

  三是总结阶段。评价学生参与阅历课程所取得的成果，分享学生的情感体验，展示学生的个性特点和团队的合作精神。对学生成果的科学性、实效性，参与过程的自主性、合作性、创造性，参与活动的态度，活动中获得的成果和体验，以及实践能力的发展等方面进行综合评价。

阅历课程三个阶段涉及的项目见图7-1-8。

准备阶段	实施阶段	总结阶段
• 踩点先行官 • 制作海报 • 志愿服务 • 招募学长 • 设计导游旗	• 学习单 • 研究项目 • 生活技能 • 旅行日志 • 明星组员	• 优秀个人 • 优秀集体

图7-1-8　北京中学阅历课程三个阶段涉及的项目

六、反思与点评

（一）自我反思

北京中学的课堂，不仅开设在教学楼、操场、图书馆，还开设在剧场、辩论台、博物馆，甚至开设在黄山之巅、西湖之畔、茫茫沙漠、浩浩大海、深山野林……在行走中学习，课本上的知识都成了一项项实用"技能"——这就是北京中学独特的"阅历课程"。

（二）专家点评

1. 把文化植根于旅行

北京中学的"中华文化寻根之旅"，通过组织学生深入中华文化具有代表性的地区，在实地探访、考察过程中突出学习的个性化、联系性、体验性，使学生吸收中华优秀传统文化的丰富营养，经受游历磨炼、体验团队协作、实践研究性学习，从而促进学生意志品质、道德情感、知识技能等方面的发展。学生在真实生活中，以课题研究、志愿服务项目方案设计、旅行日志、活动感悟与反思为主要载体，促进学生深度体验与学习，使学生的情感体验、知识收获、人际关系、社会阅历获得同步增长。

2. 把研学植根于旅行

北京中学的"中华文化寻根之旅"不是带着学生去游山玩水，而是有目的、有计划地在课堂之外开展研究和学习，使学生丰富知识、拓宽视野、增强文化底蕴。整个旅行过程充满了研究——行前确定主题、制订方案、开题答辩、完善方案；行中参观考察、问卷调查、访谈、研讨；行后中期成果汇报、结题展示、总结评价——让学生有目的、有计划、有收获地在研究中完成寻根之旅。比如，"齐鲁行"的"日升昌记纸币票面设计研究""台儿庄的招牌文化探究""寻找泰山成为'双遗'的证据"，又如贯穿历次游历的观鸟活动。

3. 把服务贯穿于旅行

北京中学希望每一名学生都成为志愿者，在"中华文化寻根之旅"阅历课程中，"服务他人"无疑也是对学生的一种锻炼和培养。生活管理组要设计评价表格，每晚查房，组织每晚的安全演练。活动策划组要结合行程设计相应的活动，例如：在台儿庄古城他们设计了"城市追踪"活动，把学生容易忽略掉的景点设计到活动中，这样就可以通过活动促进学习；在泰山之巅他们设计了"泰山诗会"，学生现场朗诵自创诗，有专家进行点评，还会获得奖励。导游服务组不仅要对行程中要讲解的景点进行分工并准备导游词，还要配合导游做好服务工作。宣传报道组要在家长微信群中发文字报道、手绘报道、活动照片、视频，让家长实时看到孩子活动的情景。为了每个学生都有服务他人的机会，志愿服务组每次轮替，志愿服务成了"中华文化寻根之旅"中的一道亮丽风景。

——北京大学考古文博学院教授　雷兴山

2 培养有智慧的阳光少年
——"印象江南"综合实践课程探究

印象江南，便是合上了课本却走入了另一间别样的课堂，今后的学习生活中会铭记这些经历。

——荣妍（北京市朝阳区教育研究中心附属学校学生）

江南的气温像温婉的女子，春风拂面，有甜丝丝的味道。漫步西湖小道，湿润的潮气浸在风中，和北京的风完全不同。江南的气温让人感到舒适又温暖。我怀念那湿润轻柔的风。

——梁颖茜（北京市朝阳区教育研究中心附属学校学生）

作为教师，在开发综合实践活动课程时，我们充分挖掘地方特色文化，不仅教会学生一些知识，而且提升他们在实际生活中对知识的"应用意识"。这样的内容在教室里没办法很好地呈现或不能呈现，这就是开展综合实践活动课程的原因。

——李明超（北京市朝阳区教育研究中心附属学校教师）

党的十九大明确指出"落实立德树人根本任务，发展素质教育，推进教育公平"。2014年教育部印发《关于全面深化课程改革 落实立德树人根本任务的意见》。特别是北京市教委在探索中小学社会大课堂的基础上，于2014—2015学年的第一学期又推出新举措：所有中小学要把学生走进社会大课堂实践学习列入课时计划，时间不少于全部学时的10%。

在课程改革的引领下，北京市朝阳区教育研究中心附属学校结合本校"阳光智慧课程"理念开展综合实践类课程。经过学校课程部课程开发小组研讨，对照课程标准，开发了"印象江南"综合实践课程。课程以南京、苏州、杭州、乌镇和绍兴为主要课程资源，全学科参与，课堂教学与生活实际相结合，形式上分为通识课程与自选课程，通识课程是全体学生学习的课程，自选课程是学生根据兴趣自发探究的课程。课程结构见下图。

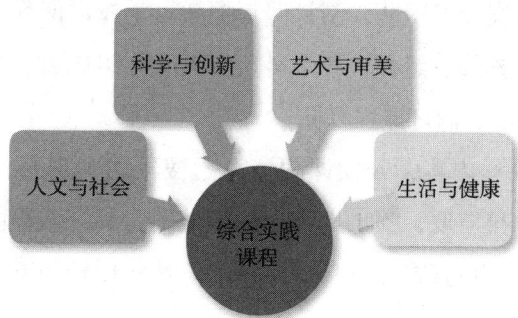

图7-2-1　课程结构

一、课程缘起

北京市朝阳区教育研究中心附属学校经过多年的探索，提出了"培养有智慧的阳光少年"的育人理念。起初学校选取部分学生进行游学，走访古都与文化名城。学生在游学过后，仅需要写游记感悟，返校后与同学分享，因此学生容易出现重游轻学的情况。随着课程文件的出台和课程改革方向的转变，学校课程建设成为主旋律，如何利用课程整合课内外资源，成为我们思考的问题。于是学校进行机构变革，成立课程部和学生发展处，将课程开发独立出来，由专门研发课程的机构统领学校整体课程安排。为了让学生更好地走进社会大课堂去发现、去积累、去运用、去实践，打破学校"围墙"势在必行。学校将游学进行课程化建设，逐步形成了综合实践课程。课程涉及人文与社会、科学与创新、艺术与审美和生活与健康等不同领域。

其中，江南地区，特别是苏杭一带，在地理、历史、人文、经济等方面蕴含着丰富的学习资源。特别是对于习惯了北方生活的北京孩子，去江南水乡感受江南的人文底蕴，对他们了解祖国、认识自己都有着积极的意义。江南是一个大课堂，处处皆学问。为此，学校自2015年起开展了以"印象江南"为主题的综合实践课程。

二、课程开发

一是组建课程开发团队，制订课程框架。学校以课程部为核心，成立课程开发小组，校长任组长，各学科负责人为小组成员。课程开发小组根据各学科课程标准，制订课程目标。

二是选择课程内容，开发课程资源。搜集相关资料，对江南深入了解，教师根据学科需要，提出期望游历的城镇，确定课程内容；成员实地调研苏州、杭州、甪直古镇、乌镇和绍兴等地；比较和整合课程资源，进行课程设计。

三是课程方案的审议和修改。课程开发团队交流、讨论，明确学习场所，调整课程目标、学习方式，分配任务，围绕"江南"主题进行学科内、学科间、课内外整合课程的开发。

学校将课内资源与课外资源进行整合，并设定主导学科，有所侧重。在课程实际开展过程中，我们的课程地点会进行调整，调整的依据就是课外资源与课内资源的相关程度。例如，在第一次课程中学生到达兰亭进行学习，经过师生反馈，此地的学习资源只有"鹅池"二字，曲水流觞的展示也不能让所有学生参与，所以我们就对课程进行了调整——在通识课程中对此处进行了解，集体参观学习不涉及此处。这样根据师生的实际课程体验，不断完善课程内容。"印象江南"课内外课程资源见表7-2-1。

表7-2-1 "印象江南"课内外课程资源表

课程内容	地点	课内	课外	主导
家国情怀课程	侵华日军南京大屠杀遇难同胞纪念馆	日本侵华战争	南京大屠杀史料	历史
	中山陵	《大道之行也》中国近代史	孙中山先生功绩	语文
	岳王庙	宋代历史	岳飞故事、历史评价、民间评价	历史
地域特色课程	拙政园	《苏州园林》	园林设计方法、拙政园故事	语文
	苏州博物馆	吴越历史	贝聿铭设计理念	历史
	乌镇	江南气候、地形特点	水乡建筑特点	地理
人文课程	茅盾故居	作家介绍	茅盾生平	语文
	鲁迅故居	鲁迅作品	鲁迅童年生活	语文
	三味书屋百草园	《从百草园到三味书屋》	鲁迅求学经历	语文
	西湖	《钱塘湖春行》白居易、苏轼等名家	西湖十景、西湖人文故事	语文
	沈园	陆游诗作	陆游故事	语文
创新设计课程	中国伞博物馆	力学原理美术设计数学图形	制作工艺、江南传统文化	美术
	中国扇博物馆	美术设计	制作工艺、传统文化	科学
自主管理课程	高铁	行政区域	社会实践	领导力
	餐厅	—	用餐文明	领导力

　　根据课程标准要求，教师制订学习目标，同时兼顾学生兴趣，拓展学生思维。学校采取通识课程与自选课程两种方式来实施综合实践课程。通识课程为每个学生提供都要学习的内容，各科教师随堂进行教学，开展文学、历史、地理等方面的基础讲座，使学生具备基础的知识，为实地探究奠定基础。实地探究时，学生需要完成相应的学习内容，填写学习手册，目的在于让学生的"游"更有针对性，真正学有所获。通识课程以知识竞

赛的形式进行评价考量。自选课程主要满足不同学生的兴趣爱好，学生了解开设的课程内容后，自愿填报。学生分班后与导师见面，导师指导学生搜集资料，通过对比、质疑发现问题；学生在教师指导下进行问题分析和解决，实地探究后形成本课程的报告。课程成果的形式是多样的，教师通过成果展示，评价学生的学习水平。"印象江南"课程开发思路见图7-2-2。

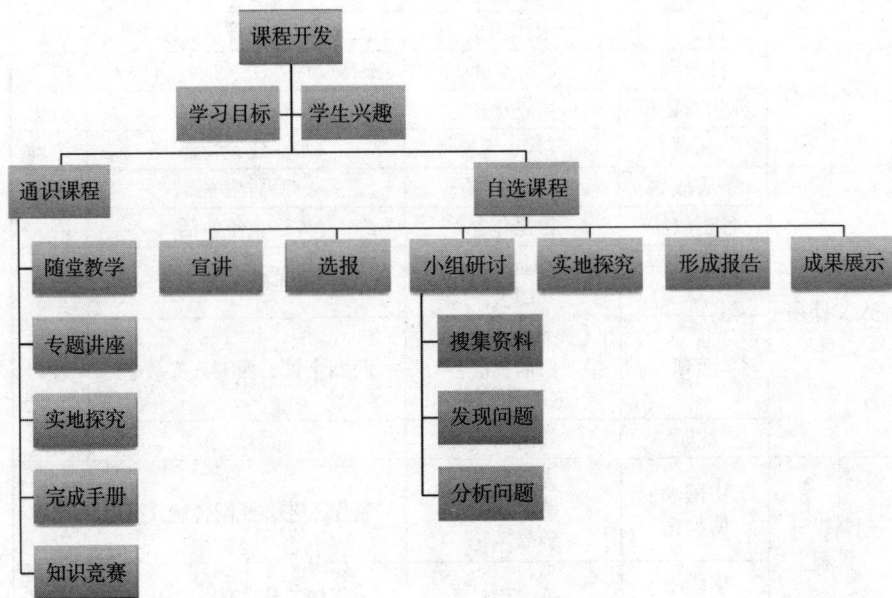

图7-2-2 "印象江南"课程开发思路

四是以学科核心素养为基础，设计相关任务；根据课程目标，结合课程内容与课程形式，制作课程手册。"印象江南"课程开发流程见图7-2-3。

图7-2-3 "印象江南"课程开发流程

三、课程框架

"印象江南"综合实践课程，以综合的课程内容为基础，通过多种形式提升学生的实践能力，培养学生的核心素养。

课程分为通识课程和自选课程。通识课程是每个学生都需要学习的课程，包括地理概况、文史知识、艺术特色等课内学习内容，也包含各学科拓展的课外内容。通识课程为所有学生提供相同的、基础的课程起点。

自选课程是学生根据自身兴趣爱好选择的课程，分别以语文、数学、外语、物理、历史、地理、思想品德、生物、音乐、体育、劳动技术、信息技术和德育等学科为主导，结合当地资源进行拓展，充分满足学生的个性需求。

"印象江南"综合实践课程框架见图7-2-4。

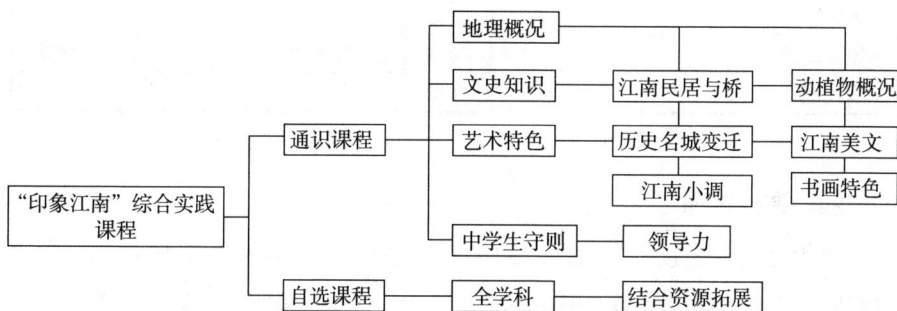

图7-2-4 "印象江南"综合实践课程框架

学生在通识课程和自选课程中，除了学到课内的知识，还可以结合课外资源进行学习和探究。

课程开展之时，恰逢烟花三月，学生步入江南，眼中一派水乡气韵。不论是细心雕琢的园林，还是聚集的水乡村落；不论是友人相聚之欢愉，还是爱人离别之愁苦；不论是一湖春水，还是两处故里——无不诠释着江南的人文底蕴。于是学生根据各自的兴趣，与教师共同开发了自选课程。学校开发了以下自选课程。（见表7-2-2）

表7-2-2 "印象江南"自选课程单

自选课程名称	主导学科	自选课程名称	主导学科
江南水乡建筑风格与自然环境的关系	地理	江南思韵	音乐
江南三镇历史之名	历史	江南旅游景点英文简介大搜寻	英语

续表

自选课程名称	主导学科	自选课程名称	主导学科
梦寻·江南	美术	寻觅苏杭美食之旅	文化
百草园的动植物揭秘	生物	周氏家族在鲁镇	语文
大数据时代的吃喝玩乐	数学	寻访咸亨酒店	语文
美景中的几何	数学	白娘子的前世今生	语文
舌尖江南	文化	游西湖知美丽传说 赏美景诵名人经典	语文
江南花窗	数学	写意园林	语文
探索自行车租赁在杭州的成熟与北京的无奈	思想品德	学生领导力	德育
印象江南桥	物理	忆江南在行动	摄影
江南民居	物理	—	—

四、课程实施

课程通过"诵读""绘制""创作""表演"和"探究"等形式，让学生"感悟"江南。诵读，读江南的文学作品，体会历史人物的思想感情；绘制，除了画江南独特事物，还融入江南独特文化，在油纸伞、团扇上进行绘画，是一种文化的体验；创作，让学生的感受与情感找到归宿；表演，让学生对江南的直观感受立体化；探究，以小组为单位，在导师指导下发现问题、分析问题、解决问题。课程成果展示综合多种形式，把通识课程和自选课程贯通起来，把人与人、人与江南、人与江南文化之间的关系贯通起来，让学生在行走中成长。以下便是本课程的具体实施过程，主要分为三个阶段（共50课时）。

（一）第一阶段：学习通识课程和选择自选课程（13课时）

1. 通识课程（12课时）

各学科结合课内学习内容，利用课程手册，组织学生进行通识课程学习。例如，学生在语文学科课内学习过《从百草园到三味书屋》《阿长与〈山海经〉》等文章，接下来拓展阅读《朝花夕拾》，进一步了解鲁迅先生的成长经历。（见图7-2-5）

朗读优美诗篇、品析江南美文、学习鲁迅作品、品评江南传说（4课时）
了解江南名城历史变迁、历史名人（2课时）

画江南特色景物（1课时）
了解江南丝竹特点，学唱江南小调（1课时）

学习江南自然地理环境和地方文化特色（1课时）
了解江南民居建筑，分析江南桥的特点（1课时）

了解江南地区植物、动物特点（1课时）
数据统计，制图制表（1课时）

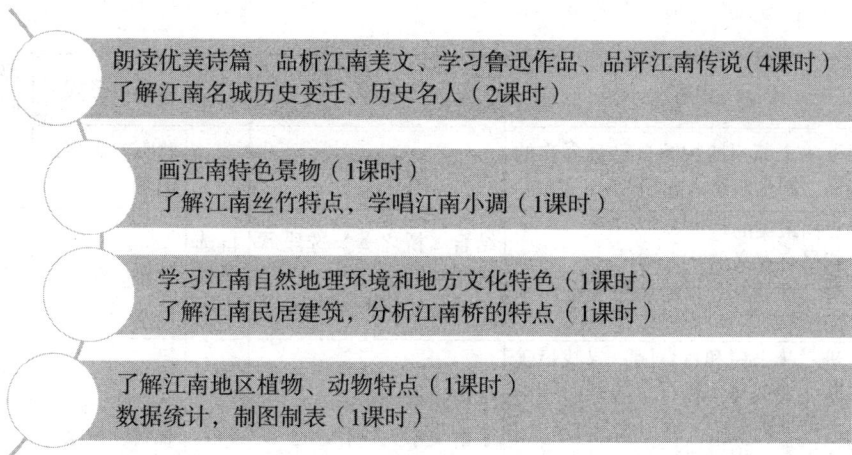

图7-2-5 "印象江南"通识课程内容

2. 自选课程（1课时）

教师将开发的自选课程对学生进行宣讲，学生根据兴趣以小组为单位进行填报，教师依据师生人数比例等进行课程分配。

（二）第二阶段：课程开展（共30课时）

通识课程学习后，通过自选课题以及教师辅导，学生确定研究课题。通过实地探访、调查研究，学生在小组内合作完成自选课题任务和通识课程任务。"印象江南"具体课程安排如下。（见表7-2-3）

表7-2-3 "印象江南"具体课程安排

内容	目标	组织形式	学习形式	课时
导师与学生交流、讨论	搜集、整理资料、假设	走班	自主选题、合作	2
参观侵华日军南京大屠杀遇难同胞纪念馆 向南京大屠杀遇难同胞默哀，敬献花圈	铭记历史，珍爱和平	年级	参观、体验、感悟	2
中山陵前诵读《大道之行也》	缅怀孙中山先生，体会先生遗志	年级	参观、诵读	2
结合苏州园林的特点拍照片 关注园内门窗名字，体味命名的妙处并模仿命名	了解苏州园林的特点，感受苏州园林之秀美	班级	聆听、观察、记录、体验	2

续表

内容	目标	组织形式	学习形式	课时
拍下一个苏州博物馆自己最喜欢的藏品，回来向家人介绍	了解苏州博物馆馆藏	个人	聆听、观察、记录	2
拍江南最美的桥 寻找最有意义的文人物件 结合《社戏》月下行船感受江南水乡的美	结合《桥之美》选段欣赏江南的桥 了解茅盾生平、作品	自选课程小组	合作、探究	2
走进三味书屋和百草园，寻找最美对联，加深对《从百草园到三味书屋》的理解 赠送书签，拍摄视频 走进咸亨酒店，了解文学人物孔乙己的生活环境 建议任务：品尝茴香豆	了解鲁迅童年 了解文学人物孔乙己 有礼貌地赠送书签，传递阅读习惯	两人一组	观察、记录、体验	3
诵读陆游《钗头凤》，了解其中的爱情故事	体会《钗头凤》中的优俪深情	班级	观察、记录、体验	2
小导游介绍西湖十景 建议任务：西湖诗歌接龙，演唱西湖歌曲	了解西湖故事传说 感受西湖人文之美	自选课程小组	合作、探究	2
诵读《满江红》	体会岳飞精忠报国的家国情怀	班级	观察、记录、体验	1
参观中国伞博物馆，参加传统伞花设计大赛	了解油纸伞特点，运用传统符号绘制伞花并解说设计理念	小组	合作、探究、展示	1
参观中国扇博物馆，参加创新科技扇设计大赛	了解传统扇子特点，结合科学知识，合理想象并设计未来的扇子	小组	观察、合作、探究	1
自带一本喜欢的书，利用等候、乘坐高铁的时间阅读	培养阅读习惯	个人	阅读	6
每天坚持使用应用程序（APP）写行走日记或报道	记录学习过程，表达个人感受	个人	观察、记录	自主
以"文化江南"为主题写下自己对江南的感受，可以是一首诗或一副对联	丰富语言表达，感悟江南	个人	观察、感悟	自主
每日根据文明小学者、自我管理小能手量表完成自评、组评	自我管理教育，提升自我管理能力	小组	反思、评价	自主

（三）第三阶段：课程成果展示与交流（共7课时）

通识课程方面，学生完成学习手册后参与"印象江南"知识竞赛；自选课程方面，学生结合前期学习、实地探究，以文学作品、音乐、绘画、书法和研究报告等形式进行成果汇报。"印象江南"课程成果展示安排见表7-2-4。

表7-2-4 "印象江南"课程成果展示安排

内容	学习形式
撰写报告（2课时）	小组交流、讨论
课题成果展示（2课时）	教师指导小组研讨
通识课程知识竞赛（1课时）	竞赛
"印象江南"成果展示（2课时）	展示、借鉴

附：课堂写真

在行走中实现自我成长

在课程开展过程中，到处都是学生学习的身影。学生在课程引领下，或个人，或小组合作，共同完成课程任务。有西湖游船上讲江南传说，有根据探究内容制表、制图，有兰亭里体验书法、朗读《兰亭集序》，有寻找苏州园林最美景致，还有学生美好的体验与回忆……请跟随我们的课堂写真，一起走进"印象江南"的课堂。

五、课程评价

（一）评价对象与评价主体

评价不是针对学生，而是针对学生的学习行为。在学习手册中增加学生自我评价、小组评价和教师评价，促使学生进行回顾与反思、比较与提升，使评价成为学生学习经历的一部分。

"印象江南"综合实践课程需要学生离开家人、步入江南，每天都参与集体生活。有效评价是学生每天都取得好的学习效果的保障。白天，学生利用集中的实践活动时间进行自评与组评；晚上，教师查房时对学生一天的学习行为进行评价并对第二天的学习提出指导建议。

评价学习成果，学生、导师、专家评委对自选课程的成果进行评价。

（二）评价方式

课程采取过程性评价与终结性评价相结合的评价方式。

通识课程依托学习手册与竞赛开展评价，如摄影、诗文、楹联、文明礼仪、知识问答等竞赛。

自选课程依托成果汇报开展评价。初赛时师生利用"点赞贴"进行投票；决赛时选取10名学生代表，邀请5位专家评委，依据评分表进行打分，评出一、二、三等奖。

评分表从课题阐述开始，让学生明确自己研究的内容。知识结合部分要让教师和学生有意识地进行课内外连接，将所学进行实践或者在实践中运用所学。与此同时，要从知识层面向能力素养过渡，利用导师辅导、小组学习和专家指导对课题进行深入的剖析。（见表7-2-5）

表7-2-5 "印象江南"综合实践课程评分表

总项目	子项目	参考说明	1	2	3	4
课题研究（30%）						
课题阐述（10分）	课题选择（2分）	课题的典型性				
		课题对实际生活的启发性				
	课题清晰介绍（8分）	课题复述的准确性				
		课题阐述的条理性				
知识结合（10分）	理论联系实际（10分）	补充事例对课题研究有辅助或启发作用				
剖析深度（10分）	课题总结与启示（5分）	总结全面				
	剖析的独特性（5分）	角度新颖，见解独到				
现场展示（60%）						
展示形式（35分）	多媒体应用（15分）	PPT美观清晰				
	形式与风格（20分）	恰当性：形式与内容匹配				
		独特性：比其他组更加新颖				
		多样性：除演讲外有其他展示形式				

续表

总项目	子项目	参考说明	1	2	3	4
展示质量（25分）	语言（10分）	声音洪亮、表达清晰				
		脱稿				
	流程（10分）	流畅程度				
		展示结构清晰、有条理				
	现场气氛（5分）	能吸引观众注意，调动现场气氛				
时间掌握（10%）						
时间控制（10分）	展示时间最多7分钟，不得超时					
总分						

六、反思与点评

（一）自我反思

"印象江南"综合实践课程从2015年开展至今有三个亮点。一是将活动课程化。学校在进行课程改革的同时开展了多种活动，如珍惜粮食、培养阅读习惯等。"印象江南"综合实践课程将这些活动进行了课程化整合，统一标准，统一评价。二是重视体验与实效。行走于江南，实地的体验给人的感受更强，在体验的同时，学生根据自己的兴趣选择自主课程进行探究，让体验富有实效。三是传承与创新。江南颇多才俊，文人墨客、迁客骚人多会于此，学生赠送江南诗文书签，传递文化，倡导阅读，同时将礼仪融入其中。这是中华文化的传承。"印象江南"综合实践课程重在让学生感受江南地区的特点，以"油纸伞""扇"等具有江南特色的物品为依托，要求学生进行设计并要求在继承传统的基础上有所创新。这种面向未来的课程设计是一大亮点。在课程整体框架上、学科挖掘深度上，可以更加开拓学生的思路。课程评价落实在每一个环节上，让学生的学习效果得以固化。

（二）专家点评

"印象江南"，一个富有诗情画意的名字，让人似乎置身于烟雨朦胧的江南，期待一场美丽的邂逅。课程设计注重体验，用学生的主观感受取代教师的客观描述，每一名学生身临其境，追寻属于自己的江南"印象"。西湖游船上，师生读读诗、赏赏景，一起谈论关于西湖的美丽传说，这是学生与江南的美丽邂逅，更是学生宝贵的体验。然而，课程并没有止步于此，而是在体验之后进行提升。学生在交流各自体验的时候，发现问题，进行思考、探究。其中，"白娘子的前世今生"课题，小组学生在搜集资料了解了传说之后，发现了问题——"白娘子为什么从'永镇雷峰塔'变成了（镇压）二十年"，提出了自己的假设，然后开始探究原因。这几名中学生探究出的原因让我有些惊讶。他们不仅仅是探究了文学、民俗和心理学的原因，还将原因指向现实、指向"善良"的人性美。课程的学习，让学生学会将探究结论指向生活。"印象江南"综合实践课程起于"游"而忠实于"学"，"游"是体验，"学"是思考和探究，课程将二者融为一体。这是课程引领下师生共同成长的过程，也是"印象江南"综合实践课程最成功之所在。

——北京师范大学课程与教学研究院教授　慕春霞

"印象江南"综合实践课程，最突出的特点是综合，将语文、数学、英语、物理、地理、历史、思想品德、生物、音乐、美术和德育等学科融合为一体，打破了学科原有的界限。课程前期，教师进行通识培训，培训的内容涉及每一个学科，你中有我、我中有你。教师结合课程需要，为学生设计了综合性很强的学习手册。学生可以利用手册学习，了解江南特有的文化。除了共性的课程以外，学生还可以根据自己的兴趣选择不同的个性课题，这是满足学生个性化需求的课程设置方式。在课题开发过程中，学校需要统筹学生的需求，完善教师所能提供的课题。教师则需要开发各自的课题，既要考量各自学科的特点，也要兼顾、综合其他学科的内容。北京市朝阳区教育研究中心附属学校的教师在课题开发上，投入了大量的精力。课程后期的展示，更是将"综合"进行了落实。学生的汇报形式、汇报内容，将语言表达、逻辑思维甚至文体特长都融入进来了，这次综合是学生能力的综合、学生风采的综合。学生在

"印象江南"综合实践课程中有了实实在在的获得。学生在"印象江南"综合实践过程中有了更生动鲜活的课程体验和不同以往的收获。"印象江南"综合实践课程将不同学科、不同能力，特别是课内外进行了综合，"综合"这一要素贯穿课程的始终。

——北京师范大学课程与教学研究院教授　高潇怡

第八章 北京特色课程案例

　　北京作为伟大祖国的政治中心、文化中心、国际交往中心、科技创新中心，其所在地学校的课程设置理应体现和适应城市的发展定位。本章主要介绍了北京市朝阳区部分学校在课程整合方面的一些有益探索。本章所有课程整合的案例均经过实践检验，而且成了学校的品牌课程。

　　芳草地国际学校双花园校区的"走进国旗升起的地方——'红领巾的红军行'学科综合实践活动课程"，把培育和践行社会主义核心价值观融入教学过程，通过多学科联动，开阔学生视野，增强学生体质，提高学生自主学习能力，培养学生爱国主义情怀，实现学校课程的整体育人目标。

　　陈经纶中学分校的"访文化源，探博物馆"综合社会实践活动，实现社会教育资源与学校课程的有效整合和深度融合，打破学科边界，创新学习方式，关注学生的可持续发展，激发学生自主学习、自主成长的意愿，促进学生在活动中逐步积淀科学素养和人文素养。

　　北京市第八十中学的开放性科学实践活动依据《北京市初中科学类学科教学改进意见》和朝阳区的教育实际，努力实现科学课程跨学段的整合与衔接，搭建小学科学与初中具体科学课程的桥梁，使学生在实践活动中进一步提高对科学的认识，加深对科学方法的理解，从而激发学生的想象力和创造力，实现学生科学素养的可持续发展。

1 走向国旗升起的地方

——"红领巾的红军行"学科综合实践活动课程探究

> "历'泸关'险 忆红军魂"是科学与语文的结合。科学方面，实验有趣，让我们感受到了红军的艰辛；语文方面，内容也很丰富，我很喜欢。
>
> ——薛静颖（芳草地国际学校双花园校区学生）
>
> "一曲红歌，一种传承"是语文、音乐和劳动技术的结合。我们朗读和演唱了红歌，体会到了红军战士英武豪迈的气势；我们编织和试穿了草鞋，体会到了红军的艰辛。
>
> ——王燕凤（芳草地国际学校双花园校区学生）
>
> "连环画创作之长征故事"将美术和品德与社会这两个学科整合起来。学科表现形式不同，美术学科以黑白连环画的表现方式和制作为

主，品德与社会学科多以讲授和解决问题为主。这种学科整合既节省了教学时间，又激发了学生学习的兴趣。

——任杰（芳草地国际学校双花园校区教师）

课程改革提倡把培育和践行社会主义核心价值观融入基础教育，强调课程应关注核心价值观、关注课程整体育人的基本理念。芳草课程以"培养具有中国情怀、国际视野的芳草学子"育人目标为核心，以语言、艺术、数学、健康、道德和科技为基础学科领域，以"我爱芳草地""可爱的故乡""美丽的中国""多彩的世界""我想去那里"和"唯一的地球"为探索研究主题构建了芳草课程体系，践行学校教育的整体育人功能。在芳草课程体系的引领下，芳草地国际学校双花园校区对国家课程校本化实施进行了深入探索，开发了一系列主题课程，力争达到两月一主题、一月一门课，保证学生每学期都体验不同主题的课程。"红领巾的红军行"学科综合实践活动课程践行社会主义核心价值观，落实立德树人的根本任务，立足学生责任担当、国家认同等核心素养的培育。结合已开展20年的"红军行"传统德育活动，学校重视学科融合，开展语文、数学、科学、美术、品德与社会、音乐、劳动技术、综合实践活动等多学科联动式教育教学活动，开发一系列校本课程，旨在增强学生体质，提高学生自主学习能力，培养学生爱国主义情怀，实现学校课程的整体育人功能。

一、课程缘起

"红军行"活动是芳草地国际学校历史悠久的传统德育实践活动，已经开展了20年。芳草地国际学校双花园校区地处东二环、三环之间，距天安门广场约6公里，平时学生参加的大多是每周一的学校升旗活动，很少有人到天安门广场参加升旗活动，更是没有步行到天安门参加升旗活动的经历。爱国主义教育是少先队的一项重要任务，每年10月在纪念伟大祖国诞辰之日，在纪念中国少先队建队日之际，学校都会组织六年级学生参加革命传统专题教育活动"走向国旗升起的地方"，每一届六年级的学生在毕业前都会参加一次这样有着伟大意义、实现自我超越和自我成长的活动。活动旨在磨炼学生的意志品质，激发学生强烈的爱国热情，培养学生的家国情怀、责任担当等核心素养。

在新的课程改革背景下，"红领巾的红军行"学科综合实践活动课程立足芳草地国际学校"中国情怀"育人目标，延续并发展学校德育传统，统筹安排原有"红军行"综合实践活动和学科实践活动，创新课程结构，在原有"红军行"自我创新体系实践的基础上，进一步加强学科整合、突出主题，为学生创设更开放、灵活、可选择的课程空间。

"红领巾的红军行"学科综合实践活动课程以"美丽的中国"为探索研究主题，课程内容涵盖芳草课程六大领域，着重培养学生的家国情怀、责任担当等核心素养，促进学生的全面发展。课程重视学科整合，开展语文、数学、科学、体育、美术、品德与社会、音乐、劳动技术、综合实践活动等多学科联动式教育教学活动，旨在锻炼学生体魄、增强学生体质，提高学生的自主学习能力，培养学生的爱国主义情怀。

二、课程开发

"红领巾的红军行"学科综合实践活动课程的开发在积累大量经验的基础上，充分利用校内外教育资源，组织教师开展研究，学校统筹组织设计实施。课程的开发主要遵循以下几个流程。（见图8-1-1）

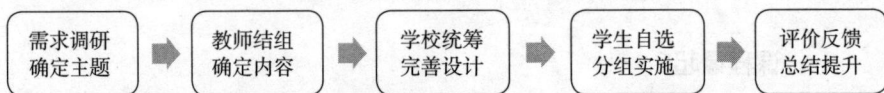

需求调研 确定主题 → 教师结组 确定内容 → 学校统筹 完善设计 → 学生自选 分组实施 → 评价反馈 总结提升

图8-1-1 "红领巾的红军行"课程开发流程

（一）需求调研，确定主题

在前期积淀的基础上针对六年级师生开展"红领巾的红军行"远足活动研究主题的调研，学生填写自己感兴趣的研究主题；教师根据自己所教学科及六年级教学内容填写自己擅长的研究主题，最终确定"红军长征"主题。

（二）教师结组，确定内容

召集六年级全体教师开展课程研发筹备会议，反馈调研结果，教师自由结组，组成若干课程开发小组，对课程目标、课程内容、课程实施、课程评价进行顶层设计。

（三）学校统筹，完善设计

教师研发小组提交课程方案，学校教学处统筹规划；聘请学科专家对教师的课程方案初稿进行论证、修改，完善教师设计，确定课程内容模块以及最终实施方案。

（四）学生自选，分组实施

教学处组织全体六年级师生召开学生课程推介会，各组教师进行课程介绍，学生自选主题。教师组织学生进行相关研究主题的资料查阅及课前准备，分组进行课程实施。

（五）评价反馈，总结提升

课程实施之后由教学处组织教师召开课程总结会议，对课程的实施进行评价反馈，对课程方案做总结和提升，形成最终方案和报告，为下一轮的课程实施做好准备。

三、课程框架

（一）课程内容及目标

"红领巾的红军行"学科综合实践活动课程于每年的10月份开始，是六年级上学期"美丽的中国"主题下的学科综合实践活动课程，是以学生徒步天安门观看升旗仪式的传统德育活动为载体，学生自主选题进行研究性学习的综合实践活动课程。开展学科综合实践活动拓展学生的思维空间，提高学生的综合思维能力、创造力，提升学生的自主探究能力和自信表达能力；开展远足活动促进学生锻炼体魄、增强体质，磨炼学生的意志力；开展学习活动提升学生的爱国意识，激发学生强烈的爱国热情。（见表8-1-1）

表8-1-1 "红领巾的红军行"课程内容及目标

课程内容	涉及领域	课程目标	核心素养
"走向国旗升起的地方"徒步远足活动	健康、科技	健身健心	责任担当 实践创新
历"泸关"险 忆红军魂	语言、科技	分析探究	人文底蕴 科学精神
连环画创作之长征故事	道德、艺术	鉴赏表达	人文底蕴 学会学习
一曲红歌，一种传承	语言、艺术、道德	内化精神	责任担当 实践创新
以科学的视角看红军行	健康、科技、数学	问题解决	科学精神 健康生活
诗咏长征，歌咏长征	语言、艺术	传承精神	人文底蕴 健康生活
光影芳草之红军行	健康、数学、科技	实践应用	学会学习 实践创新

（二）课程具体设计思路

"红领巾的红军行"学科综合实践活动课程整合语文、数学、科学、美术、品德与社会、音乐、劳动技术、综合实践活动等多学科内容，以研究性学习为实施途径，开发"'走向国旗升起的地方'徒步远足活动""历'泸关'险 忆红军魂""连环画创作之长征故事""一曲红歌，一种传承""以科学的视角看红军行""诗咏长征，歌咏长征""光影芳草之红军行"等模块课程内容。课堂教学通过科学实验、连环画创作、编制草鞋、绘制线路图、撰写研究报告、制作微电影等增强学生的情感体验，提升学生的研究力，培养学生的核心素养，带动学生综合能力的发展，推动课程改革进程。课程具体设计思路如下。（见表8-1-2）

表8-1-2 "红领巾的红军行"课程设计思路

课程名称	相关学科	核心素养	具体目标
"走向国旗升起的地方"徒步远足活动	体育	国家认同 健全人格	1. 通过徒步远足、唱响红歌，重温历史（了解历史、锻炼品质）
	科学	自我管理 社会责任	2. 通过制订方案、绿色出行，践行理念（多角度分析、做出选择与决定）

续表

课程名称	相关学科	核心素养	具体目标
历"泸关"险忆红军魂	语文	乐学善用人文积淀	1. 通过分析文本、理解内容，学会学习（掌握方法、理解人文思想）
	科学	批判质疑理性思维	2. 通过自主学习、合作探究，认识原理（掌握方法、检验求证）
			3. 通过实验体悟其险，感受其艰，感悟红军精神（英勇无畏、勇往直前）
连环画创作之长征故事	美术	审美情趣勇于创新	1. 通过连环画创作的形式感受其情（发现美、感知美、生成美、创造美）
	品德与社会	国家认同技术运用	2. 通过电子设备查阅资料、交流感想，体会精神（热爱祖国、热爱中国共产党）
一曲红歌，一种传承	语文	人文情怀珍爱生命	1. 通过分析歌词、理解词义，体会历史（珍惜美好、人文情感）
	音乐	人文情怀国际理解	2. 通过欣赏、演唱歌曲，感受其情（感知欣赏、关切人的生存发展内涵与价值）
	劳动技术	劳动意识人文积淀	3. 通过编织草鞋、试穿草鞋，体验艰难（热爱劳动、感悟历史）
以科学的视角看红军行	科学	乐学善用理性思维	1. 通过辨认方向、标记建筑，绘制路线（掌握方法、理性务实）
	数学	信息意识问题解决	2. 通过理解比例尺、计算实际距离，解决实际问题（信息意识、严谨求知）
	综合实践	勤于反思问题解决	3. 通过参与活动，体会测绘的重要作用，加强沟通联系（自主学习、提出问题、解决问题）
诗咏长征，歌咏长征	语文	人文情怀珍爱生命	1. 通过合作学习、读诗创作，体会红军不怕困难的坚强意志和藐视艰难险阻的乐观精神（人文情感、珍惜美好）
	音乐	审美情趣国家认同	2. 通过欣赏、演唱歌曲，体会红军的艰难，感受长征精神（感知欣赏、感悟历史）
光影芳草之红军行	数学	理性思维问题解决	1. 通过参加远足活动、搜集信息，小组合作撰写研究报告（提出问题、解决问题）
	综合实践	信息意识乐学善用	2. 通过平板电脑等信息化手段录制《光影芳草·红军行》纪录片（信息意识、会学善用）

四、课程实施

（一）课程组织序列化

"红领巾的红军行"学科综合实践活动课程采取多阶段授课方式，从课程的筹备到课程的实施评价，从课程的整体建构到课堂的真实发生，师生全程共同参与。（见图8-1-2）

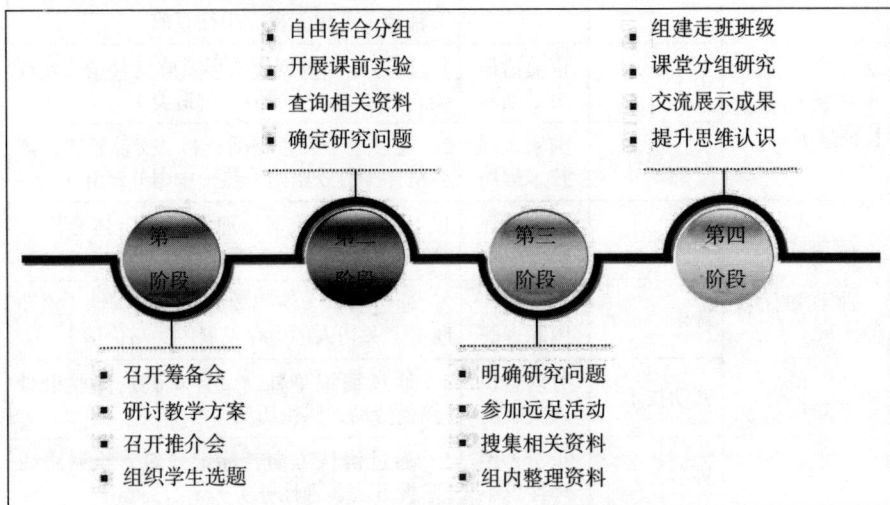

图8-1-2 "红领巾的红军行"课程组织示意图

在课程的具体实施过程中，教师根据每个模块的课程内容、研究主题的不同，制订了详细的实施方案，具体实施方案如下。（见表8-1-3）

表8-1-3 "红领巾的红军行"课程实施方案

课程类别	课程名称	具体实施内容			
		第一阶段	第二阶段	第三阶段	第四阶段
模块一	历"泸关"险 忆红军魂	课程介绍推介会学生根据学习兴趣自主选课组建上课班级	模拟"飞夺泸定桥"过桥实验，做好课前准备	六年级全体师生参加学校组织的"走向国旗升起的地方"远足活动	文本阅读忆红军魂，科学实验历"泸关"险

续表

课程 类别	课程 名称	具体实施内容			
		第一阶段	第二阶段	第三阶段	第四阶段
模块二	连环画创作之长征故事	课程介绍推介会学生根据学习兴趣自主选课组建上课班级	布置任务，小组自由结合查找资料，形成展示成果	六年级全体师生参加学校组织的"走向国旗升起的地方"远足活动	展示研究成果，学习连环画制作方法、技巧，根据主题动手制作
模块三	一曲红歌，一种传承	课程介绍推介会学生根据学习兴趣自主选课组建上课班级	小组自由结合，查找长征主题相关资料，形成汇报成果	六年级全体师生参加学校组织的"走向国旗升起的地方"远足活动	诗词朗诵，交流汇报，欣赏歌曲，编制草鞋，感悟升华
模块四	以科学的视角看红军行	课程介绍推介会学生根据学习兴趣自主选课组建上课班级	下载与运动相关的软件，准备电子手环	六年级全体师生参加学校组织的"走向国旗升起的地方"远足活动，记录行走路线图，记录运动过程消耗的热量	绘制红军行路线图，计算红军行路程，研究讨论远足活动注意事项
模块五	诗咏长征，歌咏长征	课程介绍推介会学生根据学习兴趣自主选课组建上课班级	小组自由结合，查找长征主题相关资料，形成汇报成果	六年级全体师生参加学校组织的"走向国旗升起的地方"远足活动	诗词朗诵，交流汇报，创编歌词，欣赏歌曲，演唱歌曲，表演歌曲，感悟升华
模块六	光影芳草之红军行	课程介绍推介会学生根据学习兴趣自主选课组建上课班级	查找相关资料，明确拍摄主题，掌握拍摄技巧	六年级全体师生参加学校组织的"走向国旗升起的地方"远足活动，记录行走路线图，记录远足活动中的视频资料	根据主题撰写研究报告，修改研究报告，展示交流不同小组拍摄的红军行远足活动纪录片

（二）课程内容丰富化

围绕"红领巾的红军行"课程总体目标，教师从各学科内部、学科拓展、跨学科整合的角度，开发出了一系列教学资源。这些资源既可以单独

使用，也可以组合成不同的教学模块供教师灵活选择。（见图8-1-3）

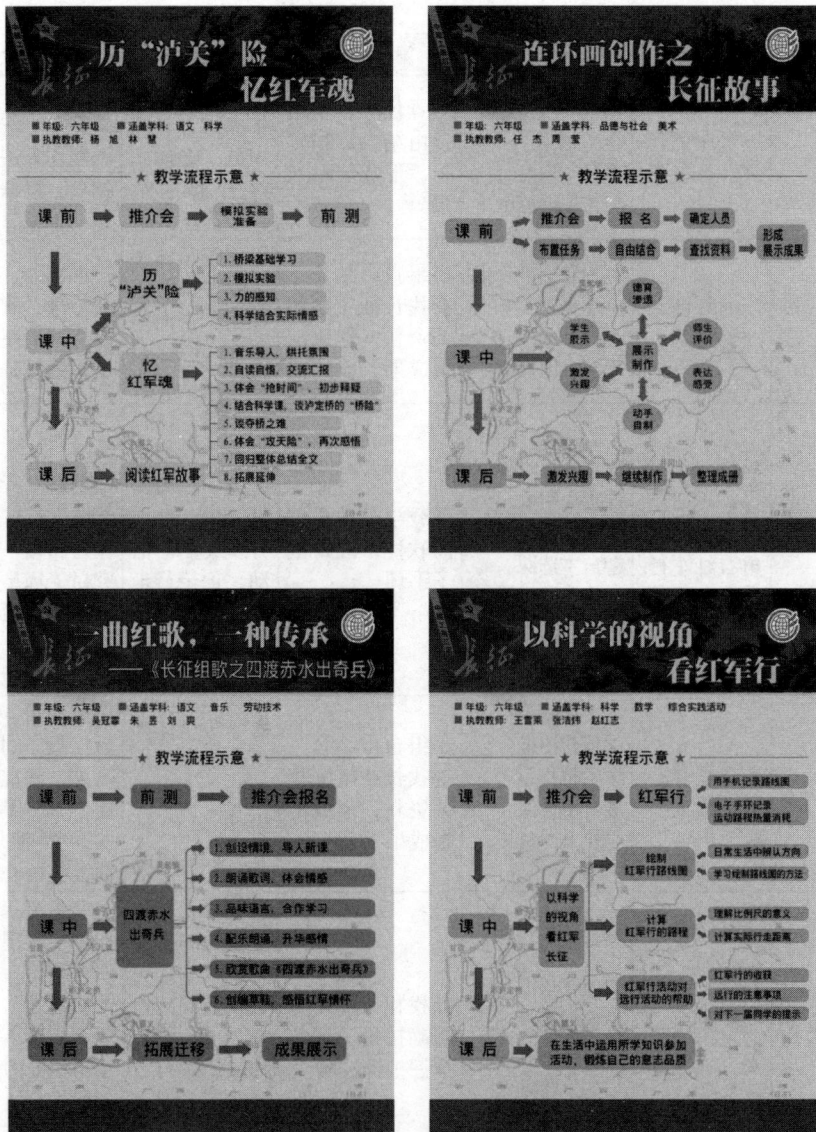

图8-1-3　丰富的课程内容

（三）课程实施多样化

课程实施从授课方式和学习方式上较以往都有较大的突破。教师采用

长短课、双师同堂、学科整合等授课方式，学生采用实践活动、走班选修、研究性学习等多种学习方式。（见表8-1-4）

表8-1-4 "红领巾的红军行"课程授课方式及学习方式

课程内容	授课方式						学习方式	
	学科整合	授课教师	走班选修	长短课			实践活动	研究性学习
				短课（20分钟）	中课（40分钟）	长课（80分钟）		
历"泸关"险忆红军魂	语文	林慧	根据兴趣自主选题组建班级	推介会、自主选题	课前实验亲身体会	分析文本探究原理	模拟实验"红军行"远足活动	小组合作学习
	科学	杨旭						压力、压强科学实验
连环画创作之长征故事	品德与社会	任杰	根据兴趣自主选题组建班级	推介会、自主选题	自由分组、确定主题、制订方案	交流讨论、创作画册	小组合作搜集资料、"红军行"远足活动	小组合作、查找资料、交流汇报
	美术	周莹						创作连环画、汇编成册
一曲红歌，一种传承	语文	吴冠霏	根据兴趣自主选题组建班级	推介会、自主选题	布置任务、自由分组、查找熟悉相关歌曲	鉴赏歌词、试唱歌曲、编草鞋	小组合作搜集资料、"红军行"远足活动、编草鞋	配乐朗诵
	音乐	朱昱						欣赏练习歌曲
	劳技	刘爽						编草鞋、交流展示
以科学的视角看红军行	科学	王雪莱	根据兴趣自主选题组建班级	推介会、自主选题	自由分组、明确主题、制订计划	绘制路线、计算路程、研讨调整活动方案	"红军行"远足活动、记录路线图、记录消耗热量	绘制路线图
	数学	张洁炜						小组合作学习比例尺的意义
	综合实践	赵红志						研究远足活动的注意事项
诗咏长征，歌咏长征	语文	马悦	根据兴趣自主选题组建班级	推介会、自主选题	布置任务、自由分组	分析文本、创作诗歌、演唱歌曲、抒发情感	小组合作搜集资料、"红军行"远足活动	小组合作、查找资料、交流汇报、创编诗歌
	音乐	张凤国						欣赏练习歌曲

课程内容	授课方式						学习方式	
	学科整合	授课教师	走班选修	长短课			实践活动	研究性学习
				短课（20分钟）	中课（40分钟）	长课（80分钟）		
光影芳草之红军行	数学	张海媛	根据兴趣自主选题组建班级	推介会、自主选题	自由分组、明确主题、制订计划	研讨调研报告、拍摄微电影注意事项	"红军行"远足活动、拍摄微电影	小组合作、开展调研
	综合实践	焦石						创作微电影

附：课堂写真

连环画创作之长征故事

　　"连环画创作之长征故事"是美术和品德与社会的学科整合课程，教学采用了双师同堂的教学模式。上课伊始，品德与社会教师引导学生观看视频、欣赏油画体验红军长征的精神，了解长征主题连环画的创作背景，为下一步的学习做好准备。接着，美术教师引领学生明确运用点、线、面灵活表现画面的动感、表现黑白对比效果。两个学习小组分别创作连环画，并装订成绘本。最后，每个组选出代表分享连环画的创作感受以及对红军的敬畏之情。

五、课程评价

　　授课教师全程参与课程方案设计，包括课程评价的开发过程。授课教师根据学科特点及授课内容设计评价方式，实施多角度、多渠道、多层次的评价，从课堂表现、作品呈现、小组合作与学习品质几个方面开展评价。这种评价模式符合学生的学习特点与认知规律，以课程评价标准的改变促进课堂教学的改变。

1. 结合芳草知行课堂评价量表形成较为完善的课堂评价量表

以芳草知行课堂评价量表（见表5-1-4）为主要评价工具，重视学生综合能力的发展，体现芳草课程育人目标。对授课教师的课堂教学从教学目标、学习条件、教学组织、学生活动、教学效果、学科特色等几方面进行综合评定；同时结合芳草知行课堂标准针对学生的思维、表达、实践进行观察与评价。

2. 结合教学内容开展针对性评价

参照教学设计目标及教学重点、难点，教师针对课堂教学开展情况对学生的学习情况及学习效果进行评价。例如，在"以科学的视角看红军行"中，教师针对教学目标对学生的掌握情况进行等级评价。（见表8-1-5）

表8-1-5　"以科学的视角看红军行"课堂评价表

评价内容	等级 A	等级 B	等级 C
你可以在日常生活中利用什么资源正确地辨别方向？	能用多种方法正确辨别方向	能用一到两种方法辨别正确方向	知道辨认方向的方法但不能正确应用
如何计算地图上一段路线的实际距离？	用比例尺正确计算出路线实际距离	知道如何使用比例尺	知道计算距离的方法
为下一届红军行的同学提出建议	提出多条合理的远足建议	提出一条合理的远足建议	能提出远足的建议

3. 引导学生进行自我评价

引导学生从参与活动的态度和参与活动的深度进行自我评价，重视学生在课程参与过程中的多种收获与体验、多种能力与品质的提高。（见表8-1-6）

表8-1-6　学生主体参与程度量表

类别	优秀 （5分）	良好 （4分）	一般 （3分）	需改进 （2分）	不满意 （1分）
参与活动态度					
参与活动深度					

4. 多种形式的作业评价

教师结合学习主题用作业的方式进行评价。在"诗咏长征，歌咏长征"中，学生自主创编长征主题的诗歌；在"光影芳草之长征故事"中，小组合作撰写研究报告，录制了《光影芳草·红军行》纪录片等；在"连环画创作之长征故事"中，教师根据学生课堂创作连环画的情况，对学生的作品进行了整理，汇编成两本连环画：《雪山上的小太阳》和《一袋干粮》。（见图8-1-4、图8-1-5）

图8-1-4　学生自主创作连环画《雪山上的小太阳》

图8-1-5　学生自主创作连环画《一袋干粮》

六、反思与点评

（一）自我反思

"红领巾的红军行"学科综合实践活动课程做到了从课程整体建构到课堂的真实发生，把课程改革的"从实际发生到实际获得"理念真正落到实处。课程的研发与实施具有以下特色。

首先，打破学科界限，实现多学科融合。基于课程改革整体育人的理念与学生核心素养的发展要求，授课教师遵循课程资源整合的原则，对教学内容进行了综合设计，学生的学习过程更加完整。

其次，尊重学生差异，实现个性化学习。学生根据自己的兴趣爱好自主选课，通过开展研究性学习，对自己感兴趣的问题进行了进一步的研究，并且得出了初步的研究成果。课程的设计与实施尊重了学生的差异，实现了学生的个性化学习。

再次，评价方式变革，促进学生全面、多元、健康发展。在教学过程中尝试多种评价方式，力求站在更全面的角度客观地评价学生的实际参与度和实际获得，让每一个学生都得到个性化评价，促进学生全面、多元、健康发展。

最后，有效落实课程计划及"10%学科实践活动"的要求。本课程整合语文、数学、科学、美术、品德与社会、音乐、劳动技术、综合实践活动等多学科内容，以研究性学习为实施途径，开发六个模块课程内容，有效地落实了"10%学科实践活动"的要求。

（二）专家点评

课程的实施体现了课程和课堂文化的再造，有效落实了"10%学科实践活动"的要求。学校依据教育规律进行课程开发，综合诠释教育改革理念：以知识为基础转向以学生成长为基础；由单一学科教师转向多学科融合的教师团队；以教师为主导转向以学生为中心。学生的实际获得不仅表现为显性获得，还包括隐性获得，即可持续发展的能力的获得。

——北京教育学院教授　杨雪梅

课程改革最终是要提高孩子的思维品质，培养有社会责任感、创新精神、实践能力的人。"红领巾的红军行"学科综合实践活动课程是知识、人文、情感、态度、价值观融为一体的课程。课程实施过程中，学生在实践中探索，在解决问题过程中提升自己的形象思维和逻辑思维。

——北京教育学院教授　刘丙辛

2 走进文明聚集的地方
——"访文化源，探博物馆"综合社会实践活动课程探究①

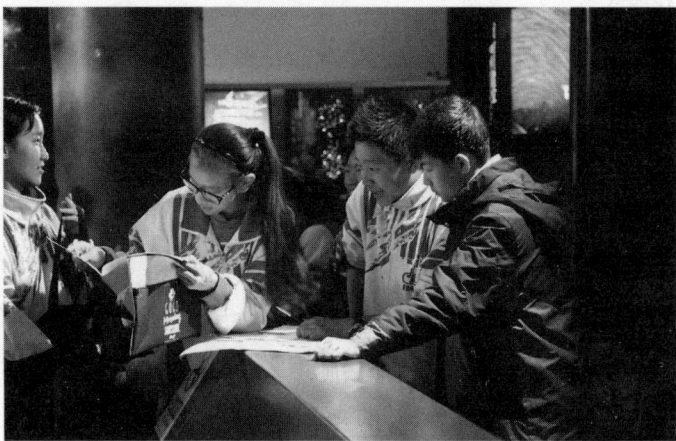

　　我喜欢到博物馆学习，那里有趣、新鲜、好玩。在博物馆中学习，时间过得很快，跟课堂学习很不一样。

——刘亦菲（陈经纶中学分校学生）

　　同学们通过参加太行山野外考察，学会了在野外判定方向，学到

---

① 本案例是北京市教育科学规划一般课题"初中地理综合实践活动课程的校本开发与实施研究"（课题批准号：CDDB17194）阶段性研究成果。

了观察山地地形和野外考察的一般方法。这次活动也更加促进了同学之间的友谊……感谢三位地理老师对我们的认真指导！感谢学校为我们精心设计的实践活动！

——陈经纶中学分校初一学生在中原文化探寻结束后发表的感想

北京市陈经纶中学分校基于"一切为学生终身发展奠基"的理念，于2013年开始整合课程，设计"访文化源，探博物馆"综合社会实践活动，从学校、学科和学生层面，围绕"32个点"和学生需求及学科特色设计课程，并逐步形成融"研究性、实践性和创新性"于一体的综合实践活动课程及推进策略。

——徐首美（陈经纶中学分校教师）

教育又迎来新挑战。陶西平同志指出，当代世界基础教育改革从"全民教育"到"全民学习"，从以课程为中心到以学生为中心，从知识授受到创新精神培养。学校小课堂，社会大课堂。北京市陈经纶中学分校基于"一切为学生终身发展奠基"的理念，于2013年开始设计"访文化源，探博物馆"综合社会实践活动，引领学生从校园走出来，以社会和自然作为其学习课堂，并在各种综合社会实践活动中进一步帮助学生树立正确的世界观、价值观和人生观，引导学生与自然为友、与社会对话，更深刻地洞察人间百态，通过让学生亲身体验和勇敢地探索，进一步培养其创新能力和实践能力，培养其探究、合作、自主学习和生活的能力，使其热爱祖国、热爱生活，接受社会主义核心价值观的实践检验。

一、课程缘起

基于"一切为学生终身发展奠基"的理念和育人目标，学校积极挖掘综合社会实践活动课程与地理课程的关联性，即实践能力。综合社会实践活动强调实践能力，而实践能力也是地理学科要培养的核心素养之一，实践性还是地理课程的重要性质。综合社会实践活动有利于培养学生的各种地理能力，帮助学生积累各种地理表象、丰富地理感性知识。开展综合社会实践活动，还能让学生接触一些较课本知识更为复杂的地理问题，可以培养学生的发散性思维和创造性思维。开展综合社会实践活动，还有利于培养学生的非智力因素，激发学生的兴趣和学习动机，培养和锻炼学生的意志。

学校因为从一开始就注意到综合社会实践活动课程是一门促进学生转变学习方式和创新学习内容的课程，所以在设计课程时没有陷入"侧重于活动"的误区，而是注重课程的思想性、研究性、实践性和创新性。基于学生核心素养培育，结合学校的育人目标，以及学生的心理特点和实际需求，学校整体设计了以社会主义核心价值观为引领，以博物馆为依托，以文化为内涵，以研究性学习为途径，以社会实践活动为载体的三年活动课程。

二、课程开发

（一）关注学生学习，形成综合社会实践活动校本开发框架

在开发综合社会实践活动课程之前，我们需要从学生学习内容、学习空间方面先厘清几个关系。

1. 从学习内容上，理顺地理实践活动和综合社会实践活动的关系

地理实践活动包含地理观测、仪器操作、社会调查、乡土地理考察等内容，它立足于培养学生的各种地理能力，帮助学生积累各种地理表象、形成独特的地理思维，是培养地理素养的重要途径，因此在操作中要避免学习内容的任意拓展。综合社会实践活动的核心是综合，因此它立足于跨学科实践活动，并且着重培养学生解决综合问题的实践能力。

2. 从学习空间上，理顺地理实践活动与地理课堂实践活动的关系

地理实践活动包含地理课堂实践活动。地理课堂实践活动是指在学校范围内开展的实践活动，比如校园操场上的观测以及课堂上的制作、操作、演示、辩论活动等。综合社会实践活动的学习场所主要在学校以外。

（二）聚焦核心素养，把综合社会实践活动纳入学校已有地理课程体系

根据实践活动的要求，学校把地理综合社会实践活动纳入学校原有的地理

课程体系，更加注重学校原有"三个层级"课程结构对培养学生地理核心素养的作用，更好地满足学生的基础性、多样化和个性化的发展需求。（见图8-2-1）

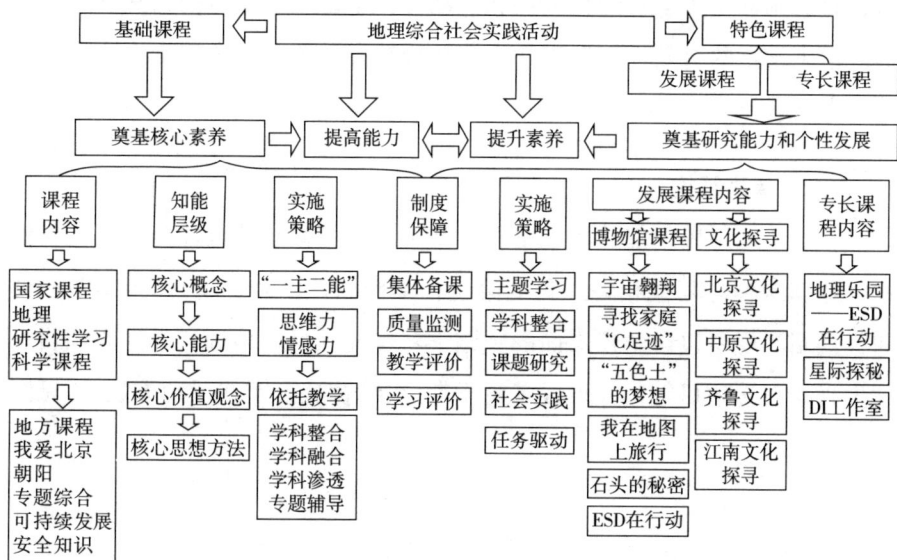

图8-2-1　陈经纶中学分校地理综合社会实践活动课程图谱

（说明：1. 三个层级课程指基础课程、发展课程和专长课程；2. 此处博物馆课程和文化探寻课程都是综合社会实践活动的不同系列）

三、课程框架

（一）课程目标

"访文化源，探博物馆"综合社会实践活动秉承学校"一切为学生终身发展奠基"的办学理念，积极培育和践行社会主义核心价值观，关注学生的可持续发展，激发学生自主学习、自主成长的意愿。本课程的具体目标如下。

一是借助博物馆丰富的、系统直观的、生动鲜活的人文资源、自然资源、科技资源，实现社会教育资源与学校课程的有效整合，开阔学生视野、丰富学习资源、转变教学方式、提高学习效果，培养学生的创新精神与实践能力，促进学生全面而有个性的发展。

二是借助博物馆和社会大课堂等资源，展开多样化学习，打破学科边界，创新学习方式，以综合社会实践活动为依托，围绕不同的主题展开学习；有效调动学生学习的积极性和主动性，丰富学生学习的方式和资源，提高学生学习的有效性，促进学生在综合社会实践活动中逐步提高科学素养和人文素养。

（二）课程结构

基于地理课程内部的深度整合，基于地理课程与综合社会实践活动课程、地理课程与其他相关学科的融合，学校制订了3年综合社会实践活动课程规划。规划包含学校层面的主题学习探究项目、地理科学探索项目、学生兴趣自选项目等，并形成了每学期5次综合社会实践活动方案。（见图8-2-2）

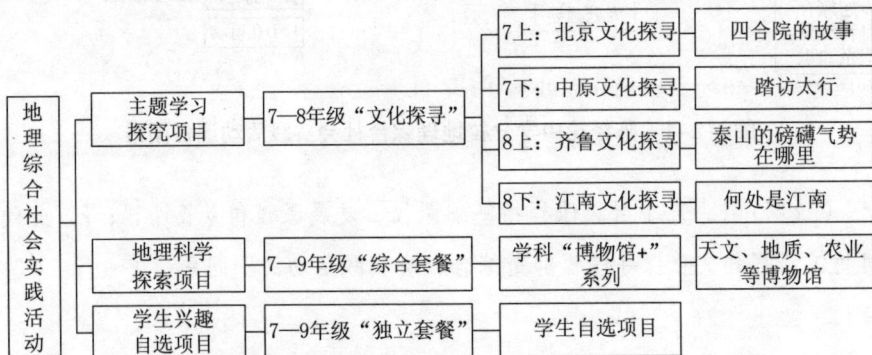

图8-2-2　陈经纶中学分校地理综合社会实践活动课程3年规划

（三）课程内容

围绕"访文化源，探博物馆"这个主题，在学校的整体规划下，地理教研组已逐步开发出两个系列综合社会实践活动课程。

1."文化探寻"系列综合社会实践活动课程

地理教研组根据学校综合社会实践活动课程的整体规划开发出"文化探寻"系列发展课程。该课程以"文化探寻"为主线，由"北京文化探寻""中原文化探寻""齐鲁文化探寻"和"江南文化探寻"四个实践活动课程组成，融合多个学科，借助不同环境的资源，以研究性学习为核心，以综合社会实践活动为载体，围绕一个主题展开学习，在七、八年级四个学期实施，并在实践中进行探索和修正。

找到学科与"文化探寻"的契合点，注重把研究性学习与综合社会实践活动相结合，让每个学生（每个小组）都带着自己的课题进行社会实践，突出培养学生的创新精神和实践能力。目前每门课程都已经开发出《课程纲要》《文化探寻综合社会实践活动指导手册》《学生研究性学习手册》等教学资源。

2."博物馆＋"系列活动课程

学校结合地理学科的学习内容和学生的年龄特点，以"博物馆"为主要资源，分别为七、八、九年级学生设计了有主题、有手册、有任务单、有反馈的"综合套餐"，满足不同年级学生综合实践的需要。每个学科都需要寻找各自学科与博物馆学习的结合点，寻找与综合社会实践活动的结合点，注重把体验式学习与综合社会实践活动相结合，注重多学科融合，突出培养学生的创新精神和实践能力。（见表8-2-1）

表8-2-1 北京市陈经纶中学分校"史地政"综合社会实践活动方案

"史地政"综合社会实践活动方案目录			
年级	学期	主题	活动名称
七年级	第一学期	勤于探究实践（还涉及支持自主品牌）	我的"宇宙翱翔"计划（北京天文馆+天文知识竞赛）
		了解中国国情（还涉及加强对国家的认识、感知悠久历史）	不能忘却的历史（抗战纪念馆+高唱爱国歌曲）
		言行文明有礼	我是校园形象代言人
	第二学期	参与环境保护（还涉及增强责任意识）	寻找家庭的"C足迹"（科技馆）
		感知悠久历史（还涉及了解中国国情）	五千年的大国（国家博物馆）
		勇于面对挫折	阳光总在风雨后
八年级	第一学期	了解中国国情	"五色土"的梦想（中国农业博物馆）
		敬爱父母长辈（还涉及养成勤劳品质、学做合格小公民）	舌尖上的孝顺（为父母做一顿饭）
		认同中华文化	寻根问祖——姓氏密码

年级	学期	主题	活动名称
		"史地政"综合社会实践活动方案目录	
八年级	第二学期	开阔国际视野	我在地图上旅行
		强化法治意识	模拟法庭
		加强对国家的认识（还涉及感知悠久历史）	站在圆明园的废墟上（圆明园遗址）
九年级	第一学期 第二学期	勤于探究实践	你知道"石头的秘密"吗？（中国地质博物馆+生辰石+星座）
		了解中国国情	熟悉我们的家园（朝阳规划艺术馆）
		感知悠久历史	随哥伦布航海（国家海洋博物馆）
		尝试创意作品	与上一个活动有关联的……
		厉行勤俭节约（还涉及增强责任意识、参与环境保护）	勤俭节约从我做起（垃圾分类行动）
		支持自主品牌	"身边的国货"调查访谈活动

地理学科通过创设有思想性、研究性、实践性和创新性的综合社会实践活动，丰富学生的学习资源、学习内容，转换了学习场所和学习角度，改变了学生的学习方法和学习习惯，提高了学生的学习质量，促使学生在综合社会实践活动中逐步积淀科学素养和人文素养。在实施过程中，学校逐步形成了"博物馆+"特色课程，在望京学区以及朝阳区乃至北京市都起到了示范作用，并在2016年12月22日全市总结大会上作为典型进行发言。

四、课程实施

（一）以研究性学习为核心的"文化探寻"综合社会实践活动

"文化探寻"综合社会实践活动，以文化课题为主线、教师为主导、学生为主体，以《"文化探寻"综合社会实践活动指导手册》为指导，以《研究性学习手册》为载体，通过"前期准备—实践考察—成果交流—全校交流"四个学习阶段，有效地调动了学生学习的积极性和主动性；小组合作学习培养了学生的合作意识和交往能力；研究性学习提高了学生发现问题、提出问题乃至解决问题的能力。该课程在学校的整体安排下，由教研组和备课组自主开发，学生必修。课程的实施见表8-2-2。

表8-2-2　"文化探寻"综合社会实践活动课程

教学设计	"文化探寻"综合社会实践活动课程
课程安排	必修
课程形态	长课、大课
课程内容	自主开发（系列）
班级形态	课题班和课题小组
实施要点	基础：学科整合 形式：主题学习 过程：课题研究+综合社会实践
评价方式	研究过程评价+研究方法评价+研究成果评价

1. 前期准备

首先，研究性学习一般方法辅导。主要针对初一新生，便于新入学的学生初步理解什么是研究性学习，知道研究性学习的操作过程和撰写研究性学习报告的格式。

其次，五分钟课题导读。针对每一次的文化探寻活动，每个学科需要对学生进行有针对性的研学指导，便于学生了解学科研学的目的和任务，选择自己想要加入的研学小组。

再次，研学专题指导。教师分学科指导学生讨论并确定研学课题，形成研究课题小组，进行组内分工确定研究任务，完成必要的网络知识学习和资料搜集，为实地考察做好知识准备和器材准备。

最后，指导学生完成研究性学习开题报告。学生根据自己的兴趣爱好确定自己的研究小课题，跟辅导老师沟通。辅导老师需要根据学生的需要指导他完成研究性学习开题报告，明确课题的研究思路和研究方法。

2. 实践体验

实地考察是学生研究性学习和社会实践活动的重要阶段。在这个过程中，教师会带领各自的研学小组进行现场观察、调查、讨论和学习，记录观察笔记，拍下学习照片或音频、视频等资料，以便后期回到学校之后继续分析。实地考察要求如表8-2-3所示。

表8-2-3 实地考察要求

学生	教师
按兴趣分成学科研学小组（课题可以跨越学科）	教师与每个课题组组长保持联系，与班主任保持联系
小组每个成员按照课题分工，完成自己的研究任务，集体推进课题研究	细致观察学生的小组活动，及时进行指导和总结
考察归来，写下一天的考察日志，整理小组实践拍摄的照片和记录的现场感悟	指导学生写出一天的考察日志，整理实践拍摄的照片和记录的现场感悟。提醒组长第二天要完成的重要事项

3. 成果展示

首先，教师指导学生完成小组研究性学习报告。

其次，教师组织学生以学科为单位进行研学课题汇报，并组织答辩和点评。上交学生研究性学习报告、手册、活动照片及视频。

再次，每学科挑选出优秀作品进行全校展示。展示形式多样，可以是课题汇报、过程呈现、研学短剧等形式。

最后，教师总结。

4. 全校交流

以研究性学习为核心的综合社会实践活动课程要有活力，需要更多的学科加入其中，并且学生研学能力的提升也离不开教师在课堂教学中实施研究性学习。所以陈经纶中学分校希望通过更多学科的融入，挖掘出更加丰富的综合社会实践活动课程资源，同时培养出更多在研究性学习方面指导能力更强的教师。具体的课程及操作流程见表8-2-4。

表8-2-4 课程实施内容细化

课程类别	课程名称	课程实施内容细化			
		第一阶段 初步感知 确立课题	第二阶段 加深理解 做好准备	第三阶段 深入探究 感悟文化	第四阶段 总结提升 汇报答辩
模块一	北京文化探寻	宣传北京文化，感知北京文化，确定研究课题，建立研学小组	与指导教师沟通，研学小组自由结合；查找资料，做好外出学习准备	实践探究、实地探访，感悟北京皇城文化、建筑文化、科举文化、饮食文化等，熟悉和热爱家乡	完成并提交研学报告（或其他成果形式），进行课题答辩

续表

课程类别	课程名称	课程实施内容细化			
		第一阶段 初步感知 确立课题	第二阶段 加深理解 做好准备	第三阶段 深入探究 感悟文化	第四阶段 总结提升 汇报答辩
模块二	中原文化探寻	了解中原文化，感知中原文化，确定研究课题，建立研学小组	与指导教师沟通，研学小组自由结合；查找资料，做好外出学习准备	实践探究、实地探访，感悟中原殷商文化，认识中原文化的经典表现	完成并提交研学报告（或其他成果形式），进行课题答辩
模块三	齐鲁文化探寻	了解齐鲁文化，感知齐鲁文化，确定研究课题，建立研学小组	与指导教师沟通，研学小组自由结合；查找资料，做好外出学习准备	实践探究、实地探访，感悟博大精深的齐鲁文化，认识齐鲁文化的经典表现	完成并提交研学报告（或其他成果形式），进行课题答辩
模块四	江南文化探寻	了解江南文化，感知江南文化，确定研究课题，建立研学小组	与指导教师沟通，研学小组自由结合；查找资料，做好外出学习准备	实践探究、实地探访，感悟璀璨靓丽的江南文化，认识江南文化的经典表现	完成并提交研学报告（或其他成果形式），进行课题答辩
模块五	文化探寻全校展示	各课题组推荐一个作品参与展示	辅导教师与课题组成员沟通，确定展示方案	辅导教师指导学生展示，以期达到最佳效果	全校集中汇报

（二）以科学探索体验学习为核心的"博物馆+"综合社会实践活动

"博物馆+"综合社会实践活动，围绕"32个要点"来设计，以学生为主体、科学探究学习为主线、博物馆等社会大课堂资源单位为主场地，以《博物馆活动手册》为载体，引导学生以博物馆为学习空间，以自身兴趣爱好为依据进行体验式学习。"博物馆+"综合社会实践活动由教师自主开发，学生必修。活动流程大致可以分为三个阶段——科学探索（体验）、学习拓展、成果展示。课程的实施见表8-2-5。

表8-2-5　"博物馆+"综合社会实践活动课程

教学设计	"博物馆+"综合社会实践活动课程
课程安排	必修
课程形态	长课、大课
课程内容	自主开发（系列）

续表

教学设计	"博物馆+"综合社会实践活动课程
班级形态	行政班
实施要点	基础：学科拓展 形式：探究学习 过程：自主学习+学科实践
评价方式	学习过程评价+学习手册评价+网上星级评价

以"我的'宇宙翱翔'计划——'走进北京天文馆'"综合社会实践活动为例来看课程的实施过程。

1. 探索天文知识（走进北京天文馆）

在这个阶段，学生通过走进北京天文馆、校内名师讲座、移动天文台进校园和自主探究等活动，学习天文知识，开阔视野，关注世界和我国太空事业的发展现状，养成探索宇宙奥秘的兴趣。此阶段又分为"初探—寻探—究探—奇探—再探"等环节。

2. 实战天文知识（参与北京市天文知识竞赛）

在本阶段，教师为学生提供一个了解天文知识的平台，引导学生在体验、求实、探索、创新的天文科普实践中成长。

3. 拓展天文知识（赛后阅读阶段）

赛后开展天文书籍阅读、观影等活动，开阔学生的眼界，给兴趣相近的学生提供一起讨论和学习的机会，让天文学习变得更有趣，进一步激发学生对天文学习的热忱。

4. 展示天文知识（提交学习成果，完成网上学习单）

整个活动完成后，学生需要提交自己的学习成果，教师应提出建议和进行指导，并对学生成果进行评价。比如，学生活动后按要求填写"我的收获与感受"，评两颗星，多提交一项成果，多得一颗星，最多得五颗星。（见图8-2-3）

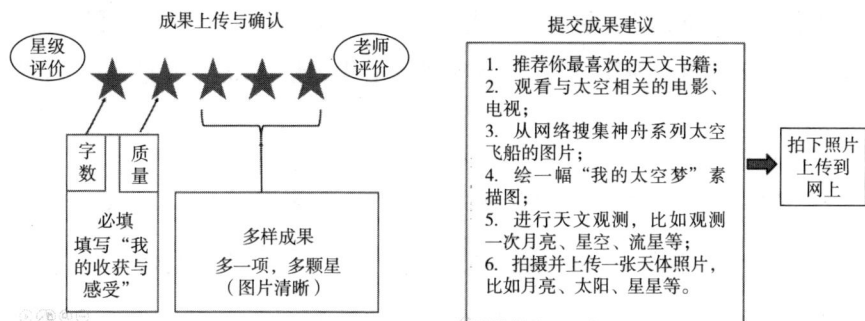

图8-2-3　提交学习成果

　　在学习结束后，学生需要将自己的学习成果上传到网上，教师将进行星级评价。

附：课堂写真

我的"宇宙翱翔"计划

　　2016年11月4日，陈经纶中学分校初一年级300多名师生乘坐着"经纶号"太空飞船，一起走进北京天文馆，开展"开启科学探险之旅，追寻浩瀚宇宙奥秘"综合社会实践活动。这次探险之旅分为初探、寻探、趣探、奇探、再探几个阶段。在天文馆里，学生寻找着自己所属的星座，观察傅科摆，亲身体验时空穿梭游戏，聆听星空音乐会，走进迷离的星际，领略星空之美。天文馆的实践活动就像一颗火种，点燃了学生爱科学、常疑问、勤观察、乐探究的探索之火。

五、课程评价

　　综合社会实践活动课程实施多元评价。评价突出发展性功能和激励性功能，从单一走向多元，由终结性评价发展为形成性评价，由定量评价发展到定量和定性评价相结合。在多元评价的基础上，辅导教师积极推荐优秀的学生学习作品参加市区各级竞赛，为学生提供多样的展示平台，促进学生的个性发展。下面以"探访齐鲁　走进泰山"地理社会实践活动课程为例，从课程实施和学生发展两个方面呈现课程量化评价标准。（见表8-2-6和表8-2-7）

表8-2-6　"探访齐鲁　走进泰山"地理社会实践活动课程评价量表

维度	基础性指标	发展性指标
查阅资料的能力	在网络上找到目的地	描述泰山，能说出泰山的基本信息
研究能力	（1）善于利用资料、数据与地理学科工具，生成和解释信息 （2）研究气温、植被与海拔的关系	解释和分析海拔对气温、植被变化的影响，理解它们之间的相互关系
展示能力	（1）有清晰的观点 （2）交流野外实践的体会	（1）完成研究报告，可以利用PPT完整介绍自己的实践报告 （2）能够质疑和答辩
协作能力	既能独立工作又能与人合作	在合作的基础上对研究活动做出积极、富有建设性的贡献

表8-2-7　"探访齐鲁　走进泰山"地理社会实践活动课程学生评价量表

内容 / 等级	权重	表现描述及赋值		评价方式 自评	互评	师评
考察前	10%	（1）积极参与此次研学活动，顺利完成分组，并选出组长，有明确分工	0~5			
		（2）积极查找相关资料，为研学报告做准备，不敷衍了事	0~5			
考察中	30%	（1）考察时态度认真、积极合作	0~10			
		（2）及时拍照、录像，并做记录	0~10			
		（3）根据掌握的方法，进行野外方向的判断，并且记录下来	0~10			
考察报告	40%	（1）按时完成考察报告和PPT，文字简洁、具有逻辑性	0~10			
		（2）能够根据观察的现象和记录的数据，进行分析总结，有清晰的观点	0~10			
		（3）研学内容确保真实、准确	0~10			
		（4）PPT制作认真，数据图表清晰，有一定的创新性	0~10			
交流反思	20%	（1）表达清楚，仪态大方；讲话有条理，有想法	0~10			
		（2）通过交流与讨论，修正、完善自己的报告	0~10			

六、反思与点评

"访文化源，探博物馆"综合社会实践活动课程已经成为学校的特色课程，其对学生的全面发展起到非常积极的作用。

（一）自我反思

1. 课程设计注重"实践体验"

综合社会实践活动课程为学生提供了很多到社会实践的机会，搭建起学校课程与社会生活的桥梁，调动了学生参与活动的积极性和主动性。

2. 课程实施注重"成果表达"

综合社会实践活动课程为学生丰富多彩的个性发展提供了许多机会，为学生自主发展创造了条件。原初三（1）班的徐若涵同学在社会实践活动结束后，向老师表达了非常想写一篇小论文的想法。在地理老师的指导下，徐若涵同学完成了《何处是江南》这篇论文，并获得北京市创新大赛二等奖。

3. 课程评价注重"多元"和"过程"

综合社会实践活动课程给学生提供了真正放开手脚参与社会实践的机会，学生的问题意识、创新意识、合作意识和观察能力及创新能力等都有机会得到发展和提高。史毛馨同学很喜欢综合社会实践活动，她连续两年参加金鹏科技论坛和青少年创新大赛，其中《对金代遗址现状的调查报告》获得北京市金鹏科技论坛一等奖，《对北京市南锣鼓巷吹糖人艺人的调查报告》获得北京市创新大赛一等奖。

（二）专家点评

"访文化源，探博物馆"综合社会实践活动是北京市陈经纶中学分校基于"为学生终身发展奠基"的理念整合课程而创设的，该课程具有以下特色。

一是综合社会实践活动成为学校整体课程的有机组成部分。该校根据教育改革的需求和学校的实际情况，整体规划三年的综合社会实践活动并形成课程，与国家课程等基础课程、学校的发展课程和专长课程一起形成一套完整的课程体系，充分发挥课程育人的功能。

二是课程注重培养学生的创新精神和实践能力。"访文化源，探博物馆"综合社会实践活动借助博物馆丰富的、系统直观的、生动鲜活的人文资源、自然资源、科技资源，实现社会教育资源与学校课程的有效整合。课程不仅能开阔学生视野、丰富学习资源、转变教学方式，同时能培养学生的创新精神与实践能力，促进学生全面而有个性的发展。

三是课程穿越了学科边界，以学科交融维度进行深度的整合。课程依托北京市综合社会实践活动，围绕国家、社会、个人三个层面进行设计，课程主要以历史、地理、政治三科为主，兼有其他学科的融合。因此，该课程以"综合"为核心，通过整合不同学科开展实践活动。学生参与每一个活动其实是从不同学科的角度开展学习与交流。

四是课程评价促进学生发展。该课程评价突出发展性功能和激励性功能，评价从单一走向多元，由终结性评价发展为形成性评价，由定量评价发展到定量和定性评价相结合，旨在促进学生学习和学生的充分发展。课程为学生提供多样的展示平台，促进学生的个性发展。

——北京市朝阳区教育研究中心教研员　李文胜

以研究性学习为核心的综合社会实践活动课程，突出学生学习过程中的发现、探究、研究等认识活动，建立和形成旨在充分调动、发挥学生主体性的自主、合作、探究等多样化的学习方式，促进学生在一个开放的时空里主动地、富有个性地学习。综合社会实践活动在很大程度上改变了学生的学习方式，同时带给学生全新的体验，帮助学生形成喜欢质疑、乐于探究、努力求知的心理倾向，对于培育学生的社会主义核心价值观、培养学生的核心素养具有积极良好的作用，也能更好地满足学生基础性、多样化和个性化的发展需求。

——北京市朝阳区教育研究中心教研员　郭大维

3 走进科技萌创的地方

—— "融科学课程，架衔接桥梁" 开放性科学实践活动探究

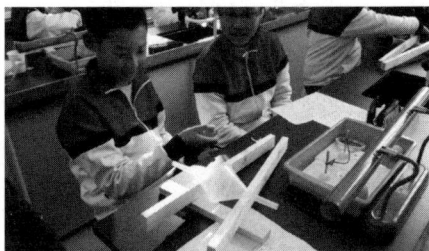

> 我觉得这些实验挺有趣的，我更喜欢物理和化学课了。
>
> ——马宏宇（北京市第八十中学学生）
>
> 我们做这些实验，不仅是对知识的拓展，更是对课内知识的深化和巩固。这些实验可以使我们更好地学习课内的知识。
>
> ——张晨（北京市第八十中学学生）
>
> 初中化学学科实践活动的开展使我们的学生在初二就能亲自动手完成很多精彩的实验，使学生的动手能力得到了培养。在实验中，学生有体验、有过程，玩儿得很开心，学生在获得知识的同时有思考，这正是我们开放性科学实践活动的价值所在。
>
> ——胡兵（北京市第八十中学教师）
>
> 自从孩子学习了科学实践课，现在爱观察、爱思考了，对生活中的物理、化学、生物等现象也特别感兴趣了。
>
> ——马刚（北京市第八十中学学生家长）

依据《义务教育初中科学课程标准（2011年版）》的内容，结合《北京市初中科学类学科教学改进意见》和北京市朝阳区的教育实际，2015年，朝阳区在初中设置开放性科学实践活动课程（以下简称科学课程）。课程突出"开放性"和"实践性"。

课程的"开放性"主要体现在以下几个方面。（1）学习资源的开放。高校、科研机构、社会团体等，能够满足课程要求的都可成为课程的资源单位。（2）学习方式的开放。学生可以通过参观调查、观察实验、科学制作、合作探究等多种方式学习。（3）学习评价的开放。在传统课堂评价的基础上，教师在学生的任务单上可以进行过程和结果的质性评价；学生也可以通过初中实践活动管理服务平台对课程进行评价。不仅有终结性评价，更有过程性评价，体现了课程对实践过程的重视。

课程的"实践性"主要体现在以下几个方面。（1）时间有保障。要求学生的实践活动时间不能少于课程总时长的2/3，教师要少讲，学生要多做，把课程的实践性表现出来。（2）过程有要求。"科学实践活动"不能简单地变成"制作活动"，不能教师手把手地教，学生一步步地做，变成一种动作的重复，实践要突出"动手+动脑"的探究过程，让学生在实践中学会发现问题、研究问题、解决问题，在活动中培养学生的创新精神和实践能力。（3）实际有获得。学生通过克服各种困难完成一项实践任务后所获得的喜悦，在实践过程中所获得的有价值的经验，对科学产生的兴趣，都增强了其在实践中的获得感。

本课程旨在帮助学生认识自然和科学，深化对科学的理解，经历科学探究的过程和学习科学探究的方法，关注科学、技术、社会、环境之间的关系，促进科学素养的发展，为认识和适应未来不断变化的世界做好准备。

一、课程缘起

十八届三中全会审议通过的《中共中央关于全面深化改革若干重大问题的决定》指出，要深化教育领域综合改革，推进考试招生制度改革，推行初高中学业水平考试和综合素质评价。党的十八届五中全会从"十三五"

时期党和国家发展全局的高度，对教育工作特别是提高教育质量做出了重大部署，要求全面贯彻党的教育方针，加强社会主义核心价值观教育，把增强学生的社会责任感、创新精神、实践能力作为重点任务贯彻到国民教育全过程，培养德智体美全面发展的社会主义建设者和接班人。

基础教育领域综合改革的不断深入使我们认识到解决基础教育学科教学中的深层次问题迫在眉睫。为此，北京市教委出台了《北京市实施教育部〈义务教育课程设置实验方案〉的课程计划（修订）》《北京市基础教育部分学科教学改进意见》等一系列文件，旨在充分发挥课程在人才培养中的核心作用，更好地促进中小学学生的全面发展、健康成长。这些文件为科学类学科教学改革指明了方向，其中对初中科学类学科教学提出的具体的改进意见，使我们充分认识到这一改革的必要性和实际意义。

《北京市初中科学类学科教学改进意见》指出，为了推进初中物理、化学、生物、地理等科学类学科教育教学内涵发展和质量提升，切实解决科学类学科教学方式单一、实验教学薄弱、学生缺乏想象力和创造力等深层次问题，学校要从加强实践探究、改进教学方法、丰富评价方式等方面着手，加强三个"整合"，即整合学科知识内容与能力培养、整合校本课程、整合利用社会资源。

二、课程开发

（一）课程区域研发的顶层设计

在研发科学课程的过程中，我们主要从三个实施层面进行设计：课程的内容与资源的开发、课程理论与技能的培训、课堂教学与评价的研究。框架设计如图8-3-1所示。

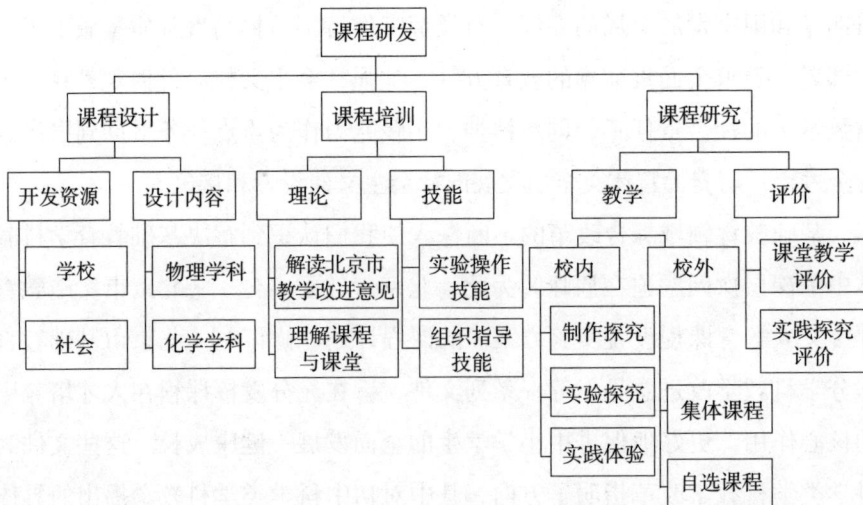

图8-3-1　课程区域研发的顶层设计

（二）课程区域研发的过程

北京市朝阳区在实施科学课程区域研发时，经历了组建管理和专家团队、开发课程资源与内容、组织实验校教师培训与教学研究、形成阶段性的研究成果等步骤。具体路径如下。

1. 行政推动，成立工作小组

在北京市朝阳区教委和教研部门的部署和指导下，成立了以朝阳区教委领导为组长的领导小组，成立了由朝阳区教委基础教育一科、朝阳区教育研究中心初中教研室人员组成的工作小组，并制订了朝阳区落实《北京市初中科学类学科教学改进意见》的工作方案，为朝阳区领导课程研发提供了组织保障。

2. 试点先行，组建实验团队

北京市第八十中学、中央美术学院附属实验学校高家园校区等10所学校成为科学实践活动课的实验校，这其中既有市、区级示范校，也有城市普通初中校、基础薄弱校、农村校等，具有较好的代表性，为朝阳区课程研发做好了试点采样工作。

3. 教研引领，做好课程研发

朝阳区在工作中，结合《北京市初中开放性科学实践活动项目手册》，先后开展了课程调研、教师培训、课例研究等基础性工作，为全面开展开放性科学实践活动积累了宝贵的经验。具体介绍如下。

首先，文件解读，奠定理论基础。解读《北京市初中科学类学科教学改进意见》，使教师从意义、政策、策略、方法、评价等角度理解内容。解读"什么是开放性科学实践活动"，使教师更新观念、锐意改革。这为开放性科学实践活动课的开展做好了理论准备。

其次，资源研讨，奠定物质基础。市、区专家在朝阳区教育研究中心针对七年级科学实践活动课实验器材设计、制作、使用和改进等方面进行研讨。这为开放性科学实践活动课的开展做好了物质准备。

再次，技术培训，奠定师资基础。在朝阳教育研究中心召开科学实践活动课培训会，市、区专家及特级教师团队对实验校教师进行指导和培训。这为开放性科学实践活动课的开展做好了师资准备。

最后，教学实施，创新研究模式。听课教师参与学生实践活动，通过观察、对话、指导等形式近距离了解学生。听课教师的角色从"旁观者"转变为"参与者"。听课教师依据《科学探究能力评价表》对教学活动进行逐项评价；授课教师课后依据评价结果进行教学总结，形成对该班学生的能力评价，进而指导自己的后续教学。听课教师的角色从"评课者"转变为"研究者"。

4. 全面推进，形成阶段成果

在实验校先期试点的基础上，朝阳区在普通中学全面开设并实施开放性科学实践活动课程，区教委和学校加大经费投入，购买实验专项材料。学校克服了师资不足、课时紧张、缺少经验等困难，按照方案中的建议，七年级开放性科学实践活动课主要由物理教师担任。

三、课程框架

朝阳区科学课程以提高每个学生的科学素养和实践能力为总目标，在实施过程中渗透科学知识，培养学生的实践技能，传递科学探究方法，丰富科学实践活动体验，帮助学生树立科技服务于社会的意识。

朝阳区科学课程内容依据《北京市初中开放性科学实践活动项目手册》（初中一年级使用）和《北京市初中开放性科学实践活动项目手册》（初中二年级使用），结合朝阳区的区域特点和学生特点，通过筛选与重组，确定了8个一级主题，30个二级主题。各主题以不同的科学知识和实践活动为载体，突出学生科学探究的过程，注重科学探究的方法，强调科学精神，注重将科学知识转化为技术，实现科技在社会生活中的应用，同时关注科技对环境的影响。鼓励有条件的学校拓展和开发更多的科学课程内容，更好地开拓学生的科学视野，提升学生的探究和实践能力，培育学生的科学素养。

七年级科学课程内容以物理学科为主线，结合八年级、九年级物理学科知识，分为"神秘的力量""神奇的电磁""绚丽的光""飞行的奥秘"4个一级主题。教师可以从中选用，也可以结合学校的情况开展更切合实际的科学实践活动。（见表8-3-1）

表8-3-1　2015—2016学年七年级科学课程内容

一级主题	二级主题
1. 神秘的力量	1.1 听话的笑脸
	1.2 公道杯的秘密
	1.3 神奇的两心壶
	1.4 巧借地球引力
	1.5 不需要轮子的小车
	1.6 流动的空气
	1.7 神奇的滚筒
2. 神奇的电磁	2.1 神奇的静电
	2.2 电能的转换与储存
	2.3 磁现象
	2.4 神奇的干簧管
3. 绚丽的光	3.1 无尽的灯廊
	3.2 光现象及应用
	3.3 制作照相机
4. 飞行的奥秘	4.1 飞行的奥秘
	4.2 皮筋动力飞机
	4.3 制作水火箭

八年级科学课程内容以化学学科为主线，结合九年级化学学科知识，分为"化学与生活""环境与健康""燃烧与安全""物质与化学"4个一级主题，二级主题见下表。教师可以从中选用，也可以结合学校的情况开展更切合实际的科学实践活动。（见表8-3-2）

表8-3-2　2016—2017学年八年级科学课程内容

一级主题	二级主题
1. 化学与生活	1.1 实验基本操作
	1.2 变厨房为化学实验室
	1.3 饮料中的化学
	1.4 变卫生间为化学实验室
2. 环境与健康	2.1 垃圾分类与处理
	2.2 污水处理
	2.3 空气污染
3. 燃烧与安全	3.1 多变的蜡烛与奇妙的燃烧
	3.2 几种常见物质的燃烧
	3.3 安全防护
4. 物质与化学	4.1 奇妙的双氧水
	4.2 金属制品的作用
	4.3 奇妙的柠檬酸

四、课程实施

科学课程的实施是一种创造性的活动。教师需要充分理解科学课程的理念、目标和内容，关注小学科学与初中具体科学学科的有机衔接，充分了解学生，注重学生科学素养的可持续发展，采取有效的教学策略引导和帮助学生理解科学知识、学习科学方法、发展科学探究的能力和解决实际问题的能力，培养学生的科学态度、情感与价值观，使其了解科学、技术、社会、环境的关系。

（一）注重引导学生理解和经历科学探究的过程

在科学课程的教学中，应更多地创设教学环境，使所有学生都有机会参与科学探究，进行科学探究的训练，使学生在发现问题、提出假设、设计实验方案、获取事实证据、做出解释和评价、讨论交流的各个过程中，逐步发展科学探究能力，形成科学态度、情感与价值观。对教学中所涉及的基本的科学过程与方法，应结合实例形象生动地加以说明，并注意横向联系，从而不断增进学生对科学探究的理解。

探究活动的设计应当符合学生的认知特点，注意从学生熟悉的和感兴趣的事物出发，联系生活实际，充分利用各种器具和材料开展活动。教师要重视学生科学思维的培养，关注学生的思维过程和行为方式，引导学生"动手"和"动脑"相结合，主动思考问题，自己设计研究方案，思考事实证据和科学结论之间的关系，帮助学生学习建立科学模型，逐步养成质疑、反思的科学思维习惯。

教师应对学生的探究活动给予适当的指导，指导与开放的程度要适应学生的能力发展水平。科学探究中每一个要素的目标和整体的目标都是分层次的，随着教学的进展，目标和层次应逐步提高。如科学探究的问题可以分为以下层次：学生对教师、教材或其他途径给出的问题进行探究；学生从所提供的问题中得到启发而提出新的问题；学生自己提出问题。目标和层次不同，教师的指导作用也不同。随着学习的深入教师应逐渐提高探究教学的开放程度。

在探究活动中，应重视培养学生的安全意识，使其形成良好的实验习惯，培养其环境保护意识。

（二）注重培养学生对科学的积极情感，引导学生形成正确的科学态度和价值观

培养学生对科学的积极情感，引导学生形成正确的科学态度和价值观，这是当今科学教育界所倡导的教育理念，也是本课程的基本目标之一。

教师应该从学生熟悉的自然现象和生活常识入手，激发学生对自然现象的好奇心和求知欲，培养其亲近自然、欣赏自然、保护自然的情感；教

师通过多方面实例展现科学的价值和魅力，特别强调学过科学之后，人们看待世界的眼光就不同了，进而引导学生用科学的眼光去看待周围的事物，用科学的知识、态度和方法去处理所遇到的问题；教师通过介绍科学的发展历程，让学生体会"科学是一个不断发展的开放系统"等基本观点；教师通过介绍科学家勤于探索、不畏艰辛、献身科学的事迹，深化学生对科学精神的理解，激励学生热爱科学的情感、献身科学的志向；教师通过从多个方面揭示人与自然的关系，引导学生逐步树立可持续发展的意识并形成与之相适应的行为习惯。

（三）注重科学、技术、社会、环境的联系

引导学生认识科学、技术、社会、环境的联系是本课程的重要目标和内容。教师在教学中应结合具体的情境或实例，引导学生通过探究的途径，将科学、技术、社会、环境联系在一起，将今天的科学技术与其历史发展联系在一起，将人、自然与社会有机地关联在一起，将科学精神与人文精神紧密地结合起来。

科学课程包含技术设计的部分，如在一些科学探究活动中会涉及模型、教具、仪器的制作以及解决实际问题方案的制订等。教师要关注这些涉及技术设计的问题，在提高学生科学素养的同时促进学生技术素养的发展。

教师要注重科学教学与信息技术的有机整合，创设自主探索、多重交互、合作学习、资源共享的学习环境，利用各种信息技术促进学生的科学学习。例如，可以让学生利用网络收集与课堂教学内容相关的各种信息和资料，培养学生获取信息的能力。对于那些超出人类感官极限的自然现象，对于学生难以亲身经历或具有某种危险性的科学探究过程，教师可以利用现代信息技术进行仿真模拟，拓展学生的学习空间。

在科学课程的具体实施中，七年级科学课程每周一课时，由物理教师承担，八年级科学课程每两周一课时，由化学教师承担，每学期完成两个一级主题。科学课程突出物理、化学等学科的知识与探究方法，注重培养学生的动手实践与实验探究能力，关注课程内容在社会、生产与生活中的应用。

附：课堂写真

从茶叶中提取咖啡因

"从茶叶中提取咖啡因"为八年级《北京市初中开放性科学实践活动项目手册》中"变厨房为化学实验室"中的一个拓展实验。茶与咖啡是人们非常喜爱的饮品，学生了解到茶与咖啡中起到提神醒脑作用的成分是咖啡因。茶叶中的咖啡因是什么样子的，如何把它从茶叶中提取出来？这个课题并不涉及深奥的化学理论，却综合了加热、溶解、过滤、蒸发、升华等多种中学化学常用的实验方法，涉及了物理中多个物态变化。学生在进行科学活动的过程中，进一步熟悉了化学中常规的实验操作方法，获得了物态变化的直观体验，锻炼了动手实践能力和运用材料信息与背景知识分析并解决实际问题的能力，从中感受到了实验过程带来的快乐，体会到了实验结果带来的成功。

五、课程评价

科学课程是一门改革创新力度很大的新课程，需要从提高每一个学生的科学素养出发，建立评价主体多元、评价内容全面、评价方式多样的与科学课程相配套的评价体系。在评价过程中，应通过多种途径和方式收集信息，准确反映学生学习的过程和结果。应充分发挥评价的激励与反馈功能，恰当呈现并合理利用评价资料，促进学生科学素养的发展和教师教学水平的提高，保证科学课程的有效实施。

评价的内容包括科学探究，科学知识与技能，科学态度、情感与价值观，以及对科学、技术、社会、环境关系的认识四个方面。（见表8-3-3）

表8-3-3 科学课程评价标准

评价项目	评价重点	符合程度		
		完全符合	基本符合	不符合
科学探究	学生在科学学习活动中表现出的探究能力和对科学探究的理解。 科学探究的要素,是科学探究评价的具体内容,可以是全面和整体性的考查,也可以是分要素的考查。			
知识与技能	注重从整体上评价学生对科学内容的理解与应用,着重评价学生对科学概念和原理内容的领会、掌握和应用情况,以及学生分析、综合等思维能力的发展状况。技能的评价目标包括观察技能、实验技能、收集和处理信息的技能等方面。尽量创造条件让学生进行实际操作,对技能表现水平进行评价。注重评价学生综合运用各方面的知识解决实际问题的能力。			
科学态度、情感与价值观	对自然现象、科学问题表现出好奇心和求知欲,包括热情参与科学探究活动,注意关心新事物、新情况,认真观察细节,乐于提出问题等;表现出与自然和谐相处的生活态度;尊重科学,有明确的应用所学科学知识和方法解决问题的意识,关心科学技术的发展;尊重事实,注重证据,能依据客观事实和来源可靠的数据提出自己的见解,听取与分析不同的意见,修正自己的观点,质疑没有充分证据的结论或解释;能与人交流、分享与协作,包括积极与同学讨论与主题相关的问题和观点,尊重小组其他同学,在探究小组中承担一定的角色并完成任务,在研究和学习中帮助其他同学等;关注科学和技术对人类物质、精神和文化生活的影响,具有社会责任感。			
对科学、技术、社会、环境关系的认识	通过联系实际、创设情境、寻找范例、设置行为表现任务等方式,评价学生对科学、技术、社会、环境复杂互动关系的认识程度。 通过课堂讨论、设置行为表现任务以及传统的评价模式等多种方式,评价学生对与科学技术有关的当代重大课题的了解程度和他们对上述重大问题的分析、判断和抉择的能力以及参与社会公共事务的能力。			

学生的科学探究能力可以从搜集信息、提出问题与猜想、设计实验、进行实验、分析论证、交流评估、科学精神等方面进行质性综合评价。（见表8-3-4）

表8-3-4　学生科学探究能力评价表

探究要素	能力表现	能力水平		
		A（优秀）	B（达标）	C（改进）
搜集信息	1. 能从已有生活经验中筛选与本节课有关的经验事实			
	2. 能正确地表述筛选出的经验事实			
提出问题与猜想	3. 能从已有的生活经验或给出的生活情境中发现有关的科学问题			
	4. 能正确地表述所发现的科学问题			
设计实验	5. 能考虑影响问题的主要因素，有控制变量的意识			
	6. 会选择科学探究方法及所需要的器材			
进行实验	7. 具有安全操作意识			
	8. 会正确使用工具			
分析论证	9. 能明确找出与所探究问题有关的实验现象			
	10. 能进行简单的因果推理			
	11. 能应用实验结论解释生活中的有关现象			
交流评估	12. 能准确表达自己的观点			
	13. 能听取他人意见，尊重他人			
	14. 能发现实验中的问题，并尝试提出合理的改进方案			
科学精神	15. 对生活中出现的科学问题有较高的兴趣			
	16. 乐于参与科学探究			
	17. 实验中有较强的合作精神			
综合评价	意见与建议： 本节课等级：　　　　　听课人：　　　　　日期：			

六、反思与点评

（一）自我反思

用开设开放性科学实践活动课程来解决科学类学科教学方式单一、实验教学薄弱、学生缺乏想象力和创造力等深层次问题不失为一种有效策略，学生不仅提高了对科学的认识、加深了对科学探究方法的体验，更提升了自己的科学素养。开放性科学实践活动课程强调在实践中学习科学知识，充分利用学生日常生活中的科学问题，组织学生开展探究学习活动，激发学生的想象力和创造力，保护和激发学生的好奇心和求知欲，为学生创设独立思考和实践的机会，在实践中有效地提升学生的科学素养。

（二）专家点评

开展开放性科学实践活动就是为了唤醒学生的创造力和想象力，焕发课堂的活力和课程的魅力。

活化科学类学科教学的实施形式，倡导"玩中学""做中学"，为学生提供丰富的体验、合作、探究的学习活动，由学生自主选择学习方式，学生的实际获得感得到了满足，体验到科学无穷和神奇的魅力。由于科学实践活动重在实践，所以教师与学生都要动手实践，教师与学生的动手能力同时得到提升，开放性科学实践活动成为师生喜爱的魅力项目。

虽然开放性科学实践活动课程已经全面实施，且进入了学校课表，但要在学校成为常态化的"新课程、新学时"，还应形成新的机制来加以保障，这就需要我们继续积极进行探索，不断积累经验，逐渐打破或穿越学科边界，形成课程新的发力点，让学生在创新精神和实践能力方面有实际获得，以此来带动初中课程改革向更深层次迈进。毫无疑问，开放性科学实践活动课程是学校和教师的"新挑战"，但更是"课程未来时"的"新常态"，必将成为课程整合创新、学校优性竞争、教育理想追寻的理智选择。

朝阳区将继续攻坚克难，不断发现新问题，探索新规律，把握新特点，建构新模式，让开放性科学实践活动真正成为学生成长的课程最爱，成为教师专业发展的广阔天地，成为学校内涵丰满的振翅引擎，成为教育质量提升的靓丽时空。

——北京市朝阳区教育研究中心主任　杨碧君

曾经有一位学者这样评价中国的学生："我们的学生并不缺乏科学知识，缺乏的是科学精神！"多么刻骨铭心的一句话。

我们要改变，要更早更快地行动起来。用我们的责任心为孩子打开一片梦想的天空，用我们的行动助力孩子在科学的天空中翱翔，让更多的孩子体验科学实验环境、享受科学技术成果。

——北京市第八十中学校长　田树林

第九章 挑战与反思

近年来，课程整合成为基础教育课程改革的热词，也成为学校进行课程建设的必要策略。通过对北京市朝阳区部分中小学校的实践调研，我们发现课程整合逐渐成为学校课程改革实践中的重要议题，但课程整合的理念和实践之间还有一定的落差，学校亟须更加有效度、深度和广度地进行课程整合实践。

在前面部分，本书通过理论阐述和经典案例呈现了学校课程整合的基本模式、策略、路径及效果等。

本章在总结课程整合给学校带来的发展和机遇的同时，也分析了实践中存在的矛盾和问题。我们对广大教师比较容易产生困惑和出现理解偏差的问题进行了启发式的回答，在澄清问题的同时，更希望引发大家的思考。

让我们在不断的反思中更好地前行，更好地让课程整合促进学生、教师、学校的发展！

1 课程整合为何会成为学校课程改革实践中的重要议题 ？

一、教育政策引领之下的课程整合实践

基础教育课程改革对于课程整合的实践是从2001年开始的。2001年教育部印发了《基础教育课程改革纲要（试行）》，在该文件中，对信息技术与学科课程的整合提出了具体要求："大力推进信息技术在教学过程中的普遍应用，促进信息技术与学科课程的整合，逐步实现教学内容的呈现方式、学生的学习方式、教师的教学方式和师生互动方式的变革，充分发挥信息技术的优势，为学生的学习和发展提供丰富多彩的教育环境和有力的学习工具。"

当时，信息技术迅速发展，而在教育教学的各个环节中信息技术手段还尚未应用起来，表现出一定的滞后性。因此，课程改革对于课程整合的实践首先是从信息技术与学科课程整合这一领域开始的。

这份文件同时还指出基础教育课程改革的具体目标之一是："改变课程结构过于强调学科本位、科目过多和缺乏整合的现状，整体设置九年一贯的课程门类和课时比例，并设置综合课程，以适应不同地区和学生发展的需求，体现课程结构的均衡性、综合性和选择性。"

这份对课程改革有着重要指导意义的文件提出，课程改革要改的内容之一便是改变过于强调学科本位、科目过多和缺乏整合的课程结构，强调要整体设计课程，还强调要设计综合课程。但当时正值新课程改革的开端，学校对课程改革的理解处于初级阶段，重点都放在了校本课程开发的领域，对真正的课程整合关注甚少。

2014年《教育部关于全面深化课程改革 落实立德树人根本任务的意见》中进一步对课程整合做出了规定。全面深化课程改革的基本原则是：

"坚持系统设计，整体规划育人各个环节的改革，整合利用各种资源，统筹协调各方力量，实现全科育人、全程育人、全员育人。"同时特别强调对教学内容进行整合："全面落实以学生为本的教育理念。……要在发挥各学科独特育人功能的基础上，充分发挥学科间综合育人功能，开展跨学科主题教育教学活动，将相关学科的教育内容有机整合，提高学生综合分析问题、解决问题能力。"文件中也提出要"整合和利用优质教育教学资源"。

这份文件对当前的课程整合研究具有重要的指导意义，可以说，一定程度上引领了学校课程整合的实践活动。而就北京市而言，北京市教委于2015年下发了《北京市实施教育部〈义务教育课程设置实验方案〉的课程计划（修订）》，该文件对教育部文件进行了具体的解读和有针对性的要求，就课程整合来说，特别强调要关注课程的整体育人功能以及学科内、学科间的联系与整合，加强综合实践活动课程的开发与实施，大力培育和践行社会主义核心价值观。文件还明确鼓励开展课程整合的实验："各区县和学校要严格执行调整后的课程计划，落实课程标准，保证各类课程的开设和学时要求，确定整体课程安排。在保证课程标准要求的基础上，科学开展课程整合实验，提升课程质量。"文件下发后，北京市多次召开市级课程研讨会，无一不涉及"课程整合"的内容。以北京市朝阳区为例，近年来，在这两份文件的引领下，大部分中小学校都开展了课程整合的实践探索，使"课程整合"从理念提出到政策响应，最终走向了行动，进入了课堂。

二、课程整合成为学校课程发展的突破口

自2001年新课程改革以来，学校课程建设发生了巨大的变化。学校课程自主权的下放，打破了过去国家课程一统天下的局面，学校可以进行自身的课程建设，开拓创新，发展特色，其中进行课程创新最重要的途径就是开发新课程。于是在一定的时间内，学校不断鼓励教师开发新课程，力图为学生提供更多的课程选择，同时打造学校课程特色。这种"加法"的原则导致学校的课程门类越来越多，教师负担日益加重，而学校课程建设也好像只集中于几门校本课程而不去考虑占据主导地位的国家课程了；再

加之市区级层面也在不断开发地方课程，这就严重激化了课程门类增加与学校课时相对固定之间的矛盾。课程门类的增多并没有从根本上解决课程改革的问题。课程改革并不是要单纯增加学生学习的内容，而是要努力减轻学生学业负担和教师的教学负担；课程改革并不是要单纯以课程门类的数量取胜，而是要追求课程结构的优化和课程育人功能的更好发挥。

因此，中小学校要想促进学校课程发展，打造特色课程，更好地发挥课程育人的功能，不应使用过去的"加法"原则，而应努力地做"减法"。做"减法"其实就是对已有的课程体系进行结构化调整，进行整合。可以说，课程整合才是真正的突破口，因为课程整合的根本目标在于减少知识内容重复、减轻学生学业负担、改善传统教与学的方式、提升学生核心素养，而这也是课程改革的需要，即减负增效，更好地发挥课程整体育人的价值。

以北京市朝阳区为例，有不少学校已经在课程整合中实现了课程创新。例如，北京市芳草地国际学校双花园校区将已开展17年的德育主题活动"红领巾的红军行"进行统筹安排，在原有基础上，进一步加强学科整合、突出主题，为学生创设更加开放、灵活、可选择的课程空间，构建了新的课程。该课程涉及语文、数学、科学、美术、品德与社会、音乐、劳动技术、综合实践活动等多学科内容，以研究性学习为实施途径，整合开发出了"历'泸关'险 忆红军魂""连环画创作之长征故事""一曲红歌，一种传承""以科学的视角看'红军行'"等系列课程，并成为学校特色课程品牌，带动了学校课程的发展。

三、课程整合逐渐成为学校课程建设的基本理念

如何进行学校课程整体建设，发挥课程整体育人的价值功能，成为学校课程改革的重要议题。在这样的背景下，课程整合不仅成为促进学校课程发展的突破口，还逐渐成为学校课程建设的必要途径。

北京市朝阳区芳草地国际学校的刘飞校长提出，学校在进行课程建设的过程中采取了四个基本策略，即忠实策略、整合策略、拓展策略和创生策略。对于国家课程，学校以忠实策略为主；依据学生身心发展的整体

性、生活世界的多样性等原则，对部分课程进行整合；拓展策略着眼于学生发展、学科发展，重在对学生兴趣、特长的培养，重在对学科本质、精神的理解，同时努力实现社会资源教学化，为学生发展、学科发展提供更大的平台；创生策略则是以学生的兴趣、需要和能力为基础，关注学生与自然、社会、生活的联系，帮助学生形成积极进取的生活态度。依据这些策略，学校构建了以"培养具有中国情怀、国际视野的芳草学子"育人目标为核心的"芳草课程"。

从北京市朝阳区芳草地国际学校的案例中可以发现，在学校课程建设的过程中，课程整合不仅是一种组织课程内容的方法，还是一种学校教育与管理的理念。已经有越来越多的学校认识到这一点，并将整合的理念运用到学校课程整体设计中。整合，不仅体现为课程内容的整合，资源的整合、经验的整合、社会的整合、功能价值的整合等多角度、多方面的整合已经逐渐成为学校课程建设的基本理念。

2 课程整合如何促进学校课程领导力和教师课程能力的发展？

一、学校和教师课程整合意识日益加强

随着课程改革的不断深入，"课程整合"已经逐渐成为学校和教师关注的重要议题。根据对部分学校教师的访谈，我们发现有不少教师已经能够认识到课程整合在学校课程建设中的意义和作用，并愿意进行课程整合的实验。尽管他们所认识到的课程整合尚停留在学科内和学科外知识的整合上，缺少课程整合的理论认识，但至少他们已经开始有意识地对自己所教的课程进行了反思。

在他们看来，课程整合是为了解决传统分科课程中存在相关、重复和交叉内容的问题，帮助学生完整地认知世界，更好地实现课程整体育人。于是他们更倾向于从现实问题出发，将各学科交叉的主题抽离出来，通过

各学科教师的集体研讨，重新梳理出主题课程，再将经验全面铺开，逐步进行学校课程的系统整合。目前在朝阳区，许多学校都是按照这样的思路在进行课程整合的探索，可以说学校和教师都是根据教学实际的需求，产生了内在动力而进行课程整合的，而且这种课程意识在不断加强。

二、课程整合促进了学校课程领导力的发展

当基础教育课程改革进入深化综合改革的新阶段时，课程领导的重要性便凸显出来了。课程是学校建设的核心，而无论是课程的设计还是实施，都将是学校课程发展的重要议题。决定学校课程发展的，正是学校校长和教师的课程领导力。何谓课程领导力呢？上海市教委在《上海市提升中小学（幼儿园）课程领导力三年行动计划（2010—2012年）》中指出，课程领导力是以校（园）长为核心的课程团队为提升学校课程品质，在课程实践过程中所体现出来的规划、执行、建设和评价的能力。课程领导力的强弱决定着学校是否能够规范化、高质量、有特色地持续发展。在未来，"课程领导力"将逐渐取代"教学能力"成为学校和教师发展的重要衡量指标。

近年来，"如何提升校长和教师的课程领导力"成为研究热点。正所谓"在游泳中学习游泳"，在课程建设中，通过课程实践，促进教师开展课程的行动研究，以课程案例为载体，在不断的计划、探索、反思中提升校长和教师规划、执行、建设和评价课程的能力，促进校长和教师对课程的理解，切实提升学校课程品质。对课程整合的探索为学校课程领导力的发展提供了良好的契机。

根据一部分教师的自述，他们在刚开始进行课程整合的时候会有一些抵触情绪，认为这是多此一举，并且给自己的工作带来了麻烦。经过不断的实践与反思，他们逐渐发现了这样做带给学生和自己的改变，便开始有意识地主动进行课程整合的探索。事实上，未来教师的课程领导力与他们的专业发展密不可分，教师只有不断探索，在实践中发现问题、总结经验、加强学习，才能真正地使自己的思维方式从"教学思维"走向"课程思维"，将自己的视角从"教学视角"拓展为"课程视角"，如此一来课程领导力才能得到真正的发展。

三、课程整合带动了学校的课程创新

课程整合的研究带动了学校在课程方面的创新，不少学校形成了具有自身品牌特色的综合课程或主题课程。这些课程创新实践也形成了一批可推广、有借鉴价值的课程资源，极大地丰富了课程资源的建设。以北京市朝阳区学校为例，清华大学附属小学中央商务区学校的小学语文主题课程、白家庄小学各学科开展的主题课程、芳草地国际学校甘露园分校的邮票课程、垂杨柳中心小学馨园分校的STEAM课程等都带动了学校的课程创新，促进了学校课程整体建设。

3 如何消弭课程整合的理念与实践之间的落差？

从实践来看，尽管课程整合成为学校课程改革中的重要议题，也真正促进了学校和教师课程能力的发展，但从实践现状来看，课程整合的理念与具体的实践还存在着一定的落差，有待进一步研究。

一、课程整合的效度有待进一步检验

学校课程建设从最初的理念到当前的具体行动，可以说已经迈出了重要的一步，学校的课程自主权得到了应有的发挥，而校长和教师也开始行使自己的课程领导权。如何评价学校课程建设的效果，包括课程整合是否有效，是否比起单纯执行国家课程更有助于学生的发展，是摆在研究者面前的难题。2016年北京师范大学发布的《中国学生发展核心素养》，成为学校课程建设的重要参考标准。可以说，是否构建了能够聚焦学生核心素养的课程，是检验学校课程建设水平高低的重要指标，也是判断课程整合是否有效的重要标准。

如果用这样的标准来审视我们当前所进行的课程整合，我们不禁要反思：当前的课程整合是否真正以儿童全面而有个性的发展作为根本目标，是否真的是为了减负增效，是否真正聚焦于学生的核心素养，而不是为了应付差事、为了单纯搞创新、为了整合而整合？例如，有些学校在课程整合方案的设计上花费心思，看似花样百出、逻辑自洽，真正实施却是另外一回事。有些学校"新瓶装旧酒"，将一些本不需要整合的内容扣上"整合"的帽子。在未来，我们应该更加关注课程整合是否真正促进了学生的发展，要知道，整合不是目的，而只是方法、手段和途径，发展学生的核心素养才是目的。

二、课程整合的广度有待进一步拓展

课程整合有广义和狭义之分，在本书中，广义的课程整合不仅是一种组织课程内容的方法，还是一种课程设计的理论以及与其相关的学校教育理念。而狭义的课程整合指的是一种特定的课程设计方法。在学校的课程实践中，学校和教师更倾向于将课程整合视为一种课程设计的方法，同时更倾向于从自己的学科和简单的主题入手进行课程整合。许多课程整合仅是教师个人或几个人的探索，呈现出一个一个的课程案例，表现出碎片化和零散化的特点。

学校课程改革应在课程整合的广度上进一步拓展，在将整合理念融入课程建设的同时，还应积极探索学校整体课程的整合设计，可以先从某一领域或某一模块开始，进一步拓展到整体课程；同时应建立教师共同体，鼓励全体教师都参与到课程建设中来，共同整合课程。

三、课程整合的深度有待进一步增加

上文提到，课程整合本身不是目的，只是课程建设的一种方法、手段和途径，而我们的目的是更好地培育学生的核心素养，将学生视为一个完整的人、一个鲜活的生命，尊重他们的认知规律。在当前课程整合实践中，流于形式的课程整合是普遍存在的。例如，有的教师进行语文和物理的整合，选取语文课中的诗词，先由语文教师讲一讲诗词的意象，再由物

理教师来分析一下该诗词描述的自然现象中体现的物理原理。这种课程整合真是令人瞠目结舌，难道我们是要把各学科以简单的拼盘形式呈现给学生吗？这样的整合真的有利于学生整体认知世界吗？还是说这种课程整合既干扰了学生以丰富的情感体验来学习语文，又影响了学生以缜密的科学思维来学习物理？再如，有的老师进行语文诗歌教学，同时又加入了演唱诗歌和表演诗歌，甚至还加入了绘画的环节，整节课看起来热热闹闹，乍一看学生也参与了活动。但这节课核心的目标在哪里呢？学生学习诗歌到底应该遵循怎样的规律？在这节课中，学生究竟有怎样的实际获得呢？学校和教师在进行热热闹闹的课程整合之后，很有必要反思一下究竟为何而整合，几个学科之间的内容到底能不能进行有机整合。在未来，课程整合的深度有待进一步增加。

4 整合课程与分科课程的关系是什么？

不同的社会群体或个人对课程整合的反应也不一样，出现了多种声音，甚至认为整合课程与分科课程是相互对立和"此消彼长"的关系。由于部分课程改革者的不适当的宣传或极端认识，分科课程似乎没有存在的价值，应全部被整合掉，这也让学校教师更加迷茫和困惑。因此，厘清整合课程与分科课程的关系，有助于帮助广大教师深化对综合课程的认识，增加课程实施的信心。

在当代课程理论与实践中，学者们对整合课程与分科课程达成了一个基本的共识：整合课程不是与课程分化相对立的课程设计方式，它们表现为一种并存和相互包容的关系，要把综合性的课程和分科开设的课程结合起来。整合课程并不是要取代分科课程，而是要弥补分科课程的不足。

实际上，所有的课程整合形式，不论是学科取向的课程整合设计还是活动取向的超学科的主题式课程整合设计，都离不开各个分化的学科，都承认学科知识作为人类的研究成果对儿童和社会发展的价值。在奉行课程整合和实践的杜威学校里，教师从学生感兴趣的综合性问题探究开始，自然而然会过渡到深刻的学科知识学习上。而在林肯学校，教师在设计每个学习单元的时候，被要求必须注明整合了哪几门学科。

在课程历史上，"分科"与"整合"总是交织在一起的，分科课程的历史中蕴含着整合课程的理想，分科课程理论中蕴含着课程整合的理论；整合是相对分化而言的，有什么样的分化就必然伴随着什么样的整合，课程整合内在地包含着课程分化。这反映了事物发展的辩证法，因为整合与分化作为课程的两极，总是一极已经作为胚胎存在于另一极中，一极到了一定点时就转化为另一极，整个逻辑都只是从前进着的各种对立中发展起来的。分科课程从知识整体中诞生出来以后，在知识分化的过程中，分科课程离知识整体越来越远，从而显示出越来越多的弊端，到了"一定点"需要转化为"另一极"，所以整合课程成了当今世界各国课程改革的重要内容，但不能用"非此即彼"的逻辑来看待整合课程与分科课程的关系。

在理论与实践中，整合课程与分科课程也是辩证统一的关系。首先，大多数课程理论在目标、理念上都是整合的，不管其课程框架是主张分科的还是整合的。例如，斯宾塞是主张分科课程的，但其课程目标"为完满生活做准备"是整合的。实际上，学者们大多是从一个统整的目标出发，探寻几个大的学习领域，然后再将其细化成传统意义上的分科课程。课程整合不像许多教育工作者所想象的仅是重新安排课程计划的方法，它也是一种兼容并蓄的课程设计理论，涵盖了学校的教育目标、学习的本质、知识的组织与应用以及教育经验的意义等特定观点。在实践中，整合课程与分科课程也总是密切关联的。即便在实施分科课程的时候，我们脑海里也要有整合的概念，这个概念便是一种普遍联系的意识。因为知识是一个系统，把知识放在一定的"知识脉络"与具体情境中学生更容易理解与把握。这就是课程实施中要有的"整合意识"。缺少这种意识，即便是整合课程，也容易实施得"支离破碎"；有了这种意识，即便是分科课程，也会达到好的整合效果。同时，实践本身面临的情境是真实的，真实的问题是综合的。因此，我们在分科教学过程中，也必然要践行整合的课程观。无论在理论还是实践中，整合课程与分科课程都是密切相关、不可分割的。

5 如何基于学生的核心素养开展课程整合？

核心素养强调跨学科的、可迁移的综合能力。课程标准是从具体学科出发，按照学科教学规律规定了教育过程应该满足的要求，解决的是"如何教"的教育问题。学生的核心素养是从人的全面发展角度出发，体现"人的全面发展、适应社会需要"这一要求，按照学生发展规律规定了一定教育经历后其必须拥有的基本素养和能力，强调的是"学什么"的问题，解决的是"培养什么样的人"的教育问题，是对教育目标的另一种诠释。基于这样的目的，学生的核心素养应该涉及知识、技能、情感、态度、价值观等多方面能力，是个体能够适应未来社会、促进终身学习、实现全面发展的基本保障。

核心素养可以使学生更好地学习或者更好地工作，但是核心素养的功能不仅仅包括升学和就业。培养核心素养是为了使学生能够发展成为更为健全的个体，能够更好地适应未来社会的发展变化，并为终身学习和发展打下良好的基础。核心素养是由跨学科核心素养和学科核心素养构成的。未来的不确定性和复杂性使得解决社会问题、创造社会价值都更为复杂，须调动多学科的知识和多方面的能力，非常规的人际互动能力和可迁移技能将是确保人们有效合作并解决问题的关键。基于核心素养开展课程整合具体可以从以下两个方面入手。

一方面，明晰育人目标，开展学校课程顶层设计。基于知识本位而建构的分科教学体系，形成了以知识为中心的课程和课堂教学，忽视了教育中人的主体地位。随着社会的发展，越来越强调将人的发展作为教育的基本价值取向。十九大也进一步提出"落实立德树人根本任务"，着眼于学生终身的发展。因此，建立以培养人的核心素养为中心的课程体系，是克服当前分科教学体系的弊端和应试教育倾向的重要手段。要重视整体课程建设能力的提升，鼓励学校基于核心素养自主探索新型课程体系，加强学校课程的顶层设计。

首先，学校课程目标要凸显"以人为本"的价值取向，以学生的最大化发展作为育人的目标。结合学校的办学特色，提出具体的课程目标。

其次，依据课程目标，通过课程整合的方式，统整学习领域，搭建学校课程结构。同时，注重课程结构的层次性，在达到课程标准要求的基础上，满足不同学生的最大化发展需求。

再次，按照学生素养的发展需求和学习领域，完善学校课程设置。加强课程实施的自主性和灵活性，强调学习方式的体验性、探究性和实践性。

最后，明晰不同学段学生形成了某个核心素养的具体表现，构建与课程目标相对应的可测评的课程评价标准。

另一方面，加强学段的衔接和整合，构建一体化育人体系。学生核心素养的培养应该贯穿整个学校教育系统，从小学到高中一以贯之，如此才能达到整体育人的目的和效果。在落实核心素养的过程中，应以核心素养为导向进行国家课程的学科内部及学科间的整合研究，加强学段衔接和整合的研究与实践，构建小初高一体化的学生核心能力培养课程体系，从而促进学生知识的融会贯通、能力的全面提高、素质的综合发展。

构建一体化的育人体系应在高中学生核心素养深入研究的基础上，使核心能力的培养落实到小学和中学各段的教育中。具体内容如下。

一是学生能力体系建设。基于高中学段各学科国家课程标准和21世纪人才素养要求，构建整体的小学和中学段的学生能力培养体系。另外，基于学科特点，开发不同学段实验学科的能力目标体系。

二是基于核心素养开展教材内容的衔接与整合。第一，梳理同一学科的知识结构网络，对学科内的国家课程内容进行优化整合。第二，对国家课程各学科间重复的内容进行整合，形成基于国家课程的整合课程。第三，开发不同学段的衔接课程。

三是学习方式探究。根据学生认知特征，探究与学习内容相配套、以素养培养为目标的学习方式。例如，探索学生在不同学段自主学习和探究学习的差异。

四是评价体系建设。中小学教育评价中普遍缺少"扶上马，送一程"的衔接评价体系。探索中小学培养总目标的"一贯性"，建立学生核心素养等级标准，明确各学段学生在态度、知识、技能上的具体表现非常重要。

五是课程资源建设。开发《学生能力素养手册及培养目标》《教学指导手册》，针对实验学科的教学要求，建设精品课程资源。

课程整合不是一个固定的结果，而是一个过程，因此也没有固定的模式可言。本书前面提到的不同整合方式，也没有好坏的区分，只有整合层次的区别。教师在进行教学设计时，需要根据学生的特点、学校的环境特征和教育价值及学习内容本身等特点来进行选择和创生。

在大部分教师的眼中，课程整合可能意味着用某种方式方法整合出具体的课程，然后将整合的课程作为知识的载体。其实随着社会发展及学生的需求，课程整合是在学校所有科目间不断的互动以及对可能影响到课程整合的各方面因素不断调整、重构、整合的复杂过程。课程整合是不断地调整、互动的行为过程。课程整合的模式也将长期存在，特点相对稳定且灵活。因此，广大教师要力争成为课程整合的直接建构者和参与者。教师也不必急于求成，在课程整合的过程中，教师也是在不断地由不适应阶段过渡到适应阶段，课程整合也会历经从低度整合到高度整合再到完全整合的过程。最后，教师在课程整合的过程中才能体验整合、学会整合，并逐步打破原有的学科认知方式，成为"整合型"教师。

但需要注意的是，我们在进行课程整合的过程中，要有自己的思考和独立判断的能力，而不是跟着别人跑。我们要不断地反思、追问、探索、合作、实践，多听听各种不同的声音，多看看实践背后的理论基础，在理性智慧的引领下，积极地准备、主动地开展课程整合。

《北京市实施教育部〈义务教育课程设置实验方案〉的课程计划（修订）》，特别突出课程"整体育人"的基本理念，即统筹各学段、各学科、各育人环节、各方参与人员和育人环境，以实现全科育人、全程育人、全员育人和实践育人，体现培养目标、课程标准、教材、教学、评价的整体性、一致性和协调性，关注学生生命价值和意义，促进课程管理者、建设者和执行者对课程整体育人价值的认识。课程整合是一项复杂的基础教育课程改革实践。它不是简单将学科课程合并和重新安排课程计划，还意味着学生经验的整合，学校课程与社会生活的整合，其最终指向培养适合未来社会的全面发展的人。

因此，面对课程整合，我们必须要系统地思考"为什么教""教什么"的问题。"为什么教"涉及课程整合的目标问题，"教什么"事关课程内容的安排和课程设置等。因此，课程整合除了整合学习内容外，还要实现学习目标、学习方式、学习资源等系列化的整合，从整体上构建学校课程整合体系。

广大的一线教师是课程整合的具体实施者，是课程整合中最关键性的因素。然而，课程整合是一个漫长的过程，既是对课程整合主体——教师理论素养的挑战，也是对教师能力、精力的挑战。而课程整合的效果具有滞后性，且存在失败的变数。这种花费精力多、耗时长、见效慢、效果未知的课程形式容易让教师望而却步。此外，改革是一个利益相互角逐的过程。在绩效社会里，考试仍是评价教师成就的主要方式，并与教师工资收入、职称评定等利益挂钩。在评价体制与改革内容不配套的情况下，处于课程改革底层的教师，身受压力最大，对课程整合存在顾虑是在所难免的。

因此，我们在课程整合的过程中，要把教师作为课程建设的主动参与者，而不应试图通过行政的方式推进改革。课程整合中自下而上的非行政化改革，对于消弭阻力、化解风险至关重要。教师应作为建设者，全程参与整个过程。教师参与研制的过程就是价值认同的过程，是主动接受新理念的过程。同时，根据教师的具体需求，开展校长及教师的课程建设力培训，提升学校的课程实施水平。首先，要加强校长和教师在相关理论上的认识和水平；其次，要以研讨交流、案例分享和现场考察等方式，提升学校课程整合的实践能力。最后，在课程整合的过程中注意对一线教师进行激励，认真总结他们在课程改革中的实践经验，并加以提炼、上升到学校的制度层面，形成有效的改革机制，以便行之有效地在更大范围内实施推广。

那么，对于没有太多课程整合经验的教师来说，有哪些"入门"的策略？

首先，我们可以先从容易和熟悉的整合开始。教师们可以先从自己所教的学科入手，在学科内部开始和实施课程整合。从学科内的整合，到与同领域内其他学科的整合，再到跨领域的学科整合，不断地提高整合的水平和程度。整合时，可以从课程目标、课程内容、学习方式三个方面实施课程整合。

另外，课程整合最有效的策略就是加强与其他学科教师的合作。对于课程整合，最简单有效的方式是通过与其他学科教师的彼此协作，在协作中发现彼此的关联，并逐步超越自身的学科限制。教师可以根据需求，组成跨学科或跨年级的小组，共同承担对某一学习任务的指导，包括共同进行课程目标设计、课程开发、教学设计、准备教学资源和实施教学评价等。但要强调的是，教师协作的重点在于设计上，而不是教学过程的协同合作。

根据已有研究，教师协同教学的一般过程包括以下八个方面：一是根据课程的需要和学生的认知能力与背景，进行主题单元设计，也可以改编或采用现行教科书的单元设计；二是要列出单元目标，包括知识、情感和技能各个方面，并作为教学评价的内容；三是要设计教学程序与活动，并写出或画出单元主题的计划表；四是要列出详细的教学活动及教学设备或教具；五是要选择合适的教学方法和策略；六是要决定评价方式；七是要依据单元主题教学和整个教学程序活动，规定好每位协作教师要做什么，负责哪些教学活动；八是在实施协作教学的第一天，发给每名学生一份课程大纲。

附 录

本书作者信息

章节	标题	作者	单位
第一章	关于课程整合	张义宝 王玲玲	北京市朝阳区教育研究中心
第二章	学校整合课程的开发流程	张义宝 曾庆玉	北京市陈经纶中学
第三章	学科内课程整合案例		
1	工具撬动，整体"立人"	韩 笑	清华大学附属小学商务中心区实验小学
2	找准聚焦点，促进语文学科内整合	涂 洁	北京市第八十中学
第四章	学科间课程整合案例		
1	方寸小邮票，内里大乾坤	孟庆娜	北京市朝阳区芳草地国际学校甘露园分校
2	慧心探世界，巧手促发展	刘骥斌 崔 丹	北京市朝阳区花家地实验小学
第五章	跨学科课程整合案例		
1	让每一个孩子拥有"中国立场，国际视野"	刘 飞 张 龙	北京市朝阳区芳草地国际学校
2	"梦想起飞的地方"	陈 磊	北京市朝阳区教育研究中心
		王 彤	北京市朝阳区垂杨柳中心小学馨园分校（现工作单位为北京市第八十中学睿实分校）
第六章	跨学段课程整合案例		
1	做好学段衔接，构建"儒雅"阅读课程	李升华 米绍霞 孙 新 陈 蓉 马红霞	北京市陈经纶中学嘉铭分校

章节	标题	作者	单位
2	体验职业生活，增加生命阅历	郭　锋	北京市樱花园实验学校（现工作单位为北京市朝阳区教育研究中心）
		董海丽 魏天慧	北京市樱花园实验学校
第七章	课内外课程整合案例		
1	中华文化寻根之旅	任炜东 杨　琼 刘晓媛 余国志 梁　潇	北京中学
2	培养有智慧的阳光少年	里亚平 王君岭	北京市朝阳区教育研究中心附属学校
第八章	北京特色课程案例		
1	走向国旗升起的地方	王　蕙	北京市朝阳区芳草地国际学校双花园校区（现工作单位为北京市朝阳区芳草地国际学校远洋小学）
		王佳艺	北京市朝阳区芳草地国际学校双花园校区
2	走进文明聚集的地方	邢冬梅	北京市陈经纶中学分校
3	走进科技萌创的地方	陈　谦	北京市朝阳区教育研究中心
第九章	挑战与反思	张义宝 王　迪 孟　青	北京市朝阳区教育研究中心

后 记

　　教育要面向现代化、面向世界、面向未来，实质是要面向人的全面发展。为适应21世纪人类新的生存环境，优化人才培养模式，发展学生核心素养成为我国新一轮课程改革的基本理念和价值追求。

　　如何进行基于核心素养培养需要的学校课程整体建设，发挥课程整体育人的价值功能，成了学校课程改革的重要议题。在这样的背景下，课程整合不仅成为学校课程发展的突破口，还逐渐成为学校课程建设的必要途径。所有的学习领域和学科都有助于多种素养的发展，没有一种素养的发展只依赖一种学科。整合课程有利于学生整体素养的提升，同时可以满足学生个性化发展的需要。

　　北京市朝阳区教育研究中心（简称朝阳教研中心）立足区域课程建设需要，精心设计课程整合项目方案，整体推进课程整合项目工作。朝阳教研中心组建了项目领导小组、项目核心组、项目实验学校三级团队。项目领导小组由杨碧君、张义宝等担任；项目核心组由高校专家、教研员、科研员、学校校长、骨干教师等组成；项目实验学校覆盖全学段、各类型。

　　在推进课程整合过程中，项目组坚持以学生为中心，以发展学生核心素养为导向，明确了整合课程各要素的具体内涵，围绕基于核心素养培养的整合课程目标、基于整合目标需要的课程内容、适于整合课程学习的课程实施方式、利于评估核心素养的课程评价标准和工具等四个课程要素建构了整合课程模型，按照学科内课程整合、学科间课程整合、跨学科课程整合、跨学段课程整合、课内外课程整合五种方式推进项目研究和实践工作。在项目推进的过程中，区内学校结合自身需求和条件，开发了一系列有育人价值和影响力的整合课程，提升了自身的课程质量，很多优质整合课程荣获北京市、朝阳区课程建设类优秀成果奖。

　　为全面梳理项目工作成果，形成有借鉴意义的课改经验，我们编撰了本书。全书分为理论部分和实践案例部分。理论部分阐述了课程整合的内涵、特征、价值、开发流程、挑战和反思，帮助读者了解当前课程整合的相关理论。实践案例部分精心挑选了区域内设计精良、操作性强、实施效果好的有代表性的课程整合案例。案例均按照整合课程的结构要素呈现，配以案例设计思路和教学实录，帮助读者进一步体悟课程整合的设计思路和实施路径。

本书系北京市教育科学"十三五"规划2018年度一般课题"基于核心素养的义务教育阶段课程整合的实践研究"（课题编号：CDDB18216）的研究成果，该成果是课题主持人张义宝同志带领的研究团队在北京市朝阳区教育科学规划"十三五"立项课题"基于核心素养的课程整合实践研究"（课题编号:ZD1351017）的研究成果的基础上，对区域课程整合理论和实践建构持续探究的智慧结晶。期待本书面世后能够帮助广大教育工作者积极面对课程整合工作中的新挑战，不断探索课程整合的新形态，产生更多更好的经验成果，使整合课程真正成为服务学生成长、教师发展和学校进步的加速跑道，促进学生的全面发展。

未来已来，人类已进入人工智能飞速发展的新时代。面对百年未有之大变局，"培养什么人？怎么培养人？为谁培养人？"的教育命题和培养担当中华民族伟大复兴大任的时代新人，已成为广大教育工作者"立德树人"的时代之问和必答之题。这要求我们更加精准地定位作为区域和跨域发展核心竞争力的课程视域，进一步彰显课程的运动属性，飞扬课程的奔跑风采，拓展课程的研究领域。面向"十四五"，智创新未来，我们将在此课题研究的基础上，积极开展"基于人工智能时代区域拔尖创新人才全学段贯通培养的课程综合"方向的实践研究，期待对时代之问有所回应，热诚欢迎更多教育同人及读者朋友们同体共行、共建共享。

衷心感谢为本书的成稿付出辛勤努力的编写团队！衷心感谢为本书贡献智慧的专家团队！衷心感谢案例学校的大力支持！

北京市朝阳区教育研究中心

2019年4月